LA

VIEILLE FRANCE

PROVENCE

OUVRAGES DE A. ROBIDA

LA VIEILLE FRANCE. — Normandie. Bretagne. Touraine. Trois volumes in-4°, illustrés de très nombreuses gravures dans le texte et hors texte. (A la *Librairie illustrée*.)

LES VIEILLES VILLES D'ITALIE. Un volume in-8° raisin, illustré de nombreuses gravures. (Maurice Dreyfous, éditeur.)

LES VIEILLES VILLES DE SUISSE. Un volume in-8° raisin, illustré de nombreuses gravures. (Maurice Dreyfous, éditeur.)

LES VIEILLES VILLES D'ESPAGNE. Un volume in-8° raisin, illustré de nombreuses gravures. (Maurice Dreyfous, éditeur.)

VOYAGES TRÈS EXTRAORDINAIRES DE SATURNIN FARANDOUL. Un fort in-8° jésus, illustré de nombreuses gravures. (A la *Librairie illustrée*.)

LA GRANDE MASCARADE PARISIENNE. Un volume in-8° jésus, illustré de nombreuses gravures. (A la *Librairie illustrée*.)

LE DIX-NEUVIÈME SIÈCLE. Un volume in-8° colombier, illustré de gravures dans le texte et hors texte. (A la *Librairie illustrée*.)

LE VINGTIÈME SIÈCLE. Un volume in-8° colombier, illustré de gravures dans le texte et hors texte. (A la *Librairie illustrée*.)

VOYAGE DE MONSIEUR DUMOLLET. Un volume in-8° colombier, illustré de gravures dans le texte et hors texte. (A la *Librairie illustrée*.)

ŒUVRES DE RABELAIS, illustrée de très nombreuses gravures, dans le texte et de gravures hors texte en couleurs. (A la *Librairie illustrée*.)

MESDAMES NOS AIEULES, dix siècles d'élégances. Un volume in-18 couronne, illustré de très nombreuses gravures en noir et en couleurs. (A la *Librairie illustrée*.)

LA VIE ÉLECTRIQUE. Un volume in-8° colombier, illustré de gravures dans texte et hors texte. (A la *Librairie illustrée*.)

ÉVREUX, IMPRIMERIE DE CHARLES HÉRISSEY

LA
VIEILLE FRANCE

TEXTE, DESSINS ET LITHOGRAPHIES

PAR

A. ROBIDA

PROVENCE

PARIS
A LA LIBRAIRIE ILLUSTRÉE
8, RUE SAINT-JOSEPH, 8

Tous droits réservés

LA PLACE PIE A AVIGNON.

LE PORT DE CANNES

UNE PORTE, A SALON

PROVENCE

ET

LITTORAL DE LA MÉDITERRANÉE

I

AVIGNON

LE GRAND PAYSAGE DU RHONE
SOUS AVIGNON
L'ENCEINTE DE LA VILLE ET LE CHATEAU
DES PAPES
LES SEPT GROSSES TOURS
SPLENDEURS ET DISGRACES AU TEMPS
DES PAPES ET ANTIPAPES
SIÈGES ET TRANSFORMATIONS

Dans sa course vers la mer aux flots bleus bordés des dentelures radieuses de la côte d'Azur, le Rhône helvète et lyonnais, abordant une nouvelle et toute différente nature, presque sous un nouveau ciel, roule en terre de Provence depuis que les premiers oliviers, avant Orange, s'aperçoivent en plaine, sous les côtes abruptes aux vignobles désolés par le phylloxera, sous les rochers que hérissent, au-dessus des toits plats à grosses tuiles rondes, les ruines percées à jour de châteaux à noms ronflants comme Mondragon, Mornas, Piolenc, ou les rudes clochers romans d'églises noircies par dix siècles d'existence.

Mais la grande entrée en pays méridional est Avignon, l'illustre et superbe ville où, des deux côtés du Rhône, l'imposant château des papes et la sévère tour de Villeneuve élevée par les rois de France en face des tours papales, forment comme une vaste porte triomphale. Les deux gothiques forteresses se font majestueusement vis-à-vis sur les rives du fleuve ; entrée magnifiquement monumentale, d'un effet si décoratif auquel viennent encore s'ajouter un noble encadrement de montagnes bien découpées, et, accrochées aux murailles dorées de la rive droite, les arches restantes de l'antique pont Saint-Bénézet, vénérable mutilé, au milieu desquelles la petite chapelle du légendaire constructeur de ponts semble prendre possession du fleuve.

Tout ce qui fait le charme puissant et l'originalité de la gracieuse Provence, terre heureuse que le soleil ici couvre de fleurs ou dont il dore là-bas l'aridité rocailleuse, se révèle dès l'entrée. Voici les plaines jaunes parsemées d'oliviers au feuillage d'un gris léger, les blancs villages ombragés de hauts platanes, les maisons des champs, les *mas* éparpillés, protégés du côté où souffle le mistral par un rideau de hauts cyprès à la sombre verdure, et voici les montagnes, les soulèvements rocheux qui se font pardonner leur sécheresse et leur aridité, de loin par de belles lignes dessinant harmonieusement des horizons bleus sur l'outre-mer du ciel, et de près par de belles déchiquetures où le soleil accroche tous ses rayons, mettant de la gaîté sur toutes les pointes et de la lumière sur tous les trous, sur les pentes escaladées par les chèvres et sur les crêtes où nichent les grands oiseaux.

Le Rhône aux larges îles, traversant le vaste paysage au milieu duquel s'élèvent les tours avignonnaises, s'en va, après avoir baigné les rochers de Villeneuve, recevoir tout de suite, derrière l'éparpillement de maisons et d'édifices de la noble cité, une autre rivière provençale fameuse, la Durance torrentueuse au large lit coupé d'îles basses et de bancs de graviers, la Durance qui vient des Basses-Alpes et enserre dans ses replis la chaîne des monts de Vaucluse. Là-bas, dans le bleu, est la célèbre fontaine dont les eaux formant la Sorgues ont déjà, mêlées à celles de l'Ouvèze, rejoint le Rhône au-dessus d'Avignon, à la pointe de l'île de la Barthelasse.

Au delà du large flot de la Durance, une autre ligne de montagnes se dresse et semble barrer au Rhône le chemin de la mer. Ces montagnes au profil en dents de scie sont les Alpilles pelées, qui cachent dans les méandres de leurs ravins cette étrange cité fantôme des Baux, cadavre formidable de la capitale d'une principauté morte, acropole immense, rocher énorme taillé en ville et en forteresse.

Derrière les Alpilles reliées sur la gauche aux chaînes voisines du littoral, plus de barrières jusqu'à la Méditerranée. C'est la grande plaine de la Crau, la chaude plaine de cailloux, étincelante et vibrante sous le soleil, le Sahara provençal aujourd'hui coupé de canaux qui font surgir les oasis ; c'est la Camargue marécageuse enfermant des étangs salés qui sont des petites mers, immense territoire de pâture limité par les bras du Rhône s'écartant en delta, solitudes sans villages, où cependant, tout au bout, posé sur une mince lisière de sable séparant les derniers étangs des premières vagues marines, l'humble village des « Saintes Maries de la Mer » marque la place où le christianisme débarqua en Gaule, — comme, un peu sur le côté, à droite du Petit Rhône, pour rappeler le siècle des croisades, Aigues-Mortes où s'embarqua saint Louis, port séparé de la mer par quelques kilomètres de marais, élève sa tour de Constance et sa magnifique enceinte fortifiée, complète et intacte, apparition au fond des Pampas de Camargue d'une ville forte du XIII° siècle perdue et oubliée.

Le fleuve, avant de se diviser, a passé sous les châteaux de Beaucaire et de Tarascon et il a baigné Arles, la Rome des Gaules, la vieille ville romaine, sarrasine et provençale, qui eut des empereurs, des rois et des podestats et qui conserve, autant et plus que nulle autre, sa physionomie originale, ses rues étroites, de caractère presque mauresque, tournant autour de ruines grandioses ; Arles la glorieuse et la belle, dont les femmes, à une époque où toute mode locale et toute parure caractéristique disparaissent devant l'uniforme ajustement décrété par les magasins de Paris, ont gardé leur costume particulier et la coiffure coquette qui sied si bien à leur type admirable.

Après l'éblouissement des étangs de Berre, après Aix, la ville du roi René, ancienne capitale administrative, ville de vieille noblesse et de magistrature, de blasons et de perruques à marteaux, Marseille, bouillonnante et troublante cité, bourdonnante, comme une conque sonore, de toutes les rumeurs des mers chaudes du midi, capitale cosmopolite aux triomphantes modernités, ville de passage, échelle d'Occident et tête de pont sur l'Orient, l'Afrique et l'Asie, Marseille étale sur plaines, collines, rochers et promontoires ses poussées de constructions, d'édifices, de maisons, d'usines, triturant, fabriquant, exportant huiles, savons, spiritueux et tout ce qui se peut fabriquer, triturer, exporter, — et lance sur la mer les innombrables navires hérissant de leurs mâtures embrouillées son vieux port et sa Joliette.

Et c'est la Corniche méditerranéenne, le chemin féerique au-dessus de la nappe azurée, conduisant — de crique en crique, de pointe rocheuse hardiment lancée vers la pleine mer, en petite baie au sable d'or dessinée en croissant, — sous les arbres exotiques, sous les bouquets de palmes, sous les pins en coupole et sous les buissons de roses — aux villes heureuses qui ne connaissent pas l'hiver, aux villes dorées que l'opulence internationale remplit pendant quelques mois de ses élégances et de son train tumultueux, aux villes à deux faces, l'une antique, où les vestiges du temps des Romains s'encadrent dans les monuments du moyen

VUE GÉNÉRALE D'AVIGNON

âge, et l'autre toute jeune et toute pimpante, aux blancheurs éblouissantes comme des décors de théâtre.

De l'autre côté du Rhône, si ce n'est plus la Provence, c'est le bas Languedoc, pays de mêmes races et à peu près de même langue, qui subit les mêmes chocs et courut les mêmes destinées. La terre de la rive droite n'est pas si belle et ne déroule pas sur le rivage maritime les mêmes enchantements, mais elle a de nobles villes, Nîmes la romaine ayant pour couronne murale son amphithéâtre rival de celui d'Arles, Nîmes voisine du Pont du Gard, Montpellier la docte, aux écoles célèbres depuis le XIIe siècle, et plus loin Béziers en tohu-bohu sur sa colline, sous la vieille cathédrale crénelée qui vit les massacres de Simon de Montfort, Narbonne au grand palais gothique, vaste ensemble de constructions religieuses et militaires comme à Avignon, non loin desquelles la merveille du Midi guerrier, la cité de Carcassonne, au-dessus de la ville basse, cuirasse sa colline avec deux lignes de remparts superposés et dresse fièrement sur le roc ses portes, son château, sa cathédrale fortifiée et ses cinquante-six tours gothiques, visigothes ou romanes...

Certes, Avignon est bien l'entrée triomphale dans la Provence largement ouverte, aux horizons soudains élargis, les montagnes de l'Ardèche limitant la vue sur la rive droite disparues, laissant la place à une simple bordure de collines rocheuses. En arrière, comme un bastion faisant tête au nord, se profile la masse du mont Ventoux, du Ventoux « que laboure la foudre », comme dit Mistral dans Mireille ; en avant à l'abri de ce bastion, dans la plaine ensoleillée, sous la lumière éclatante, Avignon s'aligne si gaiement et si superbement le long du Rhône. Sa silhouette claire enchante tout voyageur qui note au passage, derrière ses remparts dorés, tant de monuments, de flèches d'églises, de tours et de portes crénelées enchâssés dans une verdure non poussiéreuse !

AVIGNON. — ÉGLISE NOTRE-DAME DES DOMS

Du gothique Avignon
Palais et tourelles
Font des dentelles
Dans les étoiles.

a proclamé Aubanel peignant Avignon au clair de la lune dans son chant des *Félibres de Provence*. Sous le soleil il est absolument prestigieux, cet immense étalement d'architectures blanches, dorées ou rousses, enfermé dans une ceinture encore complète de remparts crénelés.

Le gothique Avignon n'est pas une de ces villes banales qui s'efforcent, endossant une livrée de confection, de se déguiser en petits Paris ; Avignon, magnifique et original, est resté de nos jours, à travers tous les progrès ou tous les changements, à travers les immenses modifications et transformations de la vie, l'Avignon de l'histoire.

Peu de villes ont un aspect aussi saisissant, une physionomie aussi nettement frappée ; sa ligne générale ne peut se confondre même de loin avec celle d'aucune autre ville. La grande masse du palais des papes domine tout avec la majesté d'un patriarche. D'un caractère double, à la fois militaire et monastique, on voit bien qu'il ne put être, ce palais forteresse, le donjon d'un seigneur au domaine restreint, on sent que ceux qui l'élevèrent dressèrent, aux siècles lointains, ces tours altières et ces immenses bâtiments pour abriter le trône auguste d'un chef de peuples, aux temps troublés de la papauté guerrière, et des luttes pour la suprématie et la domination entre le saint empire romain et la papauté, entre papes, empereurs et rois, et même entre papes et antipapes.

Tel à peu près qu'il était au temps où, Rome abandonnée, il planait sur toute la chrétienté, le palais des papes s'appuie au rocher des Doms qui lui fait un repoussoir de sa verdure sombre. Au-dessous de lui pointent, parmi les milliers de toits pittoresques, des clochers d'églises, flèches ou tourelles, nombreux mais non pas innombrables, ainsi qu'au temps où tant d'églises, de couvents et de chapelles sonnaient et tintinnabulaient leurs cloches tout le long de la journée, que Rabelais faisait d'Avignon dans Pantagruel l'*Isle sonnante*.

La grosse tour municipale de l'horloge se distingue parmi tous ces clochers, munie de quelques créneaux encore et de mâchicoulis comme tout bon beffroi de ville jalouse de ses libertés. L'enceinte montre de distance en distance ses tours carrées et ses demi-tours, abîmées sur certains points, presque intactes sur d'autres, et ailleurs restaurées par Viollet le Duc.

Les remparts d'Avignon sont monument historique, la beauté de l'ensemble relevée par une chaude coloration, l'élégance des belles lignes de mâchicoulis et du crénelage des courtines, montant en escalier aux demi-tours d'un faible relief alignées de loin en loin, leur donnent un intérêt artistique considérable. Elles ne sont pas bien hautes et ne furent jamais très fortes, même avec leurs fossés aujourd'hui disparus. Ayant depuis longtemps abdiqué toute prétention militaire, elles ont bénévolement laissé les maisons leur monter sur le dos ; on les a débarrassées d'une partie de ces bâtisses parasites, mais sur bien des points encore des maisons, de petites bicoques sans étage, à la place du fossé comblé, s'appuient à la muraille.

Sept portes autrefois perçaient l'enceinte ; il y en a deux de plus aujourd'hui, la porte Saint-Dominique sur le quai du Rhône et la porte Pétrarque en face de la gare, qui fait, à la rue de la République, grande artère moderne conduisant à l'hôtel de ville et au palais, une belle entrée flanquée de deux grosses tours carrées élevées sur le patron des tours du XIVe siècle.

Des portes anciennes, les plus intéressantes sont la porte Saint-Michel, voisine de la porte Pétrarque, et la porte Saint-Lazare à l'angle nord-est de l'enceinte, au bout de la longue rue Carreterie, où se voient encore sous les arbres des boulevards des restes du petit Châtelet d'avancée protégeant la porte elle-même.

Ces remparts datent du xive siècle, ils furent construits de 1360 à 1369 par les papes Innocent VI et Urbain V, englobant alors des faubourgs poussés en dehors de l'enceinte primitive de la république avignonnaise.

De la ville importante qu'elle fut aux temps romains, pendant l'époque brillante de la *Province*, qui vit s'élever les superbes édifices d'Arles, de Nîmes et d'Orange, Avignon n'a presque rien conservé, ni tours, ni monuments. La ville gallo-romaine tomba au viiie siècle, quand les innombrables cavaliers d'Abdérame, passant les Pyrénées, vinrent planter le croissant et l'étendard vert du Prophète sur toutes les villes du Midi et se lancèrent à la conquête du pays des Francs. Il fallut dix ans de lutte et le terrible marteau de Karl Martel pour sauver la Gaule et rejeter les musulmans en Espagne. Avi-

AVIGNON. — LA PORTE PÉTRARQUE

gnon comme toute la Provence, tiraillée entre le Franc et le Maure, subit le joug de l'islam, tandis qu'en haine des rudes hommes du Nord, le duc de Marseille Mauronte se reconnaissait vassal des califes. En 735, trois ans après la victoire de Poitiers, les armées franques apparurent, faisant refluer de poste en poste les hordes sarrasines jusque sous les murailles d'Avignon. L'Arabe Youssouf, vali de Narbonne, enfermé dans Avignon, soutint assauts sur assauts pendant toute une année. Enfin, les murailles renversées ou escaladées, les Francs se répandirent comme des lions furieux dans la ville, et massacrèrent impitoyablement tout ce qu'ils trouvèrent, Arabes ou Avignonnais, pendant que des tourbillons de flammes roulaient au-dessus des tas de cadavres.

Avignon reconstruit et repeuplé devint, après quelques siècles, lors de l'établissement des communes, ville libre jouissant de tous les droits d'un État souverain, république gouvernée par des consuls. Redevenue florissante, la ville s'était donnée de bonnes murailles pour tenir ses richesses à l'abri; de cette enceinte rien ne reste que le souvenir, marqué par une ligne de larges rues courant en ellipse bien en arrière de l'enceinte actuelle; elle a péri glorieusement en 1226 avec les libertés avignonnaises.

C'était au temps de la grande guerre contre les Albigeois, au moment où, sous prétexte d'hérésie à étouffer, le Nord, soulevé par l'Église et par la royauté, se jetait sur le Midi. Une croisade conduite par le roi de France Louis VIII contre Raymond VII, comte de Toulouse et chef de la ligue des défenseurs des libertés du Midi, se présenta devant Avignon excommunié pour sa connivence avec l'hérésie.

AVIGNON. — ANGLE NORD-EST DE L'ENCEINTE

Les consuls avaient fait construire hors des murs un pont de bois pour le passage de l'armée; ceci ne contenta point le roi qui réclama le passage à travers la ville et sa soumission. Devant cette exigence la République avignonnaise ferma ses portes, résolue à se défendre.

Pendant trois mois, au temps des fortes chaleurs, les Avignonnais retinrent les cinquante mille croisés sous leurs murs. Brûlée par le soleil provençal dans la campagne dévastée, affamée et harcelée, l'armée de la croisade fut bientôt en proie à une peste qui emporta la moitié de son effectif et tua probablement le roi lui-même, peu de temps après la capitulation de la ville. Mais Avignon paya cher sa courageuse résistance, outre les exécutions et les déprédations, les rançons et le désarmement, il lui fallut renverser elle-même ses murailles. La république en mourut vingt ans après, sous le podestat Barral des Baux, ce féodal astucieux et ambitieux, chevalier et homme de proie, qui sut par le prestige de son grand nom gagner les populaces d'Avignon et de la voisine Arles, et se faire nommer en même temps podestat de l'une et de l'autre — et qui, s'étant assuré des avantages sérieux, étrangla de ses mains les deux républiques au profit des frères de saint

AVIGNON — LE CHATEAU DES PAPES.

Louis, ne pouvant les étrangler à son profit personnel. Alors, Avignon affaibli, démantelé, ayant perdu libertés et franchises, redevint seigneurie des comtes de Provence.

C'est en 1309 que la papauté abandonnant la Ville éternelle, vint faire d'Avignon une Rome française.

Le roi de France Philippe le Bel terminait sa longue querelle avec le Saint-Siège en faisant un pape de sa main, l'archevêque de Bordeaux Bertrand de Goth, devenu Clément V, qui s'entendit avec le roi sur les bûchers des Templiers sacrifiés. Pour rester cependant un peu les maîtres chez eux dans cet Avignon trop près du roi de France, les papes se bâtirent sur le rocher des Doms une demeure solide que chacun des successeurs de Clément V, élevant tour sur tour, s'efforça de rendre plus sûre.

Quand ils eurent achevé leur formidable Palais, les papes songèrent alors à la défense de la ville elle-même et tracèrent la grande enceinte

AVIGNON. — INTÉRIEUR DE L'ENCEINTE. — UNE TOUR

que nous voyons toujours, superbe élément de pittoresque et défense d'Avignon encore aujourd'hui, non plus contre des armées, mais contre les caprices de son fleuve.

La première visite que reçurent ces belles murailles, avant même qu'elles fussent achevées, fut celle, en 1361, d'un corps de routiers commandés par différents chefs parmi lesquels un seigneur des Baux. Avignon était en danger, ces gaillards n'en étant pas à quelques sacrilèges de plus ou de moins, mais le pape put s'en tirer avec une rançon de soixante mille florins. L'aubaine avait été bonne, d'autres bandes de soudards s'en souvinrent peu après.

La guerre de Bretagne alors finie et la paix faite avec les Anglais, les Grandes compagnies sans occupation ravageaient abominablement la France. Pour en débarrasser le pays et les exporter dans les Espagnes troublées par des compétitions de princes, le bon connétable Bertrand du Guesclin s'aboucha avec Hugues de Caverley et les principaux chefs de bandes et après quelques négociations difficiles, se mit à leur tête pour marcher vers le midi. Cette armée chargée des plus horribles péchés, désireuse, avant d'entreprendre une nouvelle campagne, de purger sa conscience, passa par Avignon sous prétexte de demander au pape la levée des excommunications fulminées et sa bénédiction. Le connétable, outre cette absolution dont on avait bon besoin, extorqua au pape, pendant qu'il y était, autre chose, pour les frais de la campagne, une contribution forcée de 100,000 florins tirée non des coffres du peuple, mais du trésor pontifical.

Ces disgrâces financières, ces désagréables visites successives ne furent sans doute pas sans influence sur l'achèvement rapide des remparts d'Avignon.

Le palais des papes est un bien autre morceau que cette ligne de remparts décoratifs, mais assez bas. Il est colossal comme un Mont Saint-Michel, qu'il rappelle vaguement par certains morceaux. On y arrive par la grande et belle rue de la République partant de la porte Pétrarque et débouchant sur la place de l'Hôtel-de-Ville. Sur ce chemin tout est bien moderne et même fin de xixe siècle, car voici devant le théâtre, gracieuse combinaison de portiques, le grand monument du centenaire de la réunion du Comtat à la France, une débauche de sculptures, où sous la statue colossale de la République et sous les allégories diverses, des lions au rictus féroce se hérissent de la moustache au bout de la queue. Corneille et Racine, assis à côté devant le péristyle du théâtre, doivent en être terrifiés. On aime beaucoup les lions symboliques dans le midi ; le nord débonnaire se contente, en ses monuments commémoratifs, d'un lion sévère mais calme ; ces animaux vont par couples dans le midi, ou par quatre, et ils ont des mines de gros chats en colère. Ceci est la timide critique d'un homme du nord qui, devant les lions terriblement naturalistes, pense trop à la ménagerie.

De ce centre au mouvement très moderne, avec ses crieurs de journaux, ses stations de voitures et d'omnibus, ses cafés bruyants aux vastes tentes débordant sur la chaussée, une petite rue vous jette sur la grande place du Palais. Adieu le xixe siècle quand le formidable palais surgit brusquement devant le regard et développe sa façade, ses hautes tours, ses tourelles, ses énormes murailles ouvrant, tout en haut, les arcades de leurs extraordinaires mâchicoulis.

Rien ne détonne ici et ne ramène l'esprit aux choses de notre temps, sauf peut-être les murs soutenant les terrasses des Doms et aussi quelques pelotons de fantassins en pantalon rouge, qui font de l'école de peloton tout au bout de la longue place, car le palais qui a subi bien des vicissitudes est maintenant caserne.

Ce palais, ce bloc de hautes et fauves falaises de pierres, forme un immense et irrégulier parallélogramme de bâtiments gigantesques s'élevant sur la pente du rocher des Doms. Sept énormes tours carrées épaulent l'ensemble colossal de leur masse rude et rébarbative, soutenue aux angles par de gros contreforts qui se relient au sommet par des arcs ogivaux formant mâchicoulis.

Le détail architectural caractéristique du château fort d'Avignon, toute la décoration de ce rude et massif palais, c'est ce système d'arcatures géantes appliquées aux murailles et aux tours, ce sont ces féroces mâchicoulis montant du sol sur de robustes contreforts en saillie de deux pieds sur le nu des murs, et ouvrant là-haut, sous l'ogive large ici de 5 ou 6, là de 7 ou 8 mètres, un trou par lequel des projectiles de grande taille, des poutres entières pouvaient en cas d'attaque, être déversés sur les assaillants, balayant le pied des murailles et écrasant tout sous leur masse.

AVIGNON. — LES REMPARTS, CÔTÉ INTÉRIEUR

Le palais sous l'assaut des siècles a perdu le couronnement crénelé de ses tours, ainsi que les ouvrages d'approche, les petites courtines des boulevards et la barbacane défendant la porte, mais il subsiste une grande partie du crénelage des bâtiments reliant les sept principales tours de hauteurs et de force diverses. Sur la façade occidentale se dressent la tour de la Gache ou de la Guette et la tour de la Campane, la plus haute de toutes, énorme donjon dépourvu de mâchicoulis, dont le nom, de la *Campane* ou de la *Cloche*, vient du campanile à la cloche d'argent qui, sur la courtine à côté, ne sonnait que pour l'élection des papes. Sur la petite face tournée vers le sud, formée entièrement par la nef de la grande chapelle à double étage, c'est la tour Saint-Laurent buttant l'angle sud-est.

La façade d'entrée est fort belle avec son chemin de ronde intermédiaire à mi-hauteur entre les grosses tours ; la porte il est vrai, a perdu ce qu'il serait facile de refaire pour lui rendre son vrai caractère, les deux tourelles qui la défendaient, détruites au siècle dernier, tourelles dont il reste seulement les encorbellements suspendus comme deux énormes nids d'hirondelles au-dessus de la voûte, — mais il y a près de la porte sur la tour d'angle une superbe tourelle à pans coupés, dominant les escaliers et les rampes et montant au rocher des Doms en passant sous les mâchicoulis.

Un passage percé dans le roc, la rue de la Peyrolerie, se faufile au sud à la base du corps de logis de la chapelle, passe sous un énorme contrefort buttant cette chapelle, et contourne la tour Saint-Laurent pour aboutir à la place de la Mirande et à la rue du Vice-Légat, curieuses ruelles, couloirs de taupes au pied de l'énorme masse, courant entre de vieilles et jolies petites maisons écrasées sous le voisin qui remplit le ciel de ses montagnes de pierres entassées.

Cette longue façade orientale est encore d'un plus grand effet que l'autre, mais elle se voit plus difficilement, se montrant de profil ou par morceaux dans les ouvertures de ruelles. Enorme, formidable, gigantesque, sont des mots qui viennent et reviennent d'eux-mêmes aux lèvres devant la rude carrure du château pontifical. Il y a de ce côté, après la tour d'angle Saint-Laurent, six tours : la tour Saint-Michel, la tour des Anges avec un étage en retrait au-dessus de sa plate-forme, puis la tour Saint-Jean, plus petite, la tour de l'Estrapade plus basse encore, portant à son sommet un cône de pierres à pans coupés qui est tout simplement la cheminée des cuisines, et enfin la tour de la Glacière accolée à la grosse tour Trouillas, la plus ancienne du palais, qui gardent toutes deux un sinistre renom des massacres de 1791.

Quand on a franchi la voûte d'entrée du palais, on se trouve dans une grande cour d'un très bel aspect, sévère et pittoresque à la fois, encadrée de hauts bâtiments très irréguliers plaqués d'arcades à mâchicoulis pareils à ceux de l'extérieur. Le palais étant maintenant caserne, la cour est pleine de soldats, et toutes les salles, tous les appartements, tous les recoins des tours sont transformés en chambrées. La colossale ruche de pierres retentit du bruit des tambours ; les troupiers claironnent, faisant résonner les vieux échos des voûtes, ils dégringolent les escaliers et s'enfoncent par tous les passages sombres ou clairs. Certes, le palais ainsi utilisé a été fort abîmé, il a subi bien des mutilations intérieures, mais

AVIGNON. — RUE DU VICE-LÉGAT

il est par sa destination actuelle plein de mouvement et de gaieté. Peut-être fait-il aussi bien ainsi que restauré, refait du haut en bas, remis à neuf et par conséquent froid et vide. Ceci dit tout bas, au risque de blasphémer, et tout en regrettant bien vivement les parties détruites, les sculptures perdues et les peintures effacées.

Le château a été commencé en 1335 par le pape Benoît XII. Précédemment Jean XXII, gascon de Cahors, successeur de Clément V, qui fut le premier des

Tour Saint-Laurent.   Tour des Anges.   Tour Saint-Jean.   Tour Trouillas.

AVIGNON. — LE PALAIS DES PAPES, FAÇADE ORIENTALE

papes français d'Avignon, s'était fait bâtir sur le rocher des Doms un château fortifié que Benoît XII, français du comté de Foix, démolit pour le remplacer par un château plus fort. L'argent ne manquait pas puisque l'histoire rapporte qu'à son avènement Benoît XII trouva trois cent cinquante millions dans le trésor pontifical.

Ces millions furent bien employés. Viollet le Duc l'avait démontré, l'architecture du Château des papes est absolument française sans rien d'italien, tous les papes, ses constructeurs, étant eux-mêmes, d'ailleurs, des Français du midi, et les recherches de M. Eugène Müntz, ses précieuses trouvailles dans les archives pontificales avignonnaises, maintenant au Vatican après avoir voyagé en Espagne à la suite des antipapes, sont venues en apporter maintes preuves. Les premiers maîtres de l'œuvre s'appelaient Guillaume de Cucuron, Pierre Poisson et Pierre Obrier ou Obréri. Toute la partie nord, de la tour de la Gâche à la tour Trouillas, et une partie de la façade orientale sont l'ouvrage de Benoît XII; son successeur Clément VI, limousin, ancien moine de la Chaise-Dieu, en Auvergne, construisit la façade occidentale avec l'entrée et l'aile du midi, le bâtiment du Consistoire aux deux chapelles superposées; Innocent VI, également du diocèse de Limoges, continua la façade du midi et construisit la tour Saint-Laurent, enfin Urbain V, cévenol, ancien abbé de Saint-Victor de Marseille, ferma le carré en achevant les bâtiments et les tours de la façade orientale du palais.

Les bâtiments à gauche de la grande cour d'entrée ou cour d'honneur ne sont pas transformés en casernements; ils avaient pire destinée, ils étaient prison naguère. Le bâtiment parallèle à Notre-Dame des Doms, la partie la plus ancienne du palais, chapelle élevée par Benoît XII, dévastée par un incendie, a été restaurée par M. Henri Révoil, l'architecte dont les savantes études sur l'Architecture romane du midi de la France sont bien connues. C'est aujourd'hui le côté tranquille des bâtiments au-dessus de la cour du cloître, les archives départementales y ont remplacé les prisonniers.

Dans la partie caserne du palais, nombre de salles conservent au-dessus des lits des soldats et des râteliers d'armes, des restes de sculptures où les cachent sous le plâtre, de même que des couches de badigeon couvrent les fresques de quelques voûtes; le pittoresque de l'installation voile un peu le désastre, mais comme on a sans gêne coupé, taillé et rogné dans le pauvre édifice !

Dans le bâtiment du sud, les grandes chapelles de Clément VI et d'Innocent VI, — la chapelle basse portant sur une épine de colonnes la chapelle haute, — ont été divisées par des planchers intermédiaires, en cinq étages qu'éclairent des fenêtres pratiquées dans les grandes baies ogivales bouchées, à la place des verrières. Ici la restauration serait facile : des planchers à abattre, un peu moins de soldats à loger et l'on retrouverait dans leur intégrité les deux vaisseaux superposés. Il resterait aux soldats assez de place dans les tours et dans le reste des logis où le dégât est moindre.

Parmi les curiosités intérieures du palais, il faut citer l'étroite galerie du conclave, aux belles voûtes ogivales, et la tour Saint-Jean, contenant deux oratoires superposés, la chapelle Saint-Jean et la chapelle Saint-Martial, où murailles et voûtes sont couvertes de fresques assez bien conservées. On peut voir de près ces peintures, grâce à un petit escalier à plate-forme construit spécialement au milieu de la salle. Les fresques de la chapelle Saint-Martial sont d'un artiste italien ; le nom, Matteo di Giovanetto, a été retrouvé par M. Müntz, qui pense que celles de la chapelle Saint-Jean ont été exécutées sous la direction de Simone Memmi. La part de l'art italien en ce palais d'Avignon se réduit donc à la décoration peinte des murailles.

Des fenêtres, des passages jetés dans des angles de bâtiments sur la façade orientale du palais, on a des vues très curieuses sur les anciennes bailles du château, cours pleines de soldats aujourd'hui, d'escouades en corvée, et sur une grande partie de la ville que l'on domine de très haut.

Dans la tour de l'estrapade, dont le véritable nom, d'après M. de Laincel, est tour *Trapude*, ou *Trapue*, corrompu en *Estrapade*, ce qui explique assez simplement les contes que l'on fait sur elle, on visite une prétendue Salle de tortures de l'Inquisition, laquelle n'est autre que la cuisine ; la haute cheminée pyramidale à

AVIGNON. — COUR D'HONNEUR DU CHATEAU

huit pans qui surmonte la tour, en tout semblable aux cheminées colossales des abbayes, l'indique assez ; les bourreaux de cette salle au si terrible renom n'étaient autres que MM. les maîtres queux et marmitons des papes. L'Inquisition, qui d'ailleurs ne fut point farouche ici, logeait au couvent des Dominicains, disparu aujourd'hui, qui se trouvait près de la porte actuelle de Saint-Dominique.

Ce ne sont pas cependant les souvenirs tragiques qui manquent à ce palais construit pour assurer l'indépendance du Saint-Siège vis-à-vis des rois de France qui avaient posé la tour de Villeneuve, comme une sentinelle menaçante, de l'autre côté du pont Saint-Bénézet. Les papes n'étaient devenus les seigneurs

AVIGNON. — RUE DE LA PEYROLERIE

définitifs d'Avignon qu'en 1348 sous Clément VI; les Romains ne se résignant pas à ce qui leur semblait une décapitation de la Ville éternelle, envoyaient députations sur députations solliciter le retour de la papauté. Pétrarque fut un de ces ambassadeurs et, dans ses discours au pape, représenta la Ville éternelle comme une veuve désespérée de l'absence de son époux, le redemandant à grands cris pour lui faire voir ses temples démolis et la capitale du monde « si méconnaissable qu'on ne la retrouvait plus dans elle-même ». En 1342, un autre personnage apporta les doléances de Rome en proie aux tumultueuses dissensions, déchirée entre les Orsini Guelfes et les Colonna Gibelins. C'était Cola di Rienzi le futur tribun du peuple; une étrange nature de tyranneau, cet ambitieux parti de rien, champignon vénéneux des époques troublées, qui devait à son retour d'Avignon s'emparer du pouvoir par un coup hardi, chasser de Rome les Colonna et les Orsini et les barons de moindre importance, pour établir sous le nom de Bon État sa tyrannie personnelle.

LE PONT St BÉNÉZET, A AVIGNON.

En 1351, après d'étranges sursauts de fortune, Rienzi, livré par l'Empereur au pape Clément V, revint à Avignon non plus comme ambassadeur, mais comme prisonnier et passa trois années dans un cachot de la tour Trouillas, attaché par le pied à une chaîne pendant à la voûte. Ses fers tombèrent pourtant et son cachot s'ouvrit un jour par un retour de fortune qu'il n'espérait plus. L'Etat romain se trouvant de nouveau ravagé par les factions et retombé dans l'anarchie, le pape Innocent VI envoyait aux Romains leur ancien tribun qui rétablit ses affaires, mais retomba fatalement dans son système de violences tyranniques et périt massacré dans une révolte fomentée par le parti des Colonna.

AVIGNON
LE BEFFROI DE L'HÔTEL DE VILLE

Entre les deux passages de Rienzi, une reine fit son entrée solennelle en Avignon. C'était Jeanne, reine de Naples et comtesse de Provence, qui venait demander au pape l'absolution pour le meurtre de son époux André de Hongrie, étranglé dans la chambre même de la reine à Aversa, et les dispenses pour épouser Louis de Tarente, son complice. Jeune, belle, instruite, Jeanne de Naples séduisit le sacré collège, de même qu'elle séduisit la Provence, où malgré ses fautes elle est restée populaire, et le pape la déclara innocente du meurtre qu'on lui reprochait. Il est vrai qu'il profita de l'occasion pour obtenir de Jeanne la cession d'Avignon et du Comtat Venaissin. On colora la cession du nom de vente, mais le prix indiqué, 80,000 florins d'or, ne fut jamais payé. « Sur un vitrail de Notre-Dame des Doms, dit M. A. Penjon dans son livre sur Avignon, se voit l'image de ce marché, le pape tient encore à la main la bourse pleine. »

Et la reine Jeanne reprit le cours de son existence agitée, elle se maria et se remaria jusqu'à près de soixante ans, jusqu'à ce qu'enfin, en 1382, après un quatrième mariage, son cousin et héritier Charles de Duras, inquiet pour son héritage, la fit étouffer sous un lit de plumes.

Les papes ayant ainsi racheté la souveraineté d'Avignon se trouvaient maintenant tout à fait chez eux. Ils firent une cité importante de cette ville qu'ils avaient trouvée d'assez médiocre figure. Pétrarque ne dit pas beaucoup de bien de l'Avignon de son temps, son autorité cependant est contestable, il était Italien et s'y considérait naturellement comme en exil. Outre le château, forteresse puissante à l'extérieur, égayée par des jardins sur les plates-formes, palais somptueux au dedans des formidables défenses et rempli de bruit et de mouvement, de chevaliers, de pages, de soldats et même de femmes sous Clément VI, pape fastueux et corrompu qui ne pouvait guère rien reprocher à Jeanne de Naples ; outre ce palais bruyant où l'or de la chrétienté affluait, les cardinaux se construisaient des demeures également fortes, également somptueuses et débordant aussi du bruit des festins, répandant par les rues des cavalcades de cardinaux et d'évêques chevauchant, dit Pétrarque indigné de ces dehors peu apostoliques, « comme des satrapes montés sur des chevaux couverts d'or, rongeant l'or de leurs freins et bientôt ferrés d'or si Dieu ne réprime ce luxe insolent ! »

En même temps s'élevaient de nombreuses églises et les couvents pourvus de privilèges et de biens considérables se multipliaient ; aux fanfares des fêtes, des chasses, et même des tournois, répondaient le tintement des innombrables cloches. Urbain V, qui termina le château, essaya de ramener la cour pontificale à plus de simplicité ; dans ce palais il vécut et mourut sous le froc du religieux. Ce fut lui qui songea, sur les instances de Pétrarque et celles toujours renouvelées des Romains, à reporter le Saint-Siège à Rome, projet que son successeur réalisa. En 1377, malgré le roi de France, malgré les cardinaux français, le pape Grégoire XI abandonnait Avignon, mais l'Église, après ce deuxième exode, devait rester pour longtemps troublée et déchirée ; elle allait avoir bientôt deux papes au lieu d'un, et même trois un jour que le concile de Pise voulut mettre les deux papes rivaux d'accord en les supprimant tous les deux.

Le pauvre Avignon avec ses antipapes subit violemment et désastreusement le contre-coup de ces dissensions. A la mort de Grégoire XI, le conclave d'où sortit le grand schisme d'Occident, qui divisa l'Europe et coupa le monde catholique en deux, se tint à Rome au milieu des émeutes, et les cardinaux outragés, maltraités par la populace, menacés de mort, durent élire un Italien, l'archevêque de Bari sous le nom d'Urbain VI, pendant que les cardinaux dissidents faisaient pape le cardinal de Genève, qui prit le nom de Clément VII et vint résider en France. La chrétienté eut alors le spectacle de deux papes, l'un à Rome, l'autre à Avignon, s'anathématisant et s'excommuniant l'un l'autre, préparant ainsi les esprits au mouvement de la Réforme qui devait couver un siècle encore. Le pape de Rome fit mettre à mort cinq cardinaux soupçonnés d'intelligences avec Avignon, le pape d'Avignon déploya tout autant d'énergie à soutenir sa cause. Clément VII d'Avignon étant mort en 1394, un cardinal aragonais, Pierre de Luna, reçut la tiare et prit le nom de Benoît XIII ; ceci fut pour le château d'Avignon, après soixante-quinze ans de magnificences, l'occasion de montrer sa force et de recevoir le baptème du feu. L'antipape Pierre de Luna, déposé par les conciles, abandonné par ses cardinaux et réduit bientôt à la ville, puis au seul château des Doms pour tout domaine, n'en persista pas moins à garder la tiare envers et contre tous.

A l'abri des fortes murailles, avec une garnison de condottières et de routiers aragonais dévoués à sa fortune et commandés par son frère Rodrigue de Luna, le Saint-Père bravait toutes les attaques, lançait contre ses ennemis et les foudres de l'Eglise et le feu de ses bombardes.

Une armée française, sous les ordres du maréchal de Boucicaut, s'en vint assiéger l'antipape et l'enferma dans sa forteresse avec le concours des Avignonnais eux-mêmes tournés contre lui. Mais le pape inflexible dans sa détermination, et le château des papes français impassible dans sa force, reçurent sans broncher le choc. Des plates-formes du château les canons du pape écrasaient sans peine les batteries de Boucicaut au grand dommage d'Avignon ravagé par la pluie des boulets pontificaux. Il fallut renoncer à forcer Benoît XIII dans ses murailles et se résigner simplement à le bloquer. Quand les assiégés furent au bout de leurs provisions, le pape et son frère entamèrent des négociations et trouvèrent le moyen de se ravitailler.

Etonnante figure que ce pape au caractère de fer, vieux, bientôt octogénaire, presque sans ressources, qui s'obstine à tout braver, à lutter seul contre tous dans sa forteresse étroitement investie, pendant un siège qui dura douze années !

Benoît XIII trouva cependant moyen de s'évader du château « *ratièrement* » par un égout et se retira en Espagne où pendant dix années encore il refusa toute soumission au pontife de Rome, mais son frère Rodrigue continua sur ses ordres à se défendre à outrance contre une reprise des hostilités, ne gardant aucun ménagement envers la ville, jusqu'à ce que, ses ressources suprêmes épuisées, en 1411, douzième année du siège, il consentit enfin à évacuer le château avec les honneurs de la guerre.

On montre comme souvenir de Pierre de Luna la salle *Brûlée*, ancienne salle des festins, dans laquelle une légende fantaisiste prétend que l'antipape, ayant réuni à sa table des cardinaux hostiles, grilla ses convives à la fin de la fête, après avoir fait murer soigneusement les portes. L'incendie qui donna lieu à cette histoire de festin à la Borgia arriva quelques années après le siège et fut simplement accidentel.

Après la fuite de Pierre de Luna, les grands jours du château étaient finis. A partir de ce moment le château ne fut plus que la tranquille résidence des légats, qui gouvernèrent le Comtat Avignonnais pour le Saint-Père de Rome.

Cette succursale de Rome, avec toutes ses églises et ses légions de moines, avec son château fort, eût été une belle proie pour les Huguenots qui ne se firent pas faute de regarder de ce côté et de risquer quelques attaques conduites par le terrible baron des Adrets. Mais ce fut inutilement. Quelques Calvinistes de la ville tentèrent aussi un coup de main; leur chef Perrinet Parpaille, primicier de l'Université, fut pris et décapité. Le nom de Parpaillot, donné aux protestants, viendrait de là, paraît-il.

Avignon, jusqu'à la Révolution, n'a plus de faits importants dans ses annales. Leurs Excellences les légats gouvernent paisiblement la ville, riche, prospère, s'agrandissant et s'embellissant d'édifices et d'hôtels particuliers. Quelquefois seulement les légats furent troublés dans leur tranquille possession par le puissant voisin S. M. le roi de France qui, lorsqu'il avait quelques dissentiments avec le Saint-Siège, étendait sa main sur Avignon. Ce n'étaient pas les deux cents hommes de la garde pontificale si étonnamment vêtus d'uniformes écarlates, tailladés et galonnés sur toutes les coutures, qui pouvaient s'y opposer. Louis XIV et Louis XV prirent donc Avignon sans difficultés et le gardèrent chacun quelques mois.

Mais voici que souffle et gronde la grande tourmente de 1789. Avignon et le Comtat, partagés en deux camps, l'un voulant la réunion à la France et l'autre s'y opposant, virent couler le sang.

Le château d'Avignon fut alors le théâtre d'un horrible drame : après le massacre par la populace dans l'église des Cordeliers, d'un officier municipal nommé Lescuyer, les meneurs qui terrorisaient la ville sous la conduite du muletier Jourdan Coupe-Tête, brute sanguinaire, se saisirent de tout ce qui marquait dans le camp opposé. Enfermés dans la tour Trouillas, cent dix prisonniers furent massacrés et précipités au fond de la Glacière et quand ils furent tous au fond, morts ou agonisants, les assassins vidèrent sur eux des tonneaux de chaux vive...

L'ANCIEN TRÔNE DES PAPES

AVIGNON. — L'ANCIEN HÔTEL DES MONNAIES

II

AVIGNON (SUITE)

LE PONT D'AVIGNON, SA LÉGENDE ET SON HISTOIRE
SAINT-BÉNÉZET ET LES HOSPITALIERS PONTIFES. — NOTRE-DAME DES DOMS
A TRAVERS RUES ET PLACES. — LA COMMANDERIE DE LA PLACE PIE
VIEILLES ÉGLISES. — LAURE ET PÉTRARQUE

Le fond de la grande place du palais est formé par de grands bâtiments ayant aussi gardé, malgré les aménagements et transformations, une tournure de forteresse. C'était au moyen âge l'Archevêché ou le Petit Palais, élevé au XIVe siècle et refait au XVIe siècle, Julien de la Rovère, — Jules II, — étant archevêque ; c'est maintenant le petit séminaire. Ce Petit palais se rattachait aux fortifications de la ville, au fort Saint-Martin bâti sur le rocher des Doms et au Châtelet élevé en tête du pont Saint-Bénézet.

Tout ce quartier de grandes vieilles maisons serrées sur la pente au-dessus du pont est fort curieux, on dirait un morceau de ville d'Italie aux carrefours traversés par des coups de soleil, sous les grandes façades chaudes de tons, où la pierre et le plâtre écaillé marient leurs notes pittoresques aux couleurs vives des toiles abritant les portes et aux vieilles tuiles des toits.

C'était autrefois le vieux Ghetto, il y en a dans l'intérieur de la ville un autre qui n'a pas l'imprévu de ces ruelles et cette assiette irrégulière, ces enchevêtrements de maisons collées aux vieux remparts.

Les débris du légendaire pont d'Avignon se montrent à un léger coude que fait le Rhône, large à cet endroit de neuf cents mètres, de la muraille d'Avignon à la tour de Villeneuve, en deux bras séparés par la grande île de la Barthelasse.

La légende entoure la construction du pont Saint-Bénézet de circonstances miraculeuses : Bénézet, petit berger des montagnes du Vivarais, gardant paisiblement son troupeau, reçoit un jour de Jésus-Christ lui-même l'ordre d'aller jeter un pont sur le Rhône devant la ville d'Avignon, important lieu de passage.

Dompter le vieux Rhône, se faire l'architecte d'une pareille œuvre, l'entreprise est rude pour un malheureux enfant, pauvre et ignorant. Bénézet obéit pourtant et s'en va proclamer la volonté de Jésus devant le peuple assemblé dans la cathédrale d'Avignon. L'évêque indigné veut le punir de son audacieuse imposture, mais pour convaincre les incrédules, le petit Bénézet, sans sourciller, charge sur son épaule une énorme pierre lourde vingt fois comme lui et la porte jusqu'au Rhône, pour en faire la première pierre de son pont.

En réalité, le pont d'Avignon a été construit en dix ans, de 1178 à 1188, par les Hospitaliers Pontifes de l'abbaye de Maupas, maintenant Bonpas sur la Durance, entre Avignon et Cavaillon, association de frères constructeurs qui élevèrent plus tard le pont Saint-Esprit, et saint Bénézet était sans doute leur abbé.

Cet ordre des Hospitaliers Pontifes est une des plus singulières et des plus belles institutions du moyen âge, née en terre de Provence, près de ce large Rhône extravagant qui coupait le Midi en deux. Les frères Pontifes, voués à cette œuvre difficile d'assurer les communications aux passages dangereux, par des ponts accompagnés d'un hospice ou refuge de protection, n'étaient pas tout à fait des moines et ne prononçaient pas les vœux monastiques; ils se partageaient en travailleurs-constructeurs et en infirmiers chargés des hospices et refuges pour les voyageurs et les malades. Quel étrange tableau devaient présenter leurs chantiers, M. Charles Lenthéric, dans son beau livre sur le Rhône, nous le dit à propos du pont d'Avignon : « Pendant toute la durée de la construction, les frères Pontifes avaient conservé le costume laïque plus favorable à l'exercice de leur profession manuelle. Les travaux de maçonnerie et le soin des malades prenaient leurs journées entières; aussi ne vit-on jamais les hautes études prospérer beaucoup parmi eux... »

Des dix-neuf arches de vingt à vingt-cinq mètres d'ouverture que comptait jadis le pont Saint-Bénézet, il ne reste plus qu'un tronçon de quatre arches complètes, qui forment encore un très remarquable exemple de ces ponts du moyen âge élégants et pittoresques; quatre belles arches d'une hardiesse et d'une légèreté incomparables, portant sur des piles protégées en amont et en aval par un grand éperon et ouvertes elles-mêmes au-dessus de l'éperon par une petite arcade pour livrer passage aux eaux des fortes crues.

Écroulé en partie en 1226 pendant une attaque des troupes du roi de France, ruiné encore une fois pendant le siège soutenu à la fin du XIV° siècle par Rodrigue de Luna, coupé et recoupé, peu ou mal réparé, sans cesse mis en péril, par les hommes ou par les eaux en fureur, le pont Saint-Bénézet s'écroula peu à peu, arche par arche, pendant le cours des siècles. Il faisait dans le grand bras, entre l'île de la Barthelasse et Villeneuve, un angle obtus pour résister au

LA CHAPELLE DU PONT SAINT-BÉNÉZET

courant rapide et aboutissait à la forteresse royale de Villeneuve, entrée de la terre de France, châtelet relié au fort Saint-André construit sur la colline voisine.

Le tablier est fort étroit, quatre mètres à peine. Sur l'éperon d'amont de la seconde pile restante du tronçon, qui est aujourd'hui restauré et remis en état de résister aux colères du fleuve, peu commode en ses mauvais jours, s'élève une curieuse petite chapelle construite en même temps que le pont, dédiée à saint Nicolas, patron des bateliers et dans laquelle furent déposées les reliques de saint Bénézet. C'est un petit édicule roman posant sur l'éperon et en partie encorbellé sur des trompes. On entrait dans la chapelle, dont le sol est de quelques mètres en contre-bas du tablier, par un petit escalier partant du milieu de l'arche et descendant à l'éperon, mais les passants du pont, réduit ici à une largeur de deux mètres seulement, pouvaient voir dans l'intérieur par une ouverture en arc, au-dessous du petit clocher-arcade.

D'après Viollet le Duc, il y avait alternativement sur toute la longueur du pont une pile simple avec arcade au-dessus de l'éperon et une pile avec éperon plus fort portant sur des trompes un bec de garage. La dernière pile restant après la chapelle semble l'indiquer.

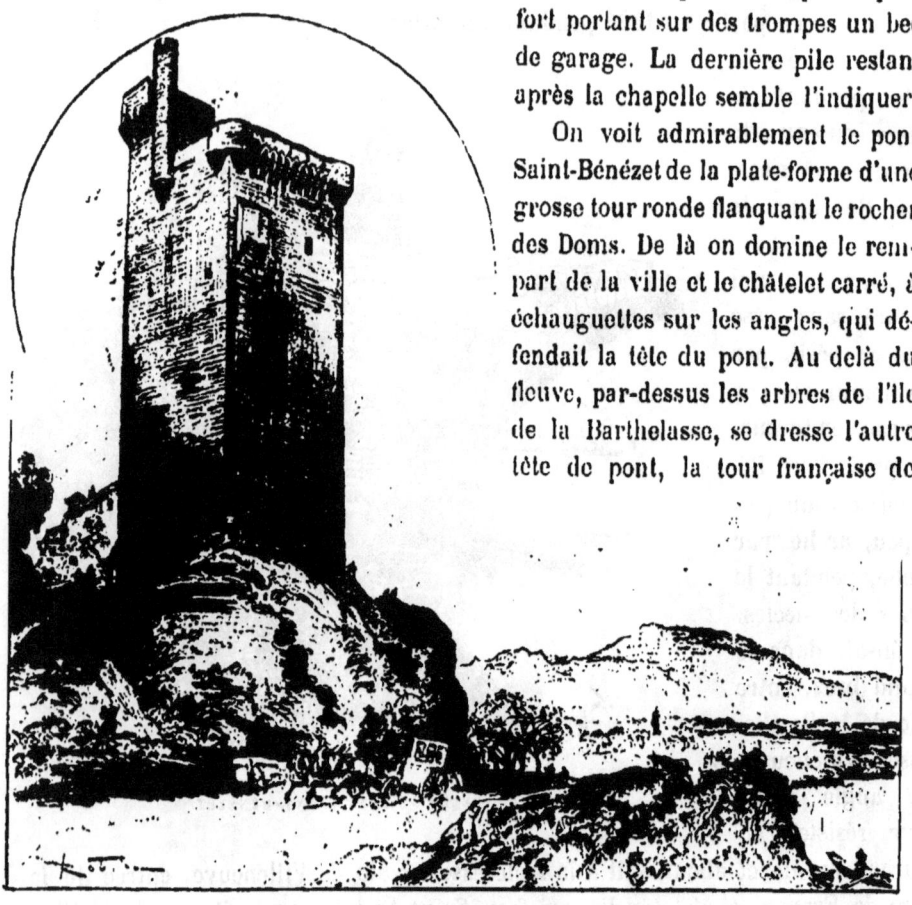

LA TOUR DE PHILIPPE LE BEL A VILLENEUVE

On voit admirablement le pont Saint-Bénézet de la plate-forme d'une grosse tour ronde flanquant le rocher des Doms. De là on domine le rempart de la ville et le châtelet carré, à échauguettes sur les angles, qui défendait la tête du pont. Au delà du fleuve, par-dessus les arbres de l'île de la Barthelasse, se dresse l'autre tête de pont, la tour française de Villeneuve, point central de tout un paysage de rochers, de vieilles constructions, de ruines et de lignes fortifiées, depuis le village des Angles perché sur la colline, jusqu'au fort Saint-André, enceinte d'une abbaye de bénédictins détruite.

En aval, à quelque distance du pont de Saint-Bénézet un autre pont moderne franchit le Rhône, pont suspendu sur le premier bras et pont de bois après la Barthelasse.

Le rocher des Doms où s'élevaient jadis les tours du fort Saint-Martin et quelques moulins à vent, a été transformé de nos jours en une promenade très ombragée, aux allées tournantes donnant partout des vues diverses sur la ville

VILLENEUVE - LES - AVIGNON — PLACE DE L'ÉGLISE

et menant, près de la statue du persan Althen, qui importa en Provence la culture de la garance, à une plate-forme dominant un immense panorama de plaines et de montagnes, depuis le mont Ventoux majestueux au nord, jusqu'aux chaînes du Luberon et des Alpilles au sud.

La célèbre église Notre-Dame des Doms, cathédrale d'Avignon, s'élève sur le rocher tout à côté du palais. Bâtie au XIe siècle sur l'emplacement d'une église des premiers temps du christianisme, elle a deux siècles de plus que le palais et, malgré les restaurations et adjonctions, elle a gardé l'apparence rude et austère qui fait de loin confondre sa grosse tour carrée parmi la troupe guerrière des tours voisines.

Tout près de la tour de la Campane, au-dessus des rampes aujourd'hui verdoyantes du rocher, au-dessus de l'escalier dit du *Pater* parce qu'il compte autant de marches qu'il y a de mots dans l'oraison dominicale, le haut clocher de l'église se dresse, massif et sombre, sur un petit porche en arc romain flanqué de colonnes corinthiennes abritant quelques fresques à demi effacées. Aussi haute que sa voisine du château, la tour à demi détruite pendant le siège soutenu par Rodrigue de Luna, refaite alors, a été complétée il y a trente ans par un couronnement en clocheton servant de piédestal à une colossale statue de la Vierge.

A l'extrémité de la nef, avant l'abside, apparaît une jolie petite coupole octogonale éclairée par des baies romanes.

Cette basilique, du XIe siècle, bien que très défigurée, fait grand effet cependant à l'intérieur. A la nef primitive, des tribunes aux lourds balcons suspendus au-dessus des piliers ont été ajoutées au XVIIe siècle, des chapelles ont été adjointes à différentes époques, chapelles très décorées et remplies de monuments.

Il y a là le tombeau apocryphe, fait de morceaux divers rapportés, du pape Benoît XII et des tombeaux d'archevêques, monuments Renaissance ou XVIIe siècle, très chargés de sculptures.

Sous le chœur à gauche reposent les restes du compagnon d'Henri IV, le brave Crillon, né dans le Comtat. En face de l'église, sur la place du Palais, Crillon a sa statue récemment apportée de la place de l'Hôtel-de-Ville où elle a été remplacée par le monument du centenaire.

A côté de l'inscription tumulaire du brave Crillon, un siège de marbre de beaucoup de caractère, dont l'appui pose d'un côté sur le lion de saint Marc en bas-relief, est un dernier souvenir des papes d'Avignon; il sert maintenant de trône aux archevêques.

On voit à la sacristie où il a été transporté après avoir été indignement traité, mutilé et déménagé, le tombeau du pape Jean XXII, superbe et important monument composé de piliers gothiques, à pinacles sur pinacles, hérissés de fleurons et de crochets plus ou moins brisés, formant un dais magnifique sous lequel repose la statue couchée de ce pontife peu commode, avare, rapace, qui mit la chrétienté en coupe réglée et légua à ses successeurs le trésor considérable grâce auquel ils purent construire leur gigantesque forteresse.

Pour en finir avec la place du Palais, il reste encore un de ses édifices à noter, c'est le bâtiment connu sous le nom d'hôtel des monnaies, maintenant Conservatoire de musique ; façade de palais florentin dont le rez-de-chaussée à bossages est surmonté de deux étages et d'une balustrade chargés des plus lourds ornements : — têtes de lions colossales supportant des guirlandes et des grappes de fruits et légumes monstrueux, gigantesque écusson aux armes de la ville, génies, griffons et aigles fantastiques alourdis par l'embonpoint.

On accuse la mémoire de Michel-Ange de cette lourde et baroque décoration ; le pauvre homme était mort depuis longtemps quand on construisit l'édifice au commencement du xviie siècle, sous le pape Pie V, pour servir d'hôtel des monnaies, puis de caserne aux chevau-légers du pape.

L'hôtel de ville dont on aperçoit d'ici le beffroi, n'est plus la vieille maison de ville du moyen âge que la pioche a jetée bas en 1845. C'est un édifice tout neuf, un joli cube à colonnade et fronton de style grec, enveloppant, comme une boîte dont le couvercle se soulève, la vieille tour municipale à la très riche décoration ogivale dépassant par le sommet. A en juger par ce beffroi, le vieil hôtel de ville devait avoir bonne façon. C'est une grosse tour carrée à mâchicoulis, portant un second étage crénelé en retrait, lequel sert lui-même de soubassement à un campanile ogival ouvert sur les quatre faces, avec pinacles aux angles accompagnant une petite flèche de pierre, sous lequel campanile s'aperçoivent un Jacquemart et sa femme frappant les heures sur une grosse cloche.

De ce cœur de la ville, — où quelque chose comme un grand décor moderne, de la place à la gare, a été tendu devant le vieil Avignon, — si l'on veut plonger dans les quartiers populaires ou aristocratiques à la mode d'autrefois, on n'a que l'embarras du choix.

A l'angle des grands cafés où de vrais contemporains boivent de la bière et s'abreuvent de politique, débouchent des rues et ruelles d'une haute couleur, pleines de tournants, de coins bizarres, rues étroites circulant le plus capricieusement du monde à travers un imprévu plein de charme, — ici assombries par de grands bâtiments à tournure de palais ou d'hôtels qui jadis durent loger prélats et cardinaux, gens de robe ou d'épée, — là, bordées de petites maisons basses moins renfrognées ou de bâtisses certainement cléricales. On éprouve peu à peu, à s'enfoncer dans ce labyrinthe de rues très embrouillées, les émotions d'un voyage en arrière du grand fossé où tombent les siècles un à un, et l'on retrouve ici des cadres d'existence disparus ailleurs. Les vieilles rues de la ville des légats du pape, succursale de Rome, ont un caractère italien très prononcé qui frappe tout d'abord ;

cet Avignon-ci ressemble bien à Bologne, à quelque Florence populeuse et remuante, puis, tout proche pourtant du mouvement gai de rues animées comme des *Corsos* d'outremonts, en des quartiers de solitude et de tranquillité on se croirait transporté en quelque Cordoue de l'Espagne sarrasine, à voir la tournure mauresque des ruelles ombragées par de grands toits, avec des coups de soleil sur des carrefours silencieux.

Et quels jolis noms venant compléter la sensation éprouvée, éveiller des idées ou réveiller des souvenirs : rue de l'Arc-de-l'Agneau, rue des Ciseaux-d'Or, rue des Fourbisseurs, rue Oriflamme, rue Hercule, rue Rouge, rue Philonarde, rue des Encans, rue des Trois-Colombes, rue de Sainte-Garde, — et celle-ci, la rue Abraham, qui prend dans la rue des Marchands demeurée rue de grand commerce et de boutiques.

La rue Abraham et plus loin la rue Jacob, couloirs plutôt que ruelles, conduisent à la place Jérusalem. C'est le Ghetto des derniers temps de l'Avignon des papes, la *vieille juiverie* du moyen âge étant du côté de la Porte-du-Rhône sous le Palais. La place Jérusalem, au cœur du quartier du négoce, est une sorte de cour irrégulière, très vaste, très grise et très triste, bordée de très hautes maisons vieilles de deux siècles, avec la Synagogue dans un coin. Ici jusqu'à la Révolution, les Juifs furent confinés. Tous les enfants d'Israël devaient, quand ils sortaient dans Avignon, porter à leur coiffure un signe distinctif, et l'on fermait sur eux la nuit, par des grilles, les deux issues du quartier.

PORTE DE L'HÔTEL DE BARONCELLI-JAVON

Du fond du Ghetto d'aujourd'hui, de cette cour tranquille dénuée de pittoresque, une arcade nous jette dans une rue mouvementée et bruyante surtout aux heures matinales. C'est la rue du Vieux-Septier, commerçante, encombrée de paniers, de caisses, de boutiques en plein vent. Comme des toiles tendues en travers la couvrent complètement d'un bout à l'autre, la rue du Vieux-Septier rappelle Séville maintenant; sous l'abri de ces toiles dans l'ombre de quelques arcades, c'est un mouvement pressé de marchands et de marchandes, de ménagères achetant les provisions de la journée ; à côté des plaques rouges des étaux de bouchers, c'est un ruissellement de verts et de jaunes, de légumes, de melons, de pastèques, de citrons et d'oranges qui va tourner au débordement un peu plus loin, sur la grande place Pie où débouche la rue.

Là c'est autre chose. Au-dessus du marché couvert, des éternelles et banales halles modernes à la Parisienne, — modèle uniforme, devenu odieux à force de se montrer partout, hélas ! — qui tiennent ici tout un côté de la large place, au-dessus du marché en plein vent bien plus réjouissant qui s'étale gaiement sur l'espace libre et qui jette sous les immenses parapluies clairs des marchands comme une débauche de couleurs tendres, toutes les fleurs, tous les légumes et fruits de la terre provençale, — s'élève un fond de place gothique d'un grand effet ; des bâtiments crénelés arrangés en boutiques au rez-de-chaussée, des passages voûtés, aux murailles brunes et aux fortes ombres, des balcons, de grands toits en auvent, d'autres bâtiments plus sombres en retour de façade et enfin une haute et grosse tour carrée à plate-forme crénelée, accostée d'une tourelle octogonale.

PORTAIL DE L'ÉGLISE SAINT-PIERRE.

Ces bâtiments occupés par des écoles et cette tour majestueuse récemment restaurée par la municipalité, sont l'ancienne commanderie des chevaliers hospitaliers de Saint-Jean de Jérusalem. La vénérable tour des chevaliers, qui fait si noble figure ici, a d'autres titres à notre respect que sa beauté pittoresque et son caractère de grandeur. Vestige et témoin demeuré debout d'une des belles institutions du moyen âge des croisades, souvenir d'une association militaire et religieuse qui fut pendant des siècles au combat et à la gloire dans les pays d'orient, quelles légendes sanglantes et dorées s'évoquent à son aspect dans l'esprit du passant ! L'ordre de Saint-Jean de Jérusalem, fondé humblement par le Provençal Gérard Tunc de Martigues, dès le lendemain de la prise de Constantinople, dans le but de secourir les croisés blessés et les pèlerins de Terre-Sainte, prospéra rapidement et devint une puissante confrérie de moines soldats, persévérant dans leur but hospitalier par leurs créations de couvents-hospices, mais luttant aussi par l'épée contre les armées musulmanes sans trêve ruées sur le royaume franc de

AVIGNON. — ÉGLISE SAINT-PIERRE

Terre-Sainte. Ils étaient devenus puissamment riches grâce aux dons qui affluaient de partout, et possédaient en tous les pays d'Europe, propriétés, hospices et châteaux qui assuraient à la fois recrutement et subsistance. Leurs premières commanderies en Provence avaient été élevées à Saint-Gilles dès 1112, puis à Orange où rien ne reste d'eux. Divisés en sept langues, Provence, Auvergne, France,

Italie, Aragon, Allemagne et Angleterre, les chevaliers de Saint-Jean pendant deux siècles arrosèrent de leur sang toutes les pierres de la Palestine, toutes les villes assaillies une à une par le croissant, tous les châteaux et places fortes des Francs, puis après le désastre, quand le grand drame des croisades fut achevé, les débris de l'ordre quittèrent la Terre-Sainte pour se fixer à Rhodes qu'ils couvrirent de tours et de remparts écussonnés aux armes des plus illustres familles d'Europe. Ils se défendront jusqu'en 1522 dans Rhodes, bastion avancé du monde chrétien devant la menaçante expansion de l'islam, citadelle isolée battue de toutes parts, ils lutteront pour donner à l'Europe en péril le temps de grandir, et lorsque, succombant glorieusement sur ses ruines avec le Grand Maître Villiers de l'Isle-Adam, l'ordre vaincu dut reculer encore, les chevaliers de Rhodes, sans cesser de combattre, deviendront les chevaliers de Malte.

Voilà, malgré le ridicule appendice d'un salon de toilette pour la chaussure accolé à sa base, — voilà ce que nous dit par sa majesté muette la belle tour blanche de la place Pie, planant grave comme une aïeule qui n'entend plus, par-dessus le brouhaha du marché, par-dessus la gaîté du petit monde qui s'agite à sa base, les appels, les cris des marchands et les conversations bruyantes où roulent les sonorités de la langue provençale entremêlées d'un français fortement accentué. C'est intéressant même pour l'oreille du *franchiman* qui ne comprend pas cette musique provençale parlée par les femmes, dont quelques-unes, pas assez malheureusement, portent le costume arlésien et la coiffe au ruban de velours. Le pays de Mireille est proche, il est bien près d'ici, au pied des Alpilles rocheuses d'un bleu fin, légères comme un nuage dentelé dans le soleil, au delà de la Durance.

Charmante, la langue des félibres aux belles résonances, mais bien amusantes aussi les intonations du français prononcé à la provençale. J'ai entendu tout à l'heure, dans une église, une classe de petites filles, de jolies petites brunes vives et dégourdies récitant leur catéchisme, dévider avec volubilité chacune une phrase de réponse, avec des accents de capitaine marseillais à faire vibrer les voûtes gothiques.

Sur l'emplacement du marché se trouvait la maison du huguenot Perrinet Parpaille, ancien primicier de l'Université qui tenta d'enlever Avignon et qui, arrêté aux environs avec un convoi d'armes, fut quelques jours durant exposé dans une cage de bois avant d'être décapité.

Le terrain de la maison rasée fut le commencement de la place, considérablement agrandie depuis. Les bâtiments anciens, jadis séminaires, qui font pendant à la tour sur la rue Saint-Claude, sont occupés par le palais de justice. Au bout de la rue Saint-Jean-le-Vieux, après la bruyante place Pie, dort dans le silence une autre place plus étroite d'un autre caractère, la place Pignotte, assez morose avec ses quelques vieux platanes enfermés entre les façades grises de vieilles maisons ou de vieux couvents.

On se trouve là dans la rue Philonarde qui, se continuant par la rue des Lices et la rue Joseph-Vernet, dessine un immense cercle sur l'emplacement des murailles de l'Avignon d'avant les papes. Il y a sur cette longue ligne bien des souvenirs de l'ancien Avignon sans compter les attractions purement pittoresques, comme il s'en rencontre tout de suite à l'entrée de la rue des Lices, où commence la très curieuse rue des Teinturiers longée sur un des côtés par la Sorgues, la rivière de Vaucluse, qui coule ici à ciel ouvert sous une file d'énormes platanes et fait tourner lentement une trentaine de grandes roues motrices noircies et verdies, accrochées à de vieilles maisons — très vieilles, surtout vers la rue de la Tarasque, — communiquant par des ponts à la rue.

Au commencement de cette ligne de moulins, un petit pont mène à l'église des Pénitents gris. Avignon possède encore trois confréries de pénitents, gris, blancs et noirs, — il en avait autrefois de toutes les couleurs, — voués traditionnellement à certaines œuvres, mais qui n'ont plus l'importance des confréries de jadis, fondées après la prise de la ville par Louis VIII.

AVIGNON. — CLOCHER DE SAINT-DIDIER

L'église des Pénitents gris est assez curieuse par ses dispositions ; c'est, au bout d'un couloir, une suite de petites salles assez basses ornées de quelques bons tableaux. A côté sont les restes de l'ancienne église des Cordeliers, un simple débris, car il ne subsiste, juste au-dessus de la Sorgues, que le clocher et un côté de la nef, appartenant aujourd'hui au collège Saint-Joseph.

Cet ancien couvent des Cordeliers avait, avant la Révolution, la gloire de posséder, outre de nombreux tombeaux de cardinaux et d'évêques, la sépulture de Laure de Sade, la dame des pensées de Pétrarque. Dans l'horreur inspirée par le nom de l'ignoble marquis de Sade, on a voulu enlever à Laure de Sade sa couronne poétique et l'on a cru avoir découvert une Laure de Noves qui aurait été

AVIGNON. — ANCIENNE ÉGLISE DES CORDELIERS, RUE DES TEINTURIERS

la véritable inspiratrice du poète des sonnets, mais il a bien fallu s'apercevoir que les deux Laure n'en faisaient qu'une : Laure de Noves, fille du seigneur de Noves, sur la Durance près de Château-Renard, et femme du seigneur de Sade, bourgeois enrichi, dont le château se voit encore sur les hauteurs entre l'Isle et Vaucluse, devant la célèbre source où, comme une Elfe des contes de fées, le gracieux fantôme de Laure, de la gentille dame des cours d'amour, éternellement se jouera dans le rayon de soleil frappant l'écume des cascatelles bondissantes.

LA TOUR DE BARBENTANE.

Mais il n'y a qu'une Laure, celle de la légende, Laure de Noves de Sade que Pétrarque, dans cette ville d'Avignon, qu'il n'aimait pas et déclarait la plus ennuyeuse du monde, rencontra pour la première fois le vendredi saint de l'an 1327 à un office matinal de l'église Sainte-Claire.

Laure, paraît-il, ne vit jamais que le poète dans le pauvre Pétrarque, couronné de lauriers sans roses, qui l'aima vingt ans, l'adora morte, pur esprit dégagé de l'enveloppe terrestre, et lui consacra d'innombrables sonnets et canzones. N'y pensons plus et tâchons aussi d'oublier que, d'après les chercheurs impitoyables, Laure, très respectable dame, donna onze enfants au seigneur de Sade.

« Plante heureuse, dans le bourg d'Avignon elle naquit et mourut... » dit le mélancolique sonnet trouvé en une boîte de plomb dans son cercueil.

Elle mourut pendant la terrible peste de 1348, qui tua les Avignonnais par milliers. On l'enterra aux Cordeliers où sa tombe retrouvée et ouverte en 1533 eut parmi ses premiers visiteurs le roi François I*er*, auteur de *Souvent femme varie*, qui prit la lyre avec laquelle il avait déjà célébré Agnès Sorel et rima en l'honneur de Laure quelques vers :

> ..... Gentille âme estant tant estimée,
> Qui te pourra louër qu'en se taisant,
> Car la parole est toujours réprimée
> Quand le sujet surmonte le disant.

D'autres restes de couvents avoisinent les Cordeliers, des bâtiments à arcades transformés en caserne, ou près de la place du Corps-Saint, l'ancien couvent des Célestins, militarisé aussi, considérable encore, avec son église, son cloître, et d'autres bâtiments, le tout caché, fermé, verrouillé et grillé, transformé en pénitencier militaire.

Ce très riche et très puissant monastère, saccagé en 93, possédait, entre autres curiosités, le tombeau d'une maîtresse du roi René, ainsi qu'un singulier tableau peint sur les indications du prince poète, et représentant la pauvre dame à l'état de cadavre à demi rongé par les vers dans l'horreur du cercueil. Le président de Brosses l'a vu au siècle dernier. Une inscription en vers également macabres se lisait dans un coin du tableau :

> Ma chair estoit très belle, fraische et tendre,
> Ores elle est toute tournée en cendres.....

La rue Joseph-Vernet continue la grande ellipse tracée par la rue Philonarde et celle des Lices et tourne dans la partie ouest de la ville à travers un quartier moins serré, où de grands hôtels d'époques diverses montrent çà et là d'opulentes façades.

Ce joli clocher gothique surmontant une nef d'église enchâssée dans un jardin public est Saint-Martial, ancien couvent de Bénédictins, occupé par le musée d'histoire naturelle et par l'École normale. Le clocher du xv° siècle, avec sa petite flèche de pierre à crochets, ressemble aux autres clochers d'Avignon ; Saint-Martial sur la rue Joseph-Vernet montre, comme une broderie à jour, une magnifique fenêtre dont les meneaux extrêmement délicats et compliqués dessinent une immense fleur de lis.

Tout près de là, un autre musée, plus célèbre, loge avec la Bibliothèque dans l'ancien hôtel de Villeneuve, vaste édifice du xviii° siècle ouvrant sur une grande cour.

Les galeries de ce musée, qui a pris le nom de son fondateur le docteur Calvet, renferment : un musée de peinture et sculpture, riche en toiles importantes où le peintre des grandes marines Joseph Vernet, né en Avignon, est largement représenté ; un musée archéologique, que les nombreuses et intéressantes trouvailles d'antiquités romaines faites dans la contrée, d'Arles à Vaison, ont largement fourni en marbres, en bronzes, en inscriptions et en médailles ; un musée de sculptures du moyen âge où de précieux débris des richesses artistiques de l'Avignon d'autrefois ont été recueillies : superbes monuments funéraires de différentes époques, complets ou en morceaux, tombeau du pape Urbain V, tombeau du maréchal de la Palice, groupes et statues ayant décoré le tombeau du cardinal Lagrange, — important monument dont M. Eugène Müntz a donné dans l'*Ami des Monuments* une description détaillée, — élevé au xv° siècle dans l'église de Saint-Martial et détruit en 93, étrange par sa statue du *Transi* sauvée du désastre, cadavre décharné faisant le pendant du cadavre peint de la maîtresse du roi René aux Célestins. Enfin, en plus de ces sculptures tumulaires, le musée Calvet possède de nombreuses curiosités archéologiques, cheminées, colonnes, fragments divers provenant de tant d'églises, de tant de couvents abattus, d'hôtels seigneuriaux disparus.

Nombreux encore cependant sont les grandes maisons dans ce quartier, dans la large rue Vernet, qui se termine devant le petit dôme xviii° siècle de la chapelle de l'Oratoire, et dans les ruelles en couloirs aux ombres profondes, sur les petites places où jouent les rayons de soleil, où de hauts murs très âgés cachent des cours curieuses qu'un entre-bâillement de porte révèle un instant. Petites places étonnamment calmes, grandes maisons étonnamment tranquilles.

La rue Dorée possède l'hôtel de Sade, très important logis du xv° siècle, qui vient d'être entièrement restauré et affecté à une école communale. Tout à côté, la Préfecture occupe deux vieux hôtels très transformés, dont l'un fut le collège du Roure, fondé par le cardinal Julien du Roure ou de la Rovère, premier archevêque d'Avignon, devenu plus tard le grand et belliqueux pape Jules II, qui menait si rondement ses armées.

Au bout d'une toute petite ruelle s'ouvrant rue Saint-Agricol se voit une porte gothique, abimée non par le temps, mais par la griffe des révolutions, toujours jolie cependant, où la grande ogive et ses subdivisions sont tracées par des branches de chêne entrelacées encadrant un écusson effacé. C'est l'entrée de l'hôtel de Baroncelli-Javon, voisin du collège de Roure. Le pape Jules II le posséda, cet hôtel du xvᵉ siècle, encore habité par les descendants de ceux qui le construisirent, les Baroncelli alliés aux Rovère, dont le nom est rappelé par les branches de chêne, — en vieux français Rouvre — sculptées sur la porte, alliés aussi aux Crillon, qui ont laissé rue de la Masse, autre rue bien étroite, un grand hôtel à façade imposante et massive du xviiᵉ siècle.

AVIGNON. — CLOCHER DES AUGUSTINS

Tout proche, illustration moderne du vieil Avignon, en cette rue Saint-Agricol est la librairie Roumanille d'où prit très humblement essor le mouvement de renaissance littéraire de la langue provençale, qui triomphe aujourd'hui en de grandes et importantes œuvres, en magnifiques poèmes déjà classiques comme *Mireille* ou *Calendau* de Mistral.

Un bas-relief du sculpteur Amy, au musée Calvet, où les gloires du passé rencontrent les gloires contemporaines, réunit les portraits des trois grands félibres Roumanille, Aubanel et Mistral; Roumanille qui, par ses contes populaires, remplis d'un humour méridional, par l'*Armana prouvençau*, fut le précurseur; Aubanel, poète d'un lyrisme superbe, auteur des *Filles d'Avignon* et de la *Grenade entr'ouverte*, et enfin le grand Mistral, le père de cette immortelle *Mireille* à qui tout voyageur en Provence, quand il ne ferait que traverser en wagon les plaines avignonnaises ou arlésiennes, pense le long du chemin, et qu'il croit voir dès qu'apparaît sous la coiffe une de ces filles d'Arles aux traits réguliers, au teint mat, aux yeux de velours sous de longs cils.

Une littérature ressuscitée, qui en si peu d'années a fait fleurir tant de poésie sur cette terre, des rochers de la chaîne des Baux, chers aux vieux *trobadors*, aux baies lumineuses caressées par le flot bleu de la mer latine, — qui a vu naître tant de belles œuvres dont nous ne connaissons que les principales, les seules traduites, peut se dire certaine de l'avenir; le triomphe du félibrige est assuré et ce, quoi qu'on en ait dit, pour le plus grand bénéfice et accroissement du capital littéraire national.

Si, comme la Bretagne et la Provence, chaque province avait à verser dans le trésor commun un trésor équivalent à celui des vieux poètes bretons, depuis les bardes jusqu'à Brizeux, à celui des félibres de Provence renouant la tradition du passé et rattachant les félibres aux troubadours de jadis, si toutes les races particulières de la grande famille française pouvaient, comme Bretons et Provençaux, enrichir notre littérature générale d'une littérature particulière empreinte d'un caractère bien personnel, d'une poésie mélancolique ou allègre, épique ou gracieuse, quel merveilleux supplément de richesse ajouté à notre fonds si riche!

Vraiment heureuses, ma foi, les terres où l'atmosphère enfumée d'une ère par-dessus tout industrielle, utilitaire et réaliste, n'étouffe pas dès qu'elle paraît la belle fleur de la fantaisie.

A un autre point de vue, le félibrige peut être remercié d'avoir, par ses efforts incessamment renouvelés, par le mouvement, par l'agitation intellectuelle suscitée, en glorifiant les vieux souvenirs, en rappelant les traditions, en luttant en toute occasion pour la conservation des coutumes, réveillé le sentiment provençal et empêché les belles provinces de la langue d'oc de perdre leur originalité propre et de se laisser définitivement couler dans le moule uniforme et inflexible qui, à force de centralisation, réaliserait bientôt l'unification des populations les plus diverses dans la parfaite banalité.

En face de cette librairie Roumanille, paroisse littéraire, berceau du félibrige, est l'église Saint-Agricol, première paroisse de la ville, ouvrant par un portail gothique au-dessus d'un grand perron, mais pour le reste masquée totalement par les maisons qui l'enserrent. A l'intérieur, ce qu'elle a de plus remarquable est un grand retable de la Renaissance aux très élégantes sculptures.

Dans le très vieux quartier qui s'étend depuis Saint-Agricol jusqu'au pont Saint-Bénézet, à l'ombre du château des Papes, se rencontrent dans le désordre pittoresque des ruelles amusantes à parcourir quelques traces historiques, souvenirs de temps tout à fait lointains ou d'événements presque récents.

Au bout de la rue de la petite Fusterie, c'est l'unique et très simple débris de la ville romaine, une vieille arcade étranglant la rue Saint-Etienne, reste de l'Hippodrome, et un peu plus bas dans la rue, la vieille façade grise aux grandes fenêtres moulurées de la maison gothique dite de la Reine Jeanne.

La place Crillon ouverte devant la porte de l'Oulle, entrée de la ville par le grand pont autrefois, au temps des diligences, est bordée d'anciennes hôtelleries, dont l'une, celle qui fait le fond de la place, est l'ancien théâtre reconnaissable à sa colonnade et à son attique, élevé par le peintre Pierre Mignard, natif d'Avignon. En 1815, souvenir tragique, le maréchal Brune fut arrêté à son entrée en ville, tiré de sa voiture et conduit à l'hôtel du Palais-Royal, sur le côté gauche de la place, puis assiégé dans l'hôtel et finalement assassiné par la populace royaliste conduite par le fameux Trestaillon.

Sans parler des couvents actuellement existants, encore au nombre d'une douzaine, Avignon a trois de ses importantes paroisses de l'autre côté du château des Papes. Saint-Pierre, cerné par les plus étroites ruelles, est la plus belle de ces églises et montre sur une toute petite place la belle page gothique de son portail, de l'ogival du XVIe siècle où déjà se montrent quelques détails Renaissance. La grande ogive flanquée de deux jolies tourelles à clochetons encadre de magnifiques

AVIGNON. — ANCIEN COUVENT DES CARMES

portes de bois sculpté admirablement conservées, présentant des sujets bibliques encadrés dans une riche ornementation, et séparées par un pilier portant une charmante statue de la Vierge du sculpteur Bernus. A l'intérieur, où de grandes boiseries et des colonnes dorées dans le chœur succèdent à une nef ogivale, belle galerie gothique soutenant les orgues, saint sépulcre, retable renaissance avec une Cène en bas-relief dans le soubassement et enfin belle chaire de pierre du XVe siècle dans les arcatures de laquelle nichent des statuettes provenant du tombeau mutilé de Jean XXII à Notre-Dame des Doms.

Saint-Didier, édifice du XIVe siècle, est de style plus rude que la gracieuse église Saint-Pierre. Une tour carrée à flèche très courte, s'emmanchant assez curieusement au-dessus de l'étage où se balancent les cloches, s'élève sur un côté de l'abside. Ce que l'église renferme de plus intéressant, c'est un retable dit du

VILLENEUVE-LÈS-AVIGNON. — ENTRÉE DU FORT SAINT-ANDRÉ

roi René provenant des Célestins et une chaire ou plutôt un balcon suspendu très haut au-dessus d'une arcade de gauche.

Derrière Saint-Didier se voient Saint-Antoine, église gothique déclassée, et Notre-Dame la Principale, peu somptueuse au dehors, chapelle des anciens Pénitents blancs qui eurent jadis pour confrère honoraire Henri III et lui offrirent à cette occasion une discipline de luxe.

Il y a encore Saint-Symphorien, peu remarquable, ancienne église des Carmes dont le portail ouvre sur une petite place plantée d'une rangée d'arbres; à côté sur la rue Carreterie, il reste une partie du couvent occupée par la grande auberge de la Croix-Blanche, avec une haute et belle entrée en ogival fleuri surmontée d'une très fine arcature aveugle.

En face de ce portail monumental des anciens Carmes se trouvent d'autres débris d'un autre couvent, celui des Augustins, dont il reste au-dessus des maisons de la rue la haute tour à mâchicoulis, surmontée d'une flèche de pierres tronquée qui s'achève en un campanile de fer.

A la pointe des rues de la Carreterie et des Infirmières, il faut signaler, non pour son intérêt artistique, mais en raison du souvenir historique qui s'y rattache, une croix de fer érigée en 1418, pour commémorer la fin du schisme d'occident, quand, à la levée du dramatique et mouvementé Concile de Constance, devant trois papes se disputant la tiare, on crut en finir avec le schisme en donnant cette tiare à un quatrième pape, Martin V.

HÔTEL DE VILLE DE BARBENTANE

ROUTE DE VILLENEUVE-LÈS-AVIGNON

III

VILLENEUVE-LÈS-AVIGNON. — BARBENTANE

AMAS DE RUINES. — LE CHATELET DE PHILIPPE LE BEL
LES PALAIS ET LA CHARTREUSE DU VAL DE BÉNÉDICTION
LE FORT SAINT-ANDRÉ. — LA TOUR DE BARBENTANE

Quand, après avoir franchi la porte de l'Oulle, on prend le pont du Rhône, qui devient grand pont de bois aux innombrables poutres sur le deuxième bras après l'île de la Barthelasse, — où les Avignonnais, le dimanche, viennent, en vue du plus admirable paysage urbain, goûter les plaisirs des guinguettes champêtres, des parties de boules et des courses de vélocipèdes, — on arrive au pied de la colline d'où Bonaparte, aiglon, canonna en 93 les fédérés marseillais établis en face sur le rocher des Doms.

De là, remontant le long du Rhône, part une route blanche sur laquelle, dans la fine poussière, roulent les petites diligences vert-pomme et jaune serin de la Provence. Voici là-bas les quatre arches du vieux pont rompu et, de ce côté du fleuve, le point où venait aboutir l'œuvre de Bénézet, marqué par la belle tour de Villeneuve.

ORANGE RUINES DU THÉATRE ROMAIN.

Quand Philippe le Bel eut fait élire Clément V, *son pape*, et que la papauté se fut installée à Avignon, espérant y trouver une certaine indépendance, le roi, comme pour faire sentir qu'il tenait au contraire à la garder sous sa dure main, — sous cette main qui naguère à Anagni, avait osé s'abattre sur Boniface VIII, — fit élever sur la rive languedocienne du Rhône au débouché du pont d'Avignon, une haute tour carrée pourvue de fortes défenses accessoires.

Elle est restée, isolée et majestueuse sur son rocher, avec sa haute tourelle de guette plantée sur le côté, à regarder le tronçon du pont qui ne vient plus à elle, à contempler les immenses horizons que remplit au nord-est la haute croupe du Ventoux. La route tourne à ses pieds et s'en va sous une rangée de cyprès vers la colline fortifiée de Saint-André.

Villeneuve est une immense ruine ou plutôt une accumulation de ruines, d'abord sur les pentes rocheuses qui dominent le Rhône derrière la tour de Philippe le Bel et à côté. Là, de vieilles bicoques d'hôtels plus ou

UNE RUE DE VILLENEUVE

moins en lambeaux, des maisons pressées en un désordre pittoresque s'accrochent au roc, se campent sur des pointes, soutenues par de vieilles terrasses et par des restes de remparts délabrés.

Dans le val, entre ces rochers et la colline Saint-André, s'allonge, d'aspect très vénérable, la ville proprement dite, d'assiette irrégulière aussi et toute en vieux toits et en vieux édifices. Au milieu de ce vénérable bourg, parmi des palais de cardinaux habités par vignerons et laboureurs, se cache un autre tas de ruines, les restes de la Chartreuse du Val de Bénédiction, cloître, bâtiments divers, chapelles, également convertis en logements par de pauvres gens et formant un ensemble des plus curieux.

Au-dessus de toutes ces ruines, sur la colline qui se relève, s'asseyent les grosses murailles du fort Saint-André, ligne de tours et remparts enfermant un troisième amas de décombres, une abbaye et des maisons gisant en débris sur le sol ou s'éboulant sur les pentes.

ANCIEN HÔTEL DE GONDI, A VILLENEUVE

Villeneuve, sentinelle soupçonneuse et parfois hostile du Languedoc français devant l'Avignon ville libre, puis devant l'Avignon des papes, devint cependant au milieu du xiv° siècle, malgré les rébarbatives fortifications élevées par Philippe le Bel sur les collines, comme la maison de campagne des papes et des cardinaux, qui ont laissé comme souvenirs ces chapelles et ces palais, toutes ces murailles crevassées, superbes vestiges des grands jours, à tous les coins de la petite cité.

Au centre de la ville peu habitée aujourd'hui, — tranquille et silencieuse dans la mélancolie de l'abandon, qui contraste si fort avec Avignon si vivant et tout proche à un millier de mètres de l'autre côté du Rhône, — sur une petite place à arcades d'un caractère bien méridional, s'élève l'église Notre-Dame de l'Assomption, robuste de lignes avec une grosse tour découronnée, hérissée au sommet par les consoles des mâchicoulis disparus. De ses jours glorieux d'autrefois, de ses grandeurs passées, il lui est resté à l'intérieur quelques épaves, sculptures ou tableaux, un magnifique Christ au tombeau dans le retable de l'autel, et quelques sépultures de cardinaux dormant tout près des ruines de leurs villas des champs.

L'hôpital n'est pas loin, parmi tous ces vieux bâtiments et ces antiques maisons grises. C'est le musée de la ville qu'une bonne sœur fait visiter. Ce que l'on

VILLENEUVE. — FONTAINE DE LA CHARTREUSE

va voir à l'hôpital, ce ne sont pas les quelques vieilles toiles, les portraits de grands personnages ou de nobles dames échouées en ce lieu mélancolique, c'est dans la chapelle le tombeau du pape Innocent VI, dais gothique à minces clochetons, ciselé avec profusion et délicatesse comme celui de Jean XXII à Notre-Dame des Doms, mais très endommagé et très mutilé aussi, magnifique monument qu'on enleva il y a quarante ans d'un coin des ruines de la Chartreuse où de braves gens, habitués à tailler et à rogner sans ménagements à travers les cloîtres, avaient, du mausolée papal, tout naïvement et irrespectueusement fait une armoire où ils rangeaient leurs hardes sur la tête du pape couché.

Après une des effrayantes pestes, dont les ravages terrifièrent la Provence, celle de 1360, qui enleva une âme sur trois dans Avignon et dans la cour pontificale, Innocent VI fonda dans sa retraite de Villeneuve, qu'il appelait le Val de Bénédiction, une abbaye de Chartreux, importante et vaste, ainsi qu'on en peut juger par les ruines qui restent.

C'est dans la grande rue de Villeneuve, parmi de très anciennes maisons que se trouve l'entrée ; on pénètre dans l'enchevêtrement des bâtiments par des passages coupés de cours et de bifurcations à droite et à gauche, circulant à travers les détours des ruines. Mélancolique petite Pompéi cléricale, mais Pompéi habitée, pleine de recoins curieux où la vie d'aujourd'hui fleurit sur les décombres d'un autrefois glorieux !

De grands bâtiments aux pierres écornées, usées en bas et comme dévorées par les vers, se tiennent encore debout, ruinés dans les étages supérieurs mais utilisés au rez-de-chaussée soit comme habitation, soit comme hangars ; des pans de murailles qui achèvent silencieusement de s'écrouler, un cloître à demi ruiné, des chapelles délabrées... Çà et là des fenêtres béantes, de vieilles portes jadis sculptées, aujourd'hui rongées et grignotées, menant à des trous encombrés de pierres ou à de très modestes intérieurs de tisserands ou de cultivateurs.

VILLENEUVE
LES MEURTRIÈRES DU FORT SAINT-ANDRÉ

Les enfants pullulent dans les couloirs de cette grande ruine, du linge sèche dans les préaux. Un rayon de soleil au bout d'un couloir, de la verdure et voici un jardin ensoleillé, entouré de bâtiments bas en carré. C'est un des cloîtres de la Chartreuse, une grande cour sur laquelle ouvrent les cellules des chartreux devenues des maisonnettes habitées. Dans le verdoiement des fleurs ou de quelques légumes égayant cette ruine lamentable, coin de nature éternellement jeune enfermé derrière tant de vieilles pierres, au centre de cette cour, s'élève une ancienne fontaine monumentale en rotonde ouverte comme un temple antique, à côté d'un vieux puits.

VILLENEUVE. — ANCIENS BATIMENTS DE LA CHARTREUSE

Partout dans Villeneuve comme dans la Chartreuse, ce sont les mêmes effets de décadence, les mêmes contrastes et à peu près les mêmes ruines. Voici, par exemple, une luxueuse et superbe porte de palais à fronton ambitieux et large écusson ; c'est majestueux, mais cela ne mène plus à grand'chose. Voici une ancienne église à grosse tour carrée arrangée en habitations ; voici des hôtels ou des palais cardinalices, des entrées voûtées, de hautes ogives, de grandes cours autrefois seigneuriales, maintenant fort abîmées et encombrées d'instruments de culture...

Une rue pittoresque escalade les pentes du fort Saint-André, qui domine le Val de Bénédiction des Chartreux de ses hautes murailles crénelées, à l'intérieur desquelles s'abritait autrefois un autre monastère. La porte de ce fort Saint-André précédée d'une barbacane dont quelques débris subsistent, des pans de murs percés de meurtrières sur les côtés de la route, est encore un joli morceau de fortifications constitué par deux grosses tours d'un fort relief avec une belle galerie de mâchicoulis intacts, entre lesquelles tours rondes, au-dessus de la voûte, monte très haut une tour carrée.

Des remparts très élevés gravissent les pentes à gauche de cette porte, tandis que les murailles de droite s'abaissent sur la plaine et laissent voir des terrasses de jardins et les toits du couvent moderne installé sur les ruines de l'abbaye d'autrefois. Quand on a franchi la porte, on se trouve tout de suite dans un indescriptible écroulement. Maisons éventrées, bâtiments jetés bas en longs éboulis. Des sentiers grimpent et tournent sur les tas de pierres, qui se confondent avec les pentes caillouteuses à l'herbe rare de la colline.

En haut de cet immense tas de ruines on retrouve ces beaux remparts, qui portent encore çà et là des fragments du chemin de ronde courant sur des corbeaux le long du crénelage. A la base de cette muraille, sous les beaux créneaux d'en haut, il reste de distance en distance, de larges embrasures en ogive avec banquette de chaque côté de la niche, pour l'archer qui de sa meurtrière surveillait l'alentour, et plongeait de là dans les rues de la ville, dans les cloîtres du couvent d'en bas.

Les bâtiments des bénédictins du mont Andaou ou de Saint-André, si bien enfermés sur cette colline isolée, et les maisons bâties autour de l'abbaye ont croulé en ces vagues débris que l'herbe recouvre ; en haut de l'escarpement il reste une très humble petite chapelle du xie siècle, dominant tout le pays, toute la magnifique campagne avignonnaise, de Sorgues, de Châteauneuf-du-Pape aux étendues ensoleillées que la Durance traverse.

A quelques kilomètres au sud d'Avignon, derrière la Durance, la grande plaine qui s'étend jusqu'aux Alpilles est bosselée par deux croupes de longues collines, émergeant comme deux îlots montueux de l'étendue verte et jaune, où les oliviers mettent des petites taches d'un vert gris et les cyprès sur les routes blanches des lignes de traits noirs.

C'est d'un côté Château-Renard, près de la Durance, que signalent au loin des tours restant d'un ancien château des comtes de Provence, assez près d'une autre localité, Noves, village fortifié comme tant de villages de Provence, qui fut le vrai pays de la Laure de Pétrarque, Laure de Noves, épouse du seigneur de Sade.

La colline de l'autre côté qui domine de loin le cours du Rhône, c'est Barbentane portant à son sommet une vieille tour aussi, un débris de château fort admirablement placé. Il y a dans les environs d'Avignon bien des attractions, bien des

PORTE DE BARBENTANE

restes de châteaux encore ou de monastères, de Thor à Saint-Ruf, dans le nombre je vais de préférence à la tour de Barbentane, en souvenir d'une ballade que Mistral lui a consacrée.

« L'évêque d'Avignon Monseigneur de Grimoard, a construit une tour à Bar-
« bentane qui enraye vent de mer et aquilon et brave la puissance du malin.
« Solidement assise sur le roc, forte et carrée, exorcisée, elle porte au soleil son
« front sauvage : à ses fenêtres même, pour le cas où le diable voudrait s'intro-
« duire par les vitres, Monseigneur de Grimoard a fait graver sa mitre... »

Merci au grand poète de Provence, la tour de Barbentane est superbe et le bourg lui-même, pays de farandoles fameuses, se montre charmant et d'un joli caractère provençal non entamé. Il est à trois kilomètres du chemin de fer, au bout d'une route éblouissante de soleil. Aux premiers ressauts de la Montagnette, de belles verdures de jardins, des mas blancs coiffés de tuiles rouges, annoncent le pays que des remparts encore défendent, comme aux temps lointains des prélats féodaux.

Tout est en notes claires, en couleurs tendres, la route blanche, le vert frais des arbres se balançant dans le bleu, les maisons peintes en blanc ou en jaune, aux portes fermées de toiles de couleur, les ombres grises ou bleuâtres.

UNE RUE DE BARBENTANE

Bien jolies sont les ruelles fraîches bordées de grands murs qu'ombragent des bouquets de végétation retombante, et aussi la grande place ensoleillée où quelques chevaux et quelques mulets venus pour le marché patientent à l'ombre des platanes, au pied d'un vieux portail ogival donnant entrée à la partie forte du bourg.

Un pas sous le portail et le sommet de la tour de monseigneur de Grimoard apparaît au-dessus des grands toits d'une rue très moyen âge bordée de maisons très anciennes, dont quelques-unes, qui furent importantes, allongent des gargouilles de pierres sculptées sous l'avancée du toit. Un coude de la curieuse rue mène à une petite place centrale où se trouvent l'église et l'hôtel de ville qui occupe une maison à larges arcades Renaissance.

L'église, dans le style des églises d'Avignon, est intéressante de lignes. Son portail est flanqué d'une tour qui probablement eut jadis une petite flèche de pierre, mais qui porte maintenant ses cloches en plein ciel. Un petit porche curieux au-dessus de l'entrée, un beau puits à double poulie dans un angle complètent l'arrangement de cet original petit tableau.

Les maisons prennent de l'âge en avançant vers la tour, elles sont très vieilles par ici, et de la même couleur jaune que le rocher; on sort du bourg par un second portail fortifié et tout aussitôt se dresse sur la pointe d'un escarpement

LA VILLE HAUTE A VAISON.

rocheux où le roc a été maçonné en remparts, la haute tour dessinée d'un trait si net par Mistral.

Forte et carrée, accostée d'une tourelle et seulement découronnée de sa garniture de créneaux, elle s'élève parmi les pins d'un parc escaladant la hauteur. Un

VIEILLES MAISONS DE BARBENTANE

lierre s'accroche à la tour, le poète l'a dit aussi : « Monseigneur de Grimoard a laissé croître à la muraille un grand lierre branchu, » à ce lierre, dans la ballade provençale, grimpe un beau jeune homme attendu là-haut par la belle et folle Mourette, fille du *clavaire* de la Tour; et dans la clarté de la lune, il grimpe, grimpe, mais tout à coup le lierre se rompt et le beau jeune homme s'écrase sur le roc...

Au pied de cette belle tour, construite en 1365 par Mgr de Grimoard, frère du pape Urbain V, le bourg protégé de ce côté par un ravin dévale d'une façon pittoresque, formant un bloc de maisons serrées, très vieilles et très grises, donnant bien l'idée d'une île rocheuse émergeant des étendues plates. C'est la façade antique de Barbentane qui se termine à pic au-dessus d'une belle route descendant vers le Rhône entre deux rangées de cyprès.

Longtemps, et de bien loin on la voit au-dessus de la plaine, au-dessus des maisons jaunes de Barbentane et du roc fauve de la Montagnette, la belle tour de M⁐ de Grimoard.

ÉGLISE DE BARBENTANE

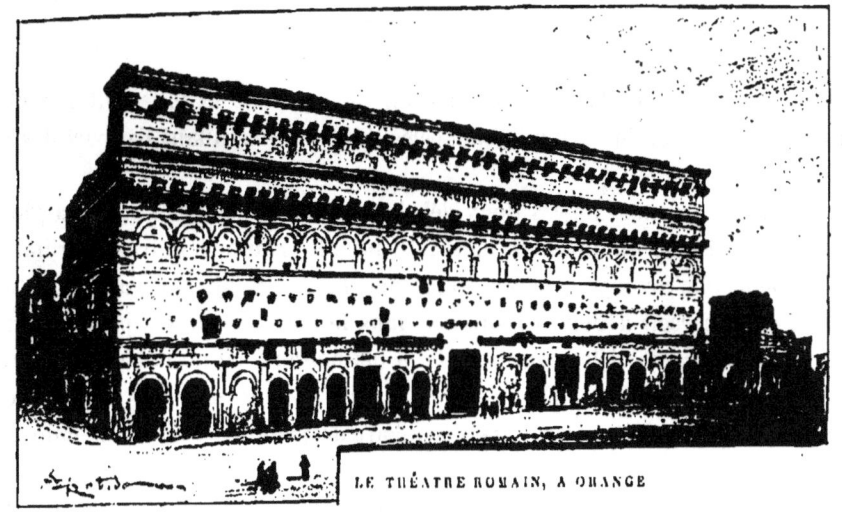
LE THÉATRE ROMAIN, A ORANGE

IV

ORANGE. — CARPENTRAS. — VAISON

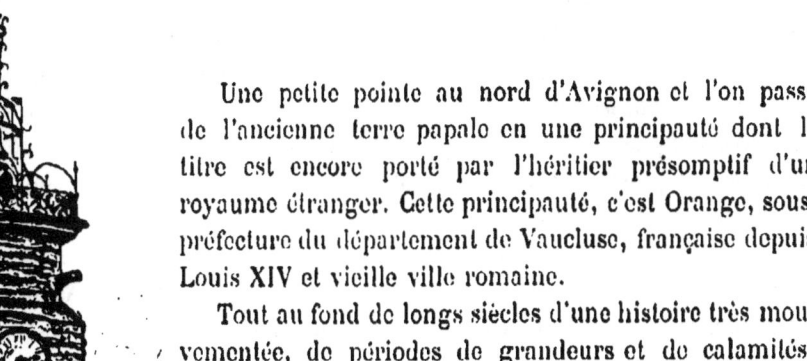

BEFFROI D'ORANGE

Une petite pointe au nord d'Avignon et l'on passe de l'ancienne terre papale en une principauté dont le titre est encore porté par l'héritier présomptif d'un royaume étranger. Cette principauté, c'est Orange, sous-préfecture du département de Vaucluse, française depuis Louis XIV et vieille ville romaine.

Tout au fond de longs siècles d'une histoire très mouvementée, de périodes de grandeurs et de calamités, à travers les obscurités des temps bouleversés qui suivirent la florissante époque gallo-romaine, à travers les fumées des incendies et batailles du moyen âge, la cité romaine transparaît et brille d'un éclat que n'a pas connu l'Orange des âges successifs. Deux monuments, l'un superbe encore malgré ses dégradations, l'autre impressionnant dans sa ruine, sont toujours là pour attester l'importance de la ville antique et pour couvrir de leur ombre les très modestes édifices constituant l'apport des siècles suivants.

La ville, en dehors de ces deux débris magnifiques qui chantent la gloire du passé, ne présente qu'un assez médiocre intérêt. Petite, pas très originale intérieurement, elle ne répond pas à l'idée que l'on s'en fait sur l'aspect extérieur, quand on l'aperçoit à demi dissimulée dans le feuillage de ses jardins, dans les mûriers, les oliviers et les peupliers de la plaine, au pied de la colline couronnée par les murailles d'un château ruiné, avec l'énorme mur du théâtre romain dominant tous les toits, et sur les côtés l'arc de triomphe tout blanc dans la verdure.

Des avenues, des petites rues sans grand caractère conduisent au centre sur une place bordée au fond par l'hôtel de ville dont le vieux beffroi au moins est très pittoresque. C'est une grosse tour carrée aux pierres rugueuses, sur la plateforme de laquelle s'élève un très curieux et très compliqué campanile de fer à la mode de Provence, portant comme dans une cage les cloches municipales.

Les églises n'ont ni physionomie extérieure ni grand intérêt au dedans ; s'il y a quelque chose à glaner, c'est dans les petites rues derrière l'hôtel de ville, quelques coins de vieilles maisons, un pan de mur roman, un débris quelconque, des cours où moisissent quelques vieilles arcades…

Mais voici qu'au bout d'une avenue, après la petite rivière bordée d'arbres et de maisons, l'arc de triomphe, isolé, solitaire, apparaît dans la verdure des peupliers frissonnante sous un léger mistral, et que se lève le blanc fantôme de la ville antique, Arausio la gallo-romaine, capitale des tribus cavares.

Ce qu'elle fut, cette cité, il n'y a plus pour le dire que cet arc et que le grand théâtre ruiné adossé au flanc du coteau. Tout le reste s'est effacé. Remparts gallo-romains, temples, arènes, hippodrome, dévastés par la grande inondation des barbares des premiers siècles, Visigoths et Alamans, renversés par les Sarrasins, minés par le temps, mutilés par les accommodations diverses au moyen âge, ont disparu ; leurs derniers débris, leurs dernières traces furent enfouis dans les fondations des maisons ou détruits au xviie siècle soit par les Nassau, princes d'Orange, qui firent de la ville une puissante forteresse, soit par Louis XIV qui la leur prit.

L'arc de triomphe est un magnifique édifice à trois portes aux entablements soutenus par des colonnes corinthiennes avec un couronnement à fortes saillies au-dessus des portes. Il était couvert du haut en bas, dans les frises, aux tympans des arcs, aux frontons, de bas-reliefs aujourd'hui rongés et à peu près détruits où se distinguent seulement des trophées d'armes et d'enseignes, des proues de navires et des cordages, avec des figures en fragments plus ou moins importants et plus ou moins indistincts. Une restauration, entreprise il y a une trentaine d'années, a porté surtout sur une des faces latérales plus endommagée que les autres. Les inscriptions trop mutilées n'ont pu mettre définitivement les archéologues d'accord sur l'attribution de ce monument triomphal, porte de la cité sur la route de Lyon, qui célébrait, non, ce qui est une explication abandonnée, la gloire éternelle de Marius vainqueur des Cimbres, mais plus probablement les victoires de Fabius Maximus sur les Arvernes et les Allobroges, et ensuite l'écrasement des révoltes gauloises de Florus et Sacrovir.

ARC DE TRIOMPHE D'ORANGE.

Souffle, mistral, dans les peupliers et emporte encore un peu de la poussière de toute cette gloire sculptée.

Au moyen âge, Orange, reprise aux Sarrasins, eut pour seigneurs, après un certain nombre de comtes qui la relevèrent peu à peu, les Raimbaud, dont l'un, Raimbaud II, qui fut l'un des chefs de la première croisade, figure en bronze sur la grande place d'Orange. Aux Raimbaud succéda la puissante maison des Baux, alors l'arc de triomphe compris dans les défenses de la ville devint le *château de l'Arc*, avec une tour dessus, avec échauguettes et créneaux ajoutés, fort détaché du château de la Colline.

Le théâtre romain, à l'autre bout de la ville, adossé au coteau abrupt, est un débris plus imposant de la grandeur passée d'Arausio et de loin on prendrait sa gigantesque façade pour une forteresse, c'est aussi l'un des mieux conservés qui soient restés de tous ceux que les Romains élevèrent. L'effet de cette façade est considérable quand on débouche des petites rues ou de la promenade mélancolique aux platanes gris qui s'étend sur le côté, près d'un pauvre petit clocher insignifiant. C'est un mur extraordinaire, un immense mur de 36 mètres de hauteur sur plus de 100 mètres de longueur, divisé au-dessus des arcades sombres du rez-de-chaussée en plusieurs étages sans ouvertures, marqués seulement par des arcades aveugles ou par des rangées de consoles.

Il est bien lugubre extérieurement ce grand mur sombre qui écrase la ville, environné d'autres débris et fragments, de pans de murailles à demi écroulées, mais quand on a traversé la pénombre des énormes arcades ruinées et des couloirs, l'effet est tout différent et moins oppressant de tristesse morne. C'est une ruine, mais une ruine pittoresque, mouvementée, animée par les jeux de la lumière et par tout l'imprévu des effets de soleil dorant les pierres des éboulements, une ruine majestueuse par ses proportions colossales, par le caractère de force de la construction, par l'ampleur de son demi-cercle de gradins, une ruine dont la sévérité est atténuée par l'invasion de la verdure, des herbes et des broussailles.

Cette grande façade grise et morne à l'extérieur, c'est le mur de la scène, béant de ce côté par différentes ouvertures, portes, arcades ou simples trous, la scène conservée tout entière, postscénium et proscénium, avec de gros pavillons latéraux, les coulisses, dépendances de la scène et loges d'acteurs. La scène, c'est le jardinet du gardien, un figuier poussé parmi les débris divers, fragments de sculpture, morceaux du revêtement décoratif, restes de chapiteaux recueillis dans les ruines. Le théâtre étant, suivant l'habitude invariable, adossé à la colline, on n'avait eu qu'à tailler cette colline elle-même en hémicycle pour recevoir les 7,000 spectateurs qu'il pouvait contenir. Quatre rangs de gradins existent encore, les autres sont recouverts par l'herbe qui pousse très dru.

De la muraille enfermant l'hémicycle, au-dessus des trous sombres marquant les deux couloirs qui circulent à mi-côte sous les gradins, il subsiste des fragments ébréchés, des arcades superposées ouvertes sur le bleu du ciel, se reliant à côté avec quelques débris du Cirque voisin du théâtre.

Il y a quelques années, à l'occasion d'une série de fêtes littéraires, les félibres qui réveillent les grands morts de Provence, les vieux troubadours et les vieux monuments, sont venus ressusciter pour une nuit cette ruine de théâtre et organiser une représentation d'*Œdipe-Roi* avec Mounet-Sully le tragique, comme successeur des acteurs romains d'il y a dix-huit siècles.

Ainsi qu'aux arènes de Nîmes ou d'Arles, le moyen âge avait utilisé les fortes murailles du théâtre d'Orange en forteresse, ouvrage avancé du château campé sur la colline.

La famille de Nassau, entrée par héritage en possession de la principauté au commencement du XVIe siècle, augmenta considérablement les fortifications et fit de la ville d'Orange une très forte place. Cette citadelle, sous des princes calvinistes, devint un des appuis de la Réforme dans le Midi, ce qui amena pour la pauvre ville de rudes secousses, des assauts et des mises à sac. Mais la principauté d'Orange étant revenue se fondre dans le royaume de France, Louis XIV démantela cette forteresse, fit sauter tours et remparts et ne laissa sur la colline que des informes débris oubliés parmi les ronces au-dessus du théâtre.

Alors de misérables baraques, écuries ou maisonnettes, envahirent le théâtre, s'accommodèrent de tous les coins libres, se campèrent sur la scène et sur les gradins, transformant l'édifice en une Cour des miracles, pittoresque mais lépreuse, dont la population grouillait à travers le grand cadavre romain comme une colonie de vers, s'introduisant partout, perforant et détruisant tout. Le destin du grandiose monument

UNE VIEILLE TOUR, A ORANGE

fut pire encore, en 93 les loges étaient converties en prisons ; la Révolution qui ne fut pas douce à Orange les bonda de victimes, et de terribles et trop réels drames se jouèrent alors sur l'antique scène romaine.

La vieille cité de Sorgues où s'embranche la ligne ferrée de Carpentras manque un peu d'intérêt, malgré l'agréable aspect de ses rues bordées d'arbres, et elle n'a rien conservé d'une résidence construite par les papes sur la Sorgue de Vaucluse qui vient là se joindre au Rhône. Au fond des belles plaines où grandit le Ventoux, Carpentras apparaît bientôt sur une croupe de colline, non plus enfermé dans ses grandes murailles de naguère, mais encore pittoresque et détachant sur le fond bleuâtre des montagnes de fortes masses blanches, relevées par quelques tours d'églises.

A Carpentras, ce qui frappe tout d'abord ce sont les vastes proportions de tout, des places, des édifices et des maisons. Bien entendu dans le centre de la ville, rues et places se restreignent un peu sur la largeur, mais les maisons, d'immenses vieilles maisons souvent, se rattrapent sur la hauteur.

La grande place d'entrée est une vaste esplanade d'où partent des avenues ombragées tournant autour de la ville à la place des remparts abattus, c'est l'antichambre de Carpentras, mouvementée à certaines heures par les arrivées d'omnibus du chemin de fer et les départs des diverses diligences descendant en plaine vers Avignon et Orange, ou s'enfonçant dans la montagne. Formant un côté

PORTE D'ORANGE, A CARPENTRAS

de la place, de grands bâtiments du xviiie siècle alignent une longue façade blanche, c'est l'Hôtel-Dieu, construit vers 1750, par l'évêque de Carpentras, le trappiste dom Malachie d'Inguimbert, vénéré pour sa bienfaisance, qui laissa à la ville, comme souvenir de son administration, cet hôpital et le musée-bibliothèque contenant ses riches collections, fondations hospitalières créées à l'intention du corps et de l'es-

LA FONTAINE DE VAUCLUSE.

prit, en remerciement desquelles Carpentras a de nos jours élevé devant l'hôpital une statue au bon évêque.

La grande rue qui traverse tout Carpentras, et passe devant la cathédrale pour aboutir au dernier débris des remparts, à la belle porte d'Orange, commence au fond de la place. Dans cette voie principale naturellement les constructions ont subi maints remaniements, mais les belles proportions de ces maisons pour la plupart des deux siècles derniers, les longues lignes de fenêtres, les hautes façades donnent encore du caractère à certains morceaux de la rue.

L'église Saint-Siffrein, ancienne cathédrale, édifice ogival du XVIe siècle a une façade sur cette grande voie, un large pignon assez nu, ouvrant par de petites portes Renaissance à colonnes de porphyre et flanquée de deux tourelles tronquées. Le portail de Saint-Siffrein sur la petite rue est décoré plus richement; sa grande ogive, parmi ses floritures, encadre en son tympan une vieille fresque aux couleurs éteintes

FONTAINE DE L'ANGE, A CARPENTRAS

et un ornement très bizarre, *la Boule-aux-rats*, posée au-dessus de la porte, quelque chose comme une sphère ou un fromage de Hollande, que des rats tournant autour semblent ronger. Très célèbre dans la région, la Boule-aux-rats est un rébus ou une énigme qu'on n'a pu encore expliquer.

En outre de ses tableaux de Mignard et Parrocel et de ses sculptures de Bernus, Saint-Siffrein possède à gauche de sa très large nef, des restes très intéressants de la cathédrale romane primitive.

L'ancien palais épiscopal ou palais du Légat est à côté de Saint-Siffrein sur une place élargissant la grande rue ; il sert aujourd'hui de Palais de justice. Ce très vaste édifice qui date de 1640, renferme dans un petit recoin de bâtiment le plus ancien monument de la ville romaine *Carpentoracte*, un pauvre petit arc de triomphe, très mutilé, aux sculptures à demi effacées, parmi lesquelles se distinguent seulement des groupes de captifs gaulois. L'arc de Carpentoracte, englobé dans les bâtiments pompeux des évêques-légats, a subi cette humiliation d'être converti en annexe des cuisines épiscopales. Devant les bas-reliefs célébrant la gloire des légions romaines, montaient les fumées des fourneaux, sur lesquels les marmitons d'un cardinal romain faisaient mijoter leurs sauces.

La place de l'Hôtel-de-Ville débouchant à angle droit sur la grande rue, se distingue par une longue ligne de très larges et très profondes arcades portant de hautes maisons à solide carrure. Devant ces arcades, au pied du campanile municipal, est la charmante fontaine de l'Ange, datée de 1721, ornée sur un joli fût bien décoratif d'une petite figure d'ange ou d'amour un peu bouffi, qui s'appuie sur un écusson et porte au bout d'une lance un petit drapeau sur lequel on lit: « Vive la République ! »

Une autre inscription doit être relevée pour l'effet de contraste, c'est sur un vieil hôtel très moyen âge et presque seigneurial, touchant jadis aux remparts, ces mots peints en grandes lettres : « Chambrée républicaine socialiste. »

Pour quelles raisons Carpentras, de même que Landerneau et Quimper-Corentin qui sont de charmantes villes, a-t-il été pris comme cible de plaisanteries moqueuses ? Il ne semble en rien mériter le petit renom ridicule dont on l'a voulu charger, tout d'abord, dit-on, par pure jalousie ou malveillance de voisinage. Son aspect n'est pas d'une petite ville banale, mais bien d'une cité de longue date assez considérable, et son histoire est là pour justifier d'un passé très sérieux. Ses hautes maisons gardent une allure importante et semblent se rappeler que Carpentras eut ses grands jours, depuis les temps de l'arc romain des cuisines du légat.

Capitale du Comtat Venaissin, terre papale depuis le XIII° siècle, ville d'écoles où Pétrarque étudia quatre ans, Carpentras a vu s'assembler dans ses murs le conclave, agité par les querelles des partis français et italien, qui suivit la mort du premier pape d'Avignon Clément V, et la ville eut fort à souffrir de cet honneur. Enlevée par des bandes conduites par le propre neveu du pape défunt, elle fut mise au pillage et incendiée, pendant qu'à grand'peine les cardinaux se sauvaient et que, dans la conflagration générale, brûlait le corps de ce pape qui livra les Templiers au bûcher.

Des événements du XIV° siècle, il reste encore un témoin, la porte d'Orange, dernier débris des remparts élevés par le pape Innocent VI, qui donnaient une physionomie imposante à la ville campée sur la hauteur. Superbe tour carrée, la porte d'Orange est complètement ouverte du côté de la ville comme les tours d'Avignon, c'est-à-dire qu'elle consiste en trois côtés d'épaisses et hautes murailles garnies de leurs mâchicoulis et laissant voir les escaliers accrochés en encorbellement qui montent aux galeries du crénelage.

Cette tour encastrée dans les maisons, c'est à peu près tout ce qui subsiste des remparts démolis il y a quarante ans. Une ceinture d'arbres a remplacé la ceinture de pierres, une promenade dominant une immense campagne, des plaines ondulées et ensuite tous les mamelonnements successifs du Ventoux, où des taches blanches sur les coupures bleuâtres indiquent çà et là des villages ou des bourgs lointains. Mais sous les arbres de ce joli tour de ville tourbillonne parfois un mistral dont on garde le souvenir.

« Mistral, Parlement et Durance
« Sont les trois fléaux de Provence. »

a proclamé un distique célèbre autrefois. Le Parlement n'est plus, la Durance a été un peu bridée en ses fantaisies par des saignées qui vont faire porter de vertes toisons aux steppes cailouteuses de la Crau, mais le mistral, le *Maître Vent*, ne connaît pas de maître et souffle quand il lui plaît de souffler.

VIEILLE PORTE, A CARPENTRAS

Il soufflait ferme le jour de Carpentras ; tout battait, criait, grinçait en ville ; cependant, grâce aux grandes lignes de maisons serrées, c'était encore supportable, mais dès qu'il s'agissait de passer sous la porte d'Orange au débouché de la grande rue, ainsi qu'une sortie d'assiégé vigoureusement refoulée par l'assiégeant, d'âpres rafales à tout culbuter, des volées de poussière cinglantes vous tombaient sur le corps comme des décharges d'artillerie, impitoyablement et sans relâche.

Les remparts de Carpentras bravèrent les attaques des grandes compagnies et plus tard des routiers huguenots du féroce baron des Adrets. Celui-ci comptait avoir bon marché de la place; il trouva contre son attente une chaude réception à coups d'arquebuse et de canon. Il resta quelques jours sous les murailles, assaillant et assailli lui-même par de rudes sorties. Un boulet de la ville vint pendant son repas renverser un de ses capitaines à côté de lui sous sa tente. — Sont-ce là les clefs que vous m'aviez promises! dit furieusement des Adrets aux Carpentrassiens réformés qu'il avait avec lui. Et les troupes catholiques approchant, des Adrets dut lâcher prise et battre en retraite vivement poursuivi.

VAISON. — LA VILLE BASSE

Carpentras fut au moyen âge et jusqu'à la réunion du Comtat Venaissin à la France, un centre juif; la terre des papes, à quelques petites misères près, était hospitalière aux Juifs et ils y avaient le libre exercice de leur religion. Le ghetto de Carpentras renfermait une population de deux milliers d'enfants d'Israël serrés dans quelques ruelles autour de la synagogue. Bien qu'Israël se soit fort éparpillé depuis la Révolution, les Juifs sont encore assez nombreux ici.

En 1790, le Comtat Venaissin qui avait eu ses petits États généraux, se trouva partagé en deux camps : le parti français représenté par Avignon, tout aux idées nouvelles et voulant la réunion à la France, et le parti contadin représenté par Carpentras qui acceptait bien les réformes révolutionnaires, mais prétendait rester État indépendant. Le Comtat eut alors sa guerre civile. Avignon marcha sur

Carpentras, l'assiégea et le bombarda inutilement par deux fois. Les vieilles murailles des papes tinrent bon, mais elles n'empêchèrent pas la fusion de se faire toute seule peu de temps après cette belle résistance.

... Et le Ventour que laboure la foudre, — le Ventour, qui vénérable, élève —

VAISON. — ENTRÉE DE LA VILLE HAUTE

sur les montagnes blotties au-dessous de lui — sa blanche tête jusqu'aux astres — tel un grand et vieux chef de pasteurs — qui entre les hêtres et les pins sauvages, — accoté sur son bâton, contemple son troupeau...

Ainsi, au troisième chant de Mireille, a chanté Mistral, qui veut avec raison que l'on écrive Ventour, suivant la prononciation locale, et non Ventoux ; le vieux chef de pasteurs qui a si grande mine vu des boulevards de Carpentras, ne possède pas la blanche couronne de neige des grandes Alpes ; il est chauve seulement, ce vieillard, et lève à 1,900 mètres, rugueux et dénudé, isolé dans l'immense plaine du Rhône, un énorme front sourcilleux contemplant de loin la mer de Provence.

Le Ventoux ou Ventour est la route qui mène à Vaison, ville ancienne très étonnante et vieille ruine de castel fantastique, perchées sur le roc au-dessus de l'Ouvèze, rivière torrentueuse.

Cela fait sept lieues de chemin traversant des paysages souvent fort beaux, longeant les combes sauvages et les ravins caillouteux, qu'embellissent parfois quelques fonds de verdure sombre sous des escarpements de roches jaunes, au pied du grand piton aride autour duquel fait rage la ronde des aquilons.

Quelques villages sur des mamelons, le bourg de Malaucène à la moitié de la route, quelques châteaux comme le Barroux et Crestet, murailles éventrées dominant de profondes ravines, c'est tout ce que l'on rencontre en ces quasi-solitudes pour distraire du mistral qui souffle encore, qui ne s'apaise jamais à moins de trois jours.

Mais quand on a touché la rive de l'Ouvèze et que soudain le site rocheux et tourmenté de la double ville de Vaison apparaît dans toute son étrangeté, tel un fond de tableau de primitif italien, hérissé de rocs et de tours, il n'y a plus de bourrasque qui tienne, la longueur du chemin et la bise glaciale sont oubliées dans un coup d'enthousiasme bien réconfortant.

Descendant en cascade à travers des bancs de cailloux, l'Ouvèze est soudain étranglée entre deux blocs de rochers considérables qu'un vieux pont romain réunit par une arche colossale. La plus grosse portion de Vaison, la ville basse et relativement moderne, s'étage sur le flanc du monticule moins abrupt de la rive droite, tandis qu'en face, l'énorme rocher de la rive gauche se termine à pic au-dessus du pont, au bout d'une longue falaise irrégulière surplombant les pentes de la vallée. Ce rocher de gauche, c'est la ville haute, le Vaison du moyen âge ; la route, portée en partie près du pont sur des travaux romains, vestiges d'un quai, passe le long d'usines actionnées par la rivière, ou de moulins posés sur les rochers dans l'Ouvèze même. Au-dessus, la paroi verticale ou surplombante du rocher se couronne d'une ligne de vieux remparts mariés et confondus avec le roc, de vieilles maisons accrochées comme des nids à la falaise, sous un clocher d'église, et enfin, juchées au plus haut du soulèvement rocheux, de grosses tours carrées en ruines.

Cet étrange et pittoresque Vaison, qui compte aujourd'hui un peu plus de trois mille habitants, fut aussi une cité de quelque importance au temps de la Province latine, une ville romaine pourvue des grands monuments habituels. Au moyen âge, quittant la plaine, la ville monta sur ce rocher, et compléta par des remparts ses défenses naturelles.

Le très antique évêché de Vaison fut un des sièges supprimés en 1790. Toute l'histoire de Vaison roule autour de ses évêques ; — leurs démêlés avec les comtes de Toulouse, qui réclamaient la seigneurie, valurent à la ville au xiie siècle maintes attaques et avanies, des sièges et une prise d'assaut avec toutes les horreurs habituelles.

Plus tard pourtant, l'évêché, après des périodes de dépossession, eut raison du château, la ruine déchiquetée de là-haut. Les évêques-seigneurs de la ville vécurent en bonne intelligence avec les bourgeois, dans un respect réciproque des franchises des uns et des prérogatives des autres. Elle est superbe la formule du serment prêté par les bourgeois de Vaison au xiiie siècle ; en retour de la charte jurée par l'évêque, ils juraient de maintenir et observer fidèlement : *le sain, le sûr, l'honnête, l'utile, le facile, le possible !*

La ville basse sur la rive droite de l'Ouvèze est actuellement la seule partie vivante de Vaison ; tandis que l'autre, de plus en plus abandonnée, semble bien morte. La ville basse seule possède quelque animation, elle seule prospère. C'est un massif de hautes maisons posées sur les rochers de l'Ouvèze, léchées à la base par la rivière, de hautes façades grises et jaunes plus vieilles en bas qu'au sommet, pressées, serrées, montant les unes par-dessus les autres leurs toits plats à grosses tuiles.

Une grande rue partant du pont traverse tout le pays, avec des ruelles en pente montant vers le coteau abrupt, ou des couloirs descendant à l'Ouvèze. L'aspect certainement est pittoresque, mais si près de la ville haute ce pittoresque semble assez terne. De ce côté pourtant, à l'extrémité du pays se trouvent deux fort intéressantes églises romanes, — dont l'une, ancienne cathédrale, belle nef voûtée en berceau, est flanquée d'un cloître du xie siècle. Des débris gallo-romains ou gothiques colonnes, tombeaux, fragments divers ont été

SOUS LE BEFFROI, A VAISON

recueillis dans le cloître comme dans l'église où le bénitier est fait d'un grand chapiteau corinthien.

Plus loin, isolée en plaine, l'autre église Saint-Quénin est une antique chapelle à l'abside triangulaire, bien humble, mais bien vénérable, une curiosité architecturale qui date du IX⁰ siècle et peut-être de plus loin, si elle repose, comme on l'a dit, sur les débris d'un temple de Diane.

La ville gallo-romaine, la Vasio de la Gaule Narbonnaise, a laissé d'autres débris à Vaison, des restes d'un théâtre antique, restes bien peu importants, deux arcades et quelques gradins, mais sans doute bien des choses sont encore enfouies, car les fouilles entreprises çà et là sous le Vaison du moyen âge ont fourni de nombreuses antiquités au musée Calvet d'Avignon ainsi qu'aux collections particulières et même au British Museum de Londres. Le plus beau souvenir de la cité romaine, c'est encore l'arche magnifique et robuste qui réunit les deux parties de la ville et les vieilles maçonneries piquées d'herbes et de broussailles qui soutiennent la route.

RUELLE DE LA VILLE HAUTE, A VAISON

La ville haute, avec son église, son beffroi et son château démantelé perchés sur le rocher surplombant, est superbe sous tous les aspects et de tous les côtés. Sans être aussi à pic que du côté d'amont, le rocher s'élève en aval du pont romain d'une façon bien abrupte tout de même et redevient ensuite à peu près inabordable. Les gens de là-haut

PORTE DE PERNES (VAUCLUSE).

vivaient comme saint Siméon Stylite sur sa colonne, perchés sur un colossal rocher qu'un jeu de la nature avait taillé en chapiteau, ou soulevé au-dessus des collines ainsi qu'un champignon monstrueux.

VAISON. — MONTÉE DE LA VILLE HAUTE

Un chemin, après le pont, escalade la côte au pied de hautes bâtisses, de terrasses et de remparts accrochés au rocher; le chemin passe sous une voûte, tourne et trouve un premier portail ruiné formant un très gentil motif avec les constructions de second plan, et le beffroi, haute tour carrée, à tourelle plus élevée, portant un petit campanile de fer. Le beffroi percé d'une porte ogivale est l'entrée de la ville.

Un dédale de ruelles grimpantes semblables à des lits de petits torrents à sec, semés plutôt que pavés de cailloux pointus, court à partir de là sur les pentes à travers d'étranges maisons s'épaulant l'une l'autre et se soutenant cahin-caha, — souvent presque ruinées, dans un état de dégradation absolue et à peu près abandonnées.

Pauvre quartier qui tombe peu à peu et que la vie délaisse pour se concentrer dans la ville d'en bas ; malgré sa misère, il montre encore quelque fierté. Voici sur une maison presque aussi délabrée que les autres l'inscription : *Hôtel de ville* en gros caractères, et à côté, accrochées dans les ruelles, le long de ces maisons rongées, trouées ou éventrées, de ces sombres murailles accablées par le poids de tant de siècles, voici des lampes électriques, le xxe siècle juxtaposé au xiie ! Qu'en doivent penser les fantômes des braves bourgeois gothiques si, dans ce fantôme de ville à l'heure des chauves-souris, ils reviennent ressasser leurs vieilles discussions sur les droits du seigneur évêque et les prétentions du comte de Toulouse !

Au pied de l'église de la haute ville, une petite placette en terrasse ménagée à côté de bâtiments suspendus sur le vide comme un nid d'oiseau, ou plutôt un balcon accroché dans le ciel, domine tout le cours de l'Ouvèze, et tous les toits de la basse ville dévalant avec la rivière qui fuit rapidement sur ses cailloux, vers un petit pont jeté plus bas dans les prairies.

Les ruelles grimpent encore, devenant sentiers presque, et abordent les ruines du château qu'en dépit des évêques, le comte Raymond de Toulouse construisit en 1195 à la crête du rocher, planant tout à fait inaccessible au-dessus du ravin, ruines considérables, composées de plusieurs tours et de bâtiments aux fenêtres béantes, d'amas de pierres que la végétation escalade et par les trous desquels les croupes du mont Ventour apparaissent, austères et désolées, allongeant à l'infini leurs courbes et leurs ressauts.

LE BARROUX

IV

PERNES. — VAUCLUSE

BOURGS ET VILLETTES. — LA PORTE DE PERNES. — L'ISLE SUR SORGUES
SORGUES ET SORGUETTES. — LES SENTIERS DE LA VALLÉE CLOSE
FONTAINE ET CASCATELLES DE VAUCLUSE. — LES DAMES DES COURS D'AMOUR

CHATEAU DE VAUCLUSE

D'un ton gris bleuâtre très doux, avec du rose et du jaune dans les parties frappées par la lumière, la chaîne de Vaucluse resplendit sous le grand soleil. De plus près, dans la chaude limpidité de l'atmosphère où semblent danser des paillettes d'or, ses hautes roches, par-dessus toutes les verdures tendres ou sombres de la plaine, prennent des tons de flammes sous les éclats de lumière frappant les cimes, mais restent légèrement bleuâtres dans les fortes ombres des contreforts ou des éperons de la chaîne centrale, dans les détours des ravins tournant sous les roches fauves.

La plaine est magnifique au pied de cette belle ligne de sommets qui rejoignent le Ventoux, là-bas, et se ramifient au sud à la chaîne du Luberon, derrière la vallée d'Apt. De toutes petites villes très moyen âge, restées souvent enveloppées de leur vieux corselet défensif plus ou moins crevassé, s'abritent en plaine dans la verdure de leurs jardins, rafraîchie par quelque canal ou quelque branche de la Sorgues; d'autres de mine moins gracieuse, d'un abord farouche même, se campent en montagne, sur des crêtes de rochers, guettant de très loin, par-dessus ravines et petites vallées ; partout aussi des villages gardant aussi, bien souvent, quelque vieille tour des châteaux démantelés, des vieux nids féodaux abandonnés.

C'est Thor et son église romane, l'Isle où les eaux de la Sorgues, coulant en plusieurs bras sous des avenues d'immenses platanes, font tourner tant de moulins et mettent tant de gaîté, Pernes, à mi-chemin de Carpentras à Vaucluse, Gordes perdu dans la montagne, Saumane et le château de Sade en ruine, sur un des premiers escarpements de Vaucluse, Orgon aux premiers ressauts des Alpilles, etc., toute une curieuse série de petits bourgs fortifiés dont l'extraordinaire ville des Baux, acropole fantastique et dévastée, enfermée dans son désert de pierres, est l'étoile principale.

Pernes est un joli échantillon de ces petites villes de Provence un peu écartées des grandes voies, pas trop accablées des bienfaits du dieu Plutus et restées encore à peu près telles qu'elles furent au xve siècle, enfermées dans leurs bonnes vieilles murailles. Elle est en plaine sur un petit torrent portant quelques filets d'eau des monts de Vaucluse à la Sorgues. Situation charmante, de beaux arbres aux alentours et la montagne si près. En tournant à travers les bouquets d'arbres qui enveloppent la petite cité, on se heurte tout à coup à d'antiques murailles qui gardent très pittoresquement par endroits leurs créneaux à mâchicoulis et font, au joli pâté de maisons à ruelles ombreuses, une ceinture sinon complète, du moins se poursuivant sur un assez long périmètre.

Il y a plusieurs portes d'un pittoresque aimable, aux vieilles pierres dorées par le soleil et égayées par la végétation ; la porte principale surtout ouvrant devant l'église, située à l'extérieur de la ville, est tout à fait jolie. Blanches et claires dans leur encadrement de verdure, au-dessus de la rivière baignant la base des murailles, s'élèvent deux jolies tourelles à créneaux et mâchicoulis. Et en avant, au milieu du petit pont étroit aboutissant aux tourelles, une sorte de porche ou portique précède une petite chapelle bâtie sur une pile ou sur un ancien îlot.

L'église, sur une esplanade en dehors de la ville, est un vieil édifice roman, pittoresque à l'extérieur comme tout le reste ici, et très imposante à l'intérieur, vue un dimanche à l'heure de la grand'messe, avec toute la population remplissant une nef belle et compliquée, éclairée ici par des coups de soleil et perdue plus loin dans la vague obscurité de ses hautes voûtes sombres.

Dans la ville ce sont d'antiques maisons serrées ou de grands murs d'une chaude couleur filant sur des ruelles cailloutouses, des rues fort étroites s'entrecroisant très capricieusement, bien assombries dans les recoins où le soleil se glisse difficilement.

Des petites places avec de vieilles fontaines moussues se rencontrent çà et là, à la coupure des rues, sous de grands bâtiments rébarbatifs, sous de vieux hôtels sombres et massifs semblables à des palais d'antique petite cité italienne. Sur un de ces carrefours se carre une vieille halle toute déjetée, pittoresque avec ses contrastes de fortes ombres et de lumières vives; aux angles sous le toit porté par des piliers carrés, s'allonge un gros chevron formant console, taillé en tête de saurien fantastique, ornement qui se retrouve quelquefois en Provence sous l'auvent des toits des anciennes maisons.

Cette curieuse petite ville de Pernes, par-dessus sa ceinture de remparts et le verdoiement de ses jardins, élève encore un morceau de son ancien petit château, une grosse tour carrée à plate-forme crénelée, surmontée de la cloche municipale dans sa haute cage de fer. Cette vieille tour des comtes de Toulouse, qui fut ensuite simplement donjon de couvent, a l'une de ses salles décorée de peintures murales du XIIIe siècle représentant des chevaliers combattant.

LA TOUR DE PERNES

La grande attraction de cette région de Vaucluse où abondent les curiosités de tout genre, c'est la fameuse fontaine; aussi dans la hâte d'y arriver, ne donne-t-on pas à la jolie et aquatique ville de l'Isle toute l'attention qu'elle mérite, avec ses fraîches avenues de grands platanes branchus, ses fuites de la Sorgues en plusieurs bras à travers les maisons, et le clapotement rythmé des grandes roues vertes des moulins et usines.

La Sorgues, dont le nom veut dire source, n'est pas à proprement parler une rivière, c'est une réunion de rivières et de riviérettes descendant toutes du massif de Vaucluse. La Sorgues de l'Isle est la branche principale qui se subdivise plus loin et reçoit bien d'autres sorguettes avant de s'en aller se perdre dans le Rhône.

La route qui mène en sept ou huit kilomètres à la source de Vaucluse, rencontre à la sortie de la ville la pointe où les deux Sorgues se séparent pour former l'une la Sorgues de l'Isle et l'autre la Sorgues de Vellera. Après les verdures de l'Isle c'est la plaine brûlée par le soleil, la route poudreuse, mais bientôt la montagne grandit et devient comme un mur énorme contre lequel on va se heurter. Où est l'ouverture, la brèche par laquelle on doit entrer ? Une grande ombre bleuâtre indique un interstice de cette immense barrière de roches fauves et pelées, une étroite vallée s'insère entre deux contreforts réunis par l'aqueduc de Galas, qui porte d'un rocher à l'autre, par-dessus la Sorgues, les eaux du canal de Carpentras, prises à la Durance et portées à l'Ouvèze en longeant la base de la chaîne vauclusienne.

Dès l'entrée dans le sein de la montagne commence l'enchantement; l'étroite vallée serpente entre de hautes roches, dessinant à chaque tournant des promontoires bien découpés, aux courbes vigoureuses, par-dessus lesquels se montre le grand mur de fond rayonnant sous le soleil. Il n'y a place que pour la route et pour l'eau de la fontaine, courant blanche et floconneuse sur des roches moussues. Puis après un dernier tournant, c'est Vaucluse, le site merveilleux, dans toute sa beauté: un admirable paysage de rochers, de blocs arides et enflammés, soulevés par-dessus des verdures exubérantes, dans la splendeur du soleil, une ruine déchiquetée sur un piton, des maisons blanches hissées sur les rocs, et enfin, jaillissant de la montagne comme une lave d'argent, le flot de la fontaine.

Le village est charmant, l'entrée surtout est délicieuse, c'est une jolie petite place tout ombreuse, sous de grands platanes en cercle autour d'une haute colonne érigée, non pour célébrer quelque bataille ou quelque illustre pourfendeur d'hommes, mais bien en l'honneur de Pétrarque et de l'éternelle poésie. L'église est à côté, une petite église bien vieille, qui pour ses colonnes basses a emprunté de beaux chapiteaux romains, à quelque temple plus vieux qu'elle, élevé en ce lieu à la divinité de la source.

Vaucluse, le pays du poète, le val des cours d'amour du moyen âge, est aussi pays usinier, il possède quelques fabriques utilisant le courant des eaux divines et mystérieuses qui remplissent de leur musique le fond de la *vallée close*. Heureusement ce ne sont pas de noires industries qui se sont installées dans ce pays merveilleux, ce sont des papeteries; on peut les regarder sans chagrin, elles fournissent le papier des livres, et elles cachent autant qu'il est possible leurs grands bâtiments dans les flots de verdure des arbres arrondis en bouquets au-dessus de la Sorgues.

A gauche de la rivière un sentier remonte d'abord le long de quelques cafés ou hôtels tous dédiés à Pétrarque ou à Laure, avec des inscriptions alliant bizarrement la poésie aux indications commerciales : « Sur l'emplacement de ce café, Pétrarque avait établi son cabinet d'études. — Ici il composa son sonnet 129. » Et le sonnet suit, en gros caractères au-dessus de la tente des buveurs. Mais passé ce Vaucluse des hôteliers, le sentier s'enfonce dans la gorge de la fontaine à travers les éboulis de roches, au-dessus des cascades où la Sorgues tombant de palier en palier, bouillonne et bondit dans une buée d'écume.

LA HALLE DE PERNES

Voici là-haut, sur le piton de droite criblé de trous, le vieux château fissuré et crevassé, terminant l'escarpement par une muraille dentelée qui se distingue à peine du roc. C'était le château du grand ami de Pétrarque, alors évêque de Cavaillon et plus tard cardinal, Philippe de Cabassole; au-dessous de ce nid féodal au bord de la Sorgues — la reine de toutes les fontaines, — le poète avait sa maison et son jardin, où il recevait parfois les visites des nobles dames des cours d'amour d'Avignon, muses aristocratiques des derniers troubadours. Leurs noms à ces reines du *gay saber* qui vinrent souvent réveiller le poète en sa solitude, sont déjà de la poésie, semble-t-il : Laure de Noves d'abord, qui vivait au château de Sade à Saumane à l'entrée des gorges; Fanette de Gantelme, sa tante; Jeanne des Baux, Huguette de Sabran, Mabille de Villeneuve; Béatrix d'Agoult, Blanchefleur de Pontevez; Isoarde de Roquefeuil; Rixande de Puyvert...

Bien modeste pourtant, a dit Pétrarque lui-même, et bien petit le jardinet, sur les pentes rocailleuses que dominait le château aérien de l'évêque, la petite Thébaïde où le poète mélancolique, en un accès de découragement, s'était confiné, où, vêtu comme un berger des montagnes, il lisait son bréviaire en écoutant bruire la cascade et sonner les rimes dans sa tête. Tous ces ouvrages, a-t-il dit, ont été écrits, commencés ou conçus ici, et c'est d'ici qu'il partit pour s'en aller recevoir la couronne de laurier dans un triomphe solennel à Rome.

En face du château ruiné, des pitons moins hauts s'élèvent parmi les roches aux formes bizarres que domine un grand mur à pic, une falaise de plus de deux cents mètres, au pied de laquelle, dans une anfractuosité bleuâtre et mystérieuse, on devine la source d'où jaillit, bondit et tourbillonne sur le tortueux escalier semé de roches toute cette eau merveilleuse.

UNE RUE DE VAUCLUSE

Le débit de cette fontaine de Vaucluse est fort irrégulier; après les sécheresses la fontaine elle-même est tarie et l'eau s'écoule plus bas, des petites sorgues perdues sous les roches. En ce moment, la source est généreuse, le bassin à niveau très variable déborde et verse sur les rochers une abondante rivière dégringolant torrentueusement vers la plaine. C'est que sont remplis aux entrailles de la montagne les réservoirs inconnus qui l'alimentent, qui reçoivent toute l'année l'eau des plateaux troués d'avens, gouffres-entonnoirs insondables buvant l'eau des torrents et des ruisselets des combes.

Voici la source sous la paroi inclinée de la haute falaise grise, une nappe tranquille d'un vert assombri par l'encaissement des rochers, mais claire et limpide où la lumière frappe et qui se précipite tout de suite en blanche cataracte par-dessus la bordure de gros blocs couverts de mousses de velours, à travers

PORTE D'ORGON.

les longues herbes flottant sur l'onde folle dans les remous d'écume, comme des paquets de chevelures vertes.

Si le paysage à l'entrée des gorges est superbe, le tableau, quand on se retourne en quittant l'antre mystérieux, semble encore d'une splendeur plus grande. C'est bien le *Val fermé*, ce grand cirque de montagnes sèches, étrangement découpé en pentes raides et en falaises soutenues de rochers-contreforts détachés des parois, ces croupes rocailleuses, percées tout en haut de trous et de grottes, ces immenses gradins de pierres fauves et grises dressés au-dessus du val plein de verdures, semblable à un petit paradis isolé, soustrait aux regards de tous, où la Sorgues écumante qui serpente parmi arbres et rocs, s'enfuyant avec une vitesse vertigineuse, s'en va se perdre tout de suite dans un repli du défilé.

LES ALPILLES AU-DESSUS D'ORGON

ARC DE CAVAILLON

V

CAVAILLON. — ORGON. — APT

LA CATHÉDRALE SAINT-VÉRAN ET SON CLOITRE
UN DÉBRIS D'ARC DE TRIOMPHE. — SUR LES PREMIERS ROCHERS DES ALPILLES
LE CHATEAU D'ORGON. — LE PONT JULIEN ET LA VALLÉE DU COULON

La plaine de Cavaillon est un plantureux jardin potager. C'est Cavaillon qui étale sur le marché d'Avignon cette débauche de verts tendres, ces paniers débordant de légumes et de fruits, ces buissons d'artichauts et ces melons de haute réputation.

Cavaillon la maraîchère est riche et prospère. Justement c'est aujourd'hui grand marché, et les avenues qui tournent autour de la ville en marquant la place des remparts démolis, sont remplis de paysans et de paysannes, de vieux bergers à tournure pittoresque, de femmes à coiffes et à fichus multicolores. Sous les grands platanes, des marchands de bourrellerie, d'instruments aratoires ont installé leurs étalages, les cafés et les auberges regorgent, des véhicules de toutes sortes, chariots, longues charrettes recouvertes de toiles blanches ou vertes, cabriolets, s'entassent dans les coins. Des troupeaux passent, on pousse des ânes et des chevaux vers les voitures, des paysans revenant de faire des achats rapportent à l'auberge des chèvres et des petits cochons entortillés et ficelés dans de grandes corbeilles, la tête seule en dehors, ce qui ne va pas sans protestations, de la part des petits cochons surtout.

La ville elle-même, entre les avenues qui l'enveloppent, a peu d'attraits; c'est un réseau de petites rues que ne relève aucune curiosité notable. Pas de caractère particulier ni d'imprévu; çà et là quelques détails un peu pittoresques peuvent se rencontrer, mais ce ne sont que des détails perdus dans un ensemble assez monotone.

Tout l'intérêt de Cavaillon est concentré autour de l'église Saint-Véran, l'ancienne cathédrale, édifice roman d'une haute antiquité arrangé au XIIe siècle et que le pape Innocent IV vint consacrer en 1251. Sur une petite place aujourd'hui encombrée aussi de voitures devant de vieilles auberges, Saint-Véran montre une abside curieuse, basse, à cinq pans encadrés de hautes colonnes à gros chapiteaux. Le mur de fond de la nef se dresse au-dessus, flanqué d'un clocheton carré et laissant voir un peu en arrière une coupole basse à lanterne octogonale.

Dans un enfoncement sous le campanile s'ouvre une petite porte; elle conduit par un couloir obscur à un cloître du XIe siècle. Au sortir des rues que mouvemente le marché d'aujourd'hui et que surchauffe le grand soleil, c'est une chute soudaine dans l'ombre et le silence. Ce petit cloître tranquille et frais n'a pas été sculpté et fouillé par le ciseau patient des artistes comme Saint-Trophime d'Arles; c'est un carré d'arcades plus anciennes, rudes et sévères, décorées seulement de moulures, mais comme il est rempli de fleurs et de verdures montant aux piliers, on dirait un patio de Tolède ou de Cordoue, enfermé par de vieux bâtiments à fenêtres doubles séparées par une colonnette et par le mur de l'église sous la corniche duquel règne une frise à rinceaux imités de l'antique.

En sortant par une autre porte du cloître donnant sur des ruelles aux grands murs cléricaux, silencieuses autant que le vieux préau, un cadran solaire du XVIIe siècle s'aperçoit à l'angle de l'église, supporté par un vieux Temps barbu brandissant le sablier qui nous dit en ce coin désert et mélancolique la vanité de toutes choses et la chute rapide des heures, des jours et des ans.

L'intérieur de Saint-Véran n'a qu'une seule nef, avec cette particularité que les piliers-contreforts enfermés à l'intérieur encadrent de petites chapelles voûtées en berceau. Le bas de la nef est plongé dans l'obscurité; sous les rayons de lumière qui tombent des fenêtres supérieures, l'église entièrement peinte et dorée reluit par endroits. Des culs-de-lampe curieux à la retombée des voûtes sont à signaler, parmi beaucoup de sculptures dans la nef ou dans une chapelle ajoutée par l'ami de Pétrarque, l'évêque Philippe de Cabassole.

Voici, sur un très singulier monument funèbre, encore un nom qui fait penser à Pétrarque. C'est le tombeau xviie siècle, très pompeux et très macabre d'invention, de l'évêque Jean de Sade, descendant peut-être de la belle Laure ; au-dessus d'un sarcophage adossé à un pilier, à chaque angle duquel pleure une vertu, une espèce de baldaquin couronné par un ange sonnant de la trompette, laisse voir assis et feuilletant un livre, un grand squelette tout blanc détachant ses os en clair sur le fond sombre de la pierre.

ABSIDE DE LA CATHÉDRALE DE CAVAILLON.

Au bas de la colline de Saint-Jacques qui domine la ville, au bout de la promenade du Clos continuant les boulevards ombragés, où des voitures de bohémiens font un petit campement de gens déguenillés cuisinant en plein vent, de vieux chevaux et d'ânes au piquet tondant l'herbe poussée parmi les pierrailles, il y a un autre squelette, l'ossature du plus vieux monument de Cavaillon qui blanchit au soleil.

C'est le débris d'un petit arc de triomphe romain, deux archivoltes d'une voûte détruite subsistant seules, bien mutilées, avec les traces de leur décoration bien rongées. L'attribution de ces débris est fort difficile ; on suppose que cette porte triomphale était dédiée à Domitius Œnobarbus.

De Cavaillon qui n'a plus à montrer que son hôtel de ville xviiie siècle, à la petite ville d'Orgon, il n'y a qu'une simple course de six kilomètres, sur une route agréable et ombragée, courant en plaine, mais cernée par les montagnes proches, les Alpilles en avant et sur la gauche le Luberon. Entre les deux chaînes, la Durance débouche de sa longue vallée, couloir pittoresque sinuant dans un pays

CAVAILLON. — CLOÎTRE DE LA CATHÉDRALE

soulevé et hérissé « ... la Durance, cette chèvre ardente à la course, farouche, vorace, ronge en passant et cades et argousiers... »

On franchit cette folle Durance ainsi dépeinte par Mistral, sur un très long pont, car elle est large, sinon profonde, et il lui faut ses coudées franches dans un très vaste lit, pour rouler ou pour cabrioler sur son fond de cailloux, sur ses innombrables îlots de sables et de graviers où poussent seulement des touffes d'herbes.

Bien des canaux, ouverts plus haut dans sa vallée, débouchent avec elle à droite ou à gauche et vont rafraîchir avec une part de ses ondes les plaines de Carpentras, de Cavaillon, d'Arles; c'est le canal de Saint-Remy qui passe sur le versant nord des Alpilles, c'est le canal de Craponne qui passe de l'autre côté dans la Crau, ce sont d'autres canaux encore, des branches diverses...

Orgon borde le canal des Alpilles de Saint-Remy; derrière la petite ville, les premiers rochers des Alpilles se soulèvent de la façon la plus étrange et prennent des formes fantastiques. L'aspect de la ville est étrange aussi, d'un peu loin c'est un pittoresque tas de maisons bien vieilles que surmontent des déchiquetures de tours et de remparts et des pointes de roc, à côté d'un plateau rocheux sur lequel, parmi d'autres pans de murs, s'élève une chapelle romane toute neuve, Notre-Dame de Beauregard qui se voit de très loin en plaine.

Mais ce n'est qu'un avant-goût du pittoresque mouvementé de l'intérieur de ce tas de maisons grises, c'est l'intérieur d'Orgon qu'il faut voir! Étonnant pays, qui ressemble sur certains points à un faubourg de gitanos d'outre-Pyrénées pour la couleur, pour le désordre, le décousu et aussi la décrépitude! Orgon est encore entouré sur bien des points de grands morceaux de remparts plus ou moins ruinés, s'accrochant au rocher pour escalader la colline, se confondant même avec le rocher entaillé et crénelé, pour rejoindre les tours ruinées d'en haut. Il reste deux portes. Une étonnante rue va d'une porte à l'autre, pressée entre deux rangées de hautes et curieuses maisons, dans une atmosphère de vieillerie rébarbative, dans un silence d'autre monde inquiétant. Cet Orgon, mélancolique et morose malgré les caresses du soleil, est quelque peu fantastique. Est-il vraiment en Provence et en France? On y sent un recul dans le passé, les gens ont l'air de s'être endormis au xve siècle, tout étonnés de se retrouver aujourd'hui devant leurs maisons fléchissant peu à peu sous le poids des siècles. Cela rappelle, en montant vers le château, les amas de ruines de Villeneuve-lez-Avignon, ou de la ville haute de Vaison.

Les ruelles à gauche de la rue principale ramènent à quelque chose de plus vivant et de moins antique; là passe le canal; il y a de la verdure jetée sur les vieilles pierres, des arbres sur les berges... Au bout de la rue, la porte de la ville, une tour à mâchicoulis, mais découronnée de ses créneaux, ouvre sa baie ogivale. Ici c'est la nature qui devient fantastique par les formes bizarres de ses rochers, par le déchiquetage et la dentelure invraisemblables de la montagne.

Près de la porte, accotée à la base de la colline, une arête perpendiculaire du roc a été utilisée comme muraille et s'en va rejoindre le château, renforcée de pierres par endroits, percée de trous et de meurtrières. Au dedans c'est un rempart, au dehors c'est une roche broussailleuse et fracassée, qui se hérisse jusqu'à d'autres rochers plus hauts, chargés de tours à demi écroulées.

Pour ajouter encore par une note pittoresque à ce mélange désordonné de vieilles murailles et de roches déchiquetées, voici, longeant au galop l'escarpement, un troupeau d'ânes et de chevaux que des hommes poussent, courant avec eux dans le tourbillon de poussière soulevée.

Rien d'intéressant à l'église située en haut d'un grand perron, sur une place irrégulière à mi-côte, où des femmes coiffées à l'arlésienne travaillent assises par

ORGON

groupes devant les maisons. Dans un coin de la place, une porte fortifiée donne accès dans l'enceinte du château qui forme un quartier particulier poussé en désordre sur les raides pentes, avec ses places, ses rues, ses ruelles-couloirs escaladant des tas de décombres pour redescendre sur un autre flanc vers une seconde porte. Ici c'est la ruine, la décrépitude complète, l'écroulement; les pauvres vieilles maisons ne tiennent plus guère pour la plupart, quand elles ne sont pas tout à fait tombées. En tournant à travers ces pauvres et sombres bicoques qui encadrent parfois des bouts de terrasses d'où l'on a des échappées de vue par-dessus les toits de la basse ville, on gagne le sommet du rocher, un tertre pelé et bosselé où de vieilles gens, assises sur des pierres éboulées, contemplent vaguement les lointains en gardant quelques maigres chèvres.

Les tours dorées par le soleil qui dressent leurs murailles éventrées, informes et croulantes au sommet du tertre, sont le lamentable débris d'un très ancien château campé là depuis le lointain des âges, souvent démantelé, rebâti, redétruit et finalement mis en cet état sous Louis XIII. Une vaste étendue de plaines et de montagnes se découvre d'ici : du côté de Cavaillon, verdoyante campagne semée de mas blancs abrités par de grands arbres, longue coulée de la

Durance dans le pertuis d'entre Luberon et Alpilles, et vers le sud déroulement rocailleux de plateaux arides.

Une petite vallée au-dessus de la Durance, entre la chaîne de Vaucluse et le

ORGON. — ENTRÉE DU QUARTIER DU CHATEAU

Luberon, débouche en face de Cavaillon. De là descend vers la Durance le torrent le Coulon. C'est le revers du magnifique cirque de falaises où chante et se tord le flot enchanté de Vaucluse; derrière les premiers escarpements assez doux, d'autres escarpements plus raides enferment d'étroits vallons perdus. Là-haut ces

ENTRÉE DE SISTERON.

taches blanches sont les maisons du vieux bourg de Gordes, derrière lesquelles subsiste dans un fond de vallée solitaire, l'abbaye romane de Sénanque dont le cloître ressemble à celui de Montmajour.

Le Coulon vient d'Apt à sept ou huit lieues, après avoir passé sous le pont Julien, un beau pont romain admirablement conservé, faisant légèrement le dos d'âne, composé de trois grandes arches jetées avec hardiesse et de petites arcades au-dessus des piles.

Sans le Coulon, la ville d'Apt n'aurait guère de physionomie; c'est le Coulon, plus large que gros, peu d'eau dans un lit profondément encaissé, qui donne un certain charme à la ville qu'il enserre en partie dans une boucle sous de jolies collines dominant les maisons de très près.

Par la fraîcheur du matin quand le soleil donne déjà sur les collines, les rives du Coulon ne manquent pas d'agrément, traversées par des petits ponts particuliers devant des maisons bien ombragées, entre le quai planté d'arbres et la rive droite abrupte, mais l'intérieur d'Apt ne répond pas, comme pittoresque, à ce que l'entrée pouvait faire espérer.

Apt n'a plus de remparts, remplacés par une ceinture de grands arbres, et rien de bien remarquable ne se rencontre par les rues insignifiantes, ni maisons curieuses, ni aspects particuliers, ni monuments, sauf la cathédrale et la Tour de l'horloge, grosse tour carrée dont les étages sont construits en retrait les uns sur les autres avec, comme toujours, la cloche dans sa cage de fer sur la plate-forme. La rue commerçante de la ville passe sous la tour par une grande voûte ogivale, à côté de laquelle dans le mur de l'église, il reste quelques vieilles arcatures gothiques bouchées.

APT. — TOUR DE L'HORLOGE

La cathédrale peu remarquable à l'extérieur est plus intéressante intérieurement, reconstruite et remaniée à maintes reprises, elle présente des morceaux de bien des époques, depuis la crypte du x⁰ siècle provenant de l'église primitive, qui se trouve sous le chœur, jusqu'à la chapelle Sainte-Anne construite au xvıı⁰ siècle par Mansard, contrastant par ses froides somptuosités avec la rudesse des autres parties. La nef conserve quelques précieux monuments de sculpture ancienne, des autels romans, des pierres tumulaires, un sarcophage chrétien des premiers siècles...

L'ancien évêché est occupé par la sous-préfecture, par derrière sur les jardins s'aperçoit le comble d'une tour, dernier vestige des défenses de la ville. Plus d'autres monuments; en cherchant bien dans les petites rues, on rencontre encore une chapelle des Pénitents noirs, mais c'est bien peu de chose, un bâtiment de couvent avec une petite porte gothique sous un enfoncement formant porche.

CAVAILLON. — CADRAN SOLAIRE DE LA CATHÉDRALE

SISTERON

VI

MANOSQUE. — SISTERON

LA VALLÉE DE LA DURANCE. — PAYSAGES DE MONTAGNE, MIRABEAU, VOLX
LES MÉES, VOLONNES. — ASPECT FANTASTIQUE DE SISTERON
LES QUATRE TOURS. — LA GORGE DE LA DURANCE
LE PITON DE LA BAUME ET LE PITON DE LA CITADELLE

TOUR DE L'HORLOGE A SISTERON

Cette capricieuse Durance aux allures indépendantes, qui vagabonde à travers les montagnes, s'attarde nonchalante ici et roule plus loin avec prestesse, escaladant parfois ses berges et les emportant même dans sa course, se promène, nymphe irrégulière et fantaisiste, à travers un magnifique pays, dans une vallée tantôt assez étranglée pour que d'un rocher à l'autre un pont soit jeté et tantôt large à donner toutes ses aises à sa rivière qui s'étale, parsemée d'îles ou plutôt de bancs de graviers, dans un lit assez vaste pour contenir le Rhône lui-même avec la Saône.

C'est la Provence montagneuse, si différente de la Provence des plaines, — la « *gueuse parfumée*, » — de la plaine ardente, ivre de soleil et de lumière, et différente aussi de la Provence montagneuse du littoral. C'est une région alpestre, toujours méridionale d'aspect mais plus fraîche, où le roc sec et brûlé, le plateau aride par déforestation, alternent avec des pentes vertes, de sombres coulées de bois au fond des ravins.

Maints vieux pays s'échelonnent au flanc des collines tout le long de la vallée : Cadenet, Pertuis, dominés par leurs châteaux ruinés; la Tour d'Aigues dans une vallée latérale, autre grande ruine, superbe château du xvɪᵉ siècle, reflétant ses tours éventrées dans un étang. Le Luberon, en arrière de ces villages, de Mérindol à Aigues et Cabrières, c'est le pays des malheureux hérétiques Vaudois, si cruellement traqués dans leurs ravins en 1543 par le fanatique baron d'Oppède sur les ordres du parlement d'Aix. Alors les flammes d'une vingtaine de châteaux, bourgs ou villages, éclairèrent le massacre de quatre mille personnes, premières flammes, premiers égorgements des guerres religieuses; l'horreur de cette exécution révolta toutes les consciences encore non accoutumées aux affreuses et impitoyables tueries, et le cri des populations égorgées parvint à la cour qui fit le procès des féroces exécuteurs dont quelques-uns périrent de la main du bourreau.

La Durance se rétrécit soudain en une gorge encaissée, traversée par un pont suspendu. C'est Mirabeau, autre nom sonnant comme un coup de clairon et rappelant celui qui fut le boute-feu d'un autre plus vaste incendie; le modeste village perdu dans ces rochers, c'est le berceau de la famille du tribun.

Manosque un peu plus loin, à l'entrée des Basses-Alpes, dans un élargisse-

LES MÉES

ment de la vallée, parmi les oliviers et les acacias, au-dessus d'une sèche et abrupte colline que surmonte une vieille tour de garde, est une petite ville, non perchée sur le roc, mais posée sur un terrain plat à quelques centaines de mètres en arrière de la Durance. La vieille ville, après le faubourg conduisant à la gare de la ligne d'Aix à Grenoble, se présente bien. Manosque a démoli depuis longtemps ses remparts, mais elle a heureusement gardé deux de ses portes, la porte de Soubeyran et la porte de la Saulnerie. Faisant face à la rue du Faubourg, la porte de la Saulnerie s'élève serrée entre les maisons et noyée en partie dans l'ombre des énormes platanes d'une promenade tournant à la place de l'ancienne enceinte. Cette entrée de ville, d'une composition élégante et originale, est un haut pavillon carré à porte cintrée sous une arcature ogivale, coupé à mi-hauteur par deux larges mâchicoulis en plein cintre. Une galerie de fenêtres romanes à colonnettes éclaire cette partie supérieure où l'ogive se retrouve dans un grand arc de décharge.

Deux tourelles à pans coupés portant des mâchicoulis ogivaux, flanquent le pavillon que recouvre un toit plat à grosses tuiles; l'ensemble avec sa belle division, son mélange du cintre et de l'ogive est fort gracieux et d'une jolie couleur, dans l'ombre chaude en bas et, sous le soleil, fauve et doré dans la partie supérieure. C'est derrière ce décor une bien petite ville, à la vie étroite et serrée, un lacis de petites rues sombres

VOLONNES

aux vieilles maisons grises, et de ruelles encore plus sombres aux maisons plus vieilles, avec un peu de délabrement en plus. Il y a deux églises à Manosque : l'église Saint-Sauveur, sur une place plantée d'arbres, vieil édifice sans grâce flanqué du haut clocher carré qui porte à son sommet le campanile habituel en cage de fer, et l'église Notre-Dame, pas beaucoup plus remarquable, au petit portail assez abîmé.

Quelques maisons à façade importante sur la grande rue possèdent de belles ferronneries de balcons et des grilles ventrues à volutes contournées aux fenêtres du rez-de-chaussée. Manosque était fief des Chevaliers Hospitaliers de Saint-Jean de Jérusalem, et l'on conserve, dit-on, à l'hôtel de ville, un buste en argent, œuvre du XVIIe siècle, qui représentait Gérard Tunc, le bon chevalier de Provence, fondateur de l'ordre après la prise de Jérusalem par la première croisade.

La porte Soubeyran est moins jolie et moins bien conservée que l'autre, c'est un pavillon carré que surmonte une tour mince, assez haute. Là encore de grands arbres ombragent le boulevard de l'ancienne enceinte, fort agréable promenade sur laquelle débouchent quelques vieilles ruelles, où quelque construction çà et là se distingue de la masse confuse par de jolies lignes ou par quelque petit détail caractéristique, telle par exemple une haute tour ronde près de la porte de la Saulnerie, autre débris de l'enceinte, transformée en maison, avec boutique au rez-de-chaussée et rangée circulaire de fenêtres en haut, à la place des créneaux, sous le petit toit plat.

Il faut noter, avant de quitter la ville, son surnom de *Manosque la Pudique*, qu'elle doit, suivant une légende, à l'héroïque attentat de lèse-beauté, commis sur elle-même par une jeune fille noble pour échapper aux obsessions du trop galant François Ier, lors d'un passage du roi en Provence. La pauvrette se défigura cruellement par le feu, renouvelant l'héroïsme des religieuses de Saint-Sauveur de Marseille, qui au sac de leur couvent, aux Sarrasins enfonçant les portes de leur chapelle, apparurent toutes, l'abbesse en tête, sanglantes et horribles, le nez et les lèvres coupés !

Le cours de la Durance devient de plus en plus pittoresque, en remontant vers Sisteron, la vieille citadelle qui garde la porte de la Provence devant les montagnes du Dauphiné. Le val, empli par la large coulée de la rivière, est bordé à courte distance par de raides pentes et des ressauts de rochers derrière lesquels, aux échancrures ouvertes par des torrents tributaires, des montagnes et des montagnes apparaissent se chevauchant, et s'estompant de plus en plus pâles, jusqu'à n'être plus qu'un voile de brume dentelé à l'horizon. Deux ou trois points sont à noter particulièrement :

Volx, sur la rive droite, petit village en tas bien serré sur un mamelon dominé par de hautes croupes, barrière cachant Forcalquier à quelques lieues.

Les Mées, bourg sur la rive gauche, dans un site vraiment étrange. La montagne verte, boisée ici, broussailleuse là, s'escarpe au-dessus de la Durance et aligne, sur plus d'un kilomètre, d'énormes blocs soutenant ses flancs comme des contreforts, ou bien entièrement détachés, ou encore soudés les uns aux autres, formant ainsi une file de piliers et de dolmens naturels, hauts souvent de 150 mètres, entre lesquels grimpent des couloirs verts, aboutissant quelquefois à des grottes. Longtemps on l'aperçoit au-dessus de la Durance, cette fantastique rangée de fantômes gris qui se détachent file à file, dans des perspectives bizarres, au fur et à mesure qu'on avance.

Volonnes, autre site vraiment curieux, également sur la rive gauche, ressemblant à un village des bords du Rhin, dominé par une ruine de burg. Les maisons du bourg se groupent très pittoresquement au pied d'un rocher en aiguille sur lequel, à moitié de l'escarpement et à l'extrême pointe, sont plantées deux vieilles tours carrées.....

Ces paysages si mouvementés préparent heureusement aux surprises de Sisteron, le plus extraordinaire de tous les sites curieux rencontrés sur la Durance, la plus étonnante de toutes ces petites villes, — des vivantes du moins, car il faut excepter les Baux, ce grand cadavre, — accrochées sur un ressaut de montagne, plus étrange que Vaison, dont elle reproduit le type, en accentuant et en outrant tous ses accidents pittoresques.

Sisteron, rude cité dans une rugueuse nature, mériterait d'être célèbre. Ah!

LE BOULEVARD A MANOSQUE

si ces rochers et ces toits avaient à évoquer le souvenir de quelques grands événements de l'histoire, comme Sisteron s'imposerait farouchement aux imaginations! Mais la bonne ville, en ses annales, n'a que le confus souvenir de grandeurs ou d'infortunes locales très lointaines, d'assauts donnés par les armées sarrasines ou franques, comme toutes les cités d'alentour en ont subi, d'escalades et de mises à sac au temps des guerres religieuses, également tout autant que les autres bourgs et cités.

Mais son prestige pittoresque est de premier ordre. Est-il d'ailleurs, n'importe où, une ville plus étrangement assise, dans une gorge plus sauvage, sur des rocs plus tourmentés, plus hérissés de pointes? Ici la Durance n'a pas la place de s'étendre comme plus bas dans les monts de Vaucluse, elle est obligée de passer par un étranglement des montagnes qui se sont soudain rapprochées, montagnes sérieuses dont les sommets, à quelques kilomètres en arrière, à droite et à gauche, pointent à douze ou quinze cents mètres.

Ce qui donne au défilé de Sisteron son caractère d'étrangeté, c'est la forme particulière de ses rochers. Il semble que, pour ouvrir passage à la Durance, le

Dieu qui fit les Alpes ait, dans un moment d'impatience, déchiré de ses mains et rompu violemment la montagne, tiré et pétri les rochers pour les redresser sur chaque rive en pitons fantastiques.

La ville est sur la rive droite, cramponnée sur une étroite arête de roc pour ne pas dégringoler la pente, puissamment arc-boutée par d'énormes maisons, qui continuent le roc lui-même, renversées en arrière et serrées en tas les unes contre les autres, sous le piton qui porte tout en haut les remparts d'une citadelle. Un pont fortifié et refortifié réunit par une arche colossale les maisons de Sisteron à celles du faubourg de la Baume, blotties au pied de leur aiguille de rocher, sur une marge plus étroite encore qu'en face.

Mais il convient de ne pas aborder tout de suite la majestueuse gorge de la Durance, au pont de Sisteron, la dominante, par l'ampleur de l'ensemble et l'accumulation des détails pittoresques, des attractions diverses empoignant l'attention dès l'arrivée, et donnant, à chaque pas, à l'artiste ce coup d'émotion qui casse les jarrets — ou leur donne un supplément de vigueur.

Le site, d'un peu loin, est déjà d'une belle allure, avec deux blocs de montagnes pelées, rugueuses, crevassées, réunies par l'arche romaine, sous laquelle passe le flot un peu trouble de la Durance, venant des Alpes bleues qui se fondent dans le ciel, au loin, derrière l'ouverture. Le bloc de gauche, au-dessus des toits étagés de la ville, se dessine en Acropole bastionnée à la Vauban et superpose plusieurs lignes de remparts, que dominent de grandes constructions soutenues par des arcades. C'est du grand paysage, ce beau défilé qu'emplit la Durance, cette coupure étroite entre la ville et le faubourg de la Baume ; par cette cassure entre deux rochers, par la grande arche ouverte, il semble qu'un grand courant d'air alpestre s'en vienne souffler pour rafraîchir les plaines brûlées d'Arles et d'Avignon, au bout de la longue vallée. Le roc, rude et tout sec, montagne de pierres grises ou rousses, s'accompagne de quelques maigres broussailles, dans le lit de la rivière ; mais un peu plus avant, par les champs et les jardins, des végétations moins avares, des bouquets d'arbres, des oliviers tordus, des amandiers, font valoir maisons et rochers, et des figuiers, le long d'un mur de pierres sèches, me rappellent que Sisteron est la ville de « *Canteperdrix* », pays de Paul Arène, qui, dans *Jean des Figues*, a si bien décrit ses paysages, ses chemins de montagnes, ses bastidons et ses vieux remparts, accrochés au rocher.

Est-elle pittoresque encore, l'entrée de Sisteron, malgré la disparition des remparts ! Sous le rocher même, la ville suspendue à mi-côte, serrée entre rivière et roc, n'a de largeur que pour une rue, mais ici, sur la pente adoucie, elle s'étend plus à son aise. Un rempart barrait le passage ; il est tombé, mais quatre hautes tours rondes, espacées sur toute la largeur, sont demeurées debout, formant encore à la ville un frontispice superbe et digne de ce qui se rencontre derrière.

LE PITON DE LA CITADELLE A SISTERON.

Des terrains vagues et accidentés, bordés d'une ligne de platanes ébranchés aux troncs tout blancs, s'étendent au pied des vieilles tours grises, très hautes dans le paysage, fiers débris d'une enceinte maintes fois attaquée, qui portent encore à leur sommet, comme une couronne ébréchée, les supports de leurs mâchicoulis.

Tout contre une de ces tours s'élève la très curieuse église Notre-Dame, ancienne cathédrale, édifice roman à grand pignon soutenu par des contreforts, avec toits plats au-dessus desquels montent un clocher carré et une petite coupole à huit pans. Tout cela se détache non dans le ciel, mais sur la montagne de la Baume, sur le hérissement de rochers secs et farouches au milieu desquels serpente le zigzag immense d'un sentier en lacets.

Les pauvres tours qui donnent encore un si grand caractère à cette entrée de Sisteron, sont menacées par un accès de vandalisme municipal. A Sisteron comme partout, on méprise, faute de pouvoir comprendre et apprécier, l'héritage des siècles, qui avaient su, dans les plus petites villes aussi bien que dans les riches et considérables cités, encadrer la vie en des décors d'art, simples ou magnifiques, souvent grandioses; on s'acharne, dans une rage de destruction impie, contre les souvenirs du passé, contre les témoins des vieilles luttes et des antiques grandeurs. Et toujours, hélas ! pour le seul culte de la sacro-sainte ligne droite, pour la propagation universelle de la plus odieuse banalité, du bon goût d'entrepreneur de bâtisses !

Pauvres tours innocentes, elles ont pourtant tous les titres possibles, au respect des fils de ceux qu'elles gardèrent jadis, depuis le XIII° et le XIV° siècle qu'elles sont là ! Sans remonter aux temps de la ville romaine de Cistero, aux souvenirs bien vagues du municipe gallo-romain, se perpétuant, pendant des siècles, en petite République à peu près indépendante et devenant, au XII° siècle, une Commune pourvue de bonnes chartes, jouissant toujours de ses vieilles franchises et libertés, sous la suzeraineté des comtes de Provence ; sans remonter aux heurts et chocs des Vandales, des Sarrasins et des Francs, soutenus par les remparts qui les ont précédées, ces tours, cependant, furent à la peine pendant les guerres civiles du XVI° siècle et rappellent de rudes attaques vaillamment soutenues. Les chefs des bandes protestantes de la Provence, Lesdiguières et le baron des Adrets, ayant mis la main sur Sisteron, s'y défendirent contre une armée catholique. C'est de ce côté des remparts que les canons catholiques firent une brèche furieusement assaillie. Repoussée à ce premier siège, l'armée catholique revint peu après et enleva la place qu'elle mit à feu et à sang.

Les fumées des canons de jadis sont depuis longtemps envolées, et ces épais nuages qui tourbillonnent aujourd'hui jusque par-dessus les tours, sont de simples volées de poussière soufflées par une brise mistralienne, qui prend parfois malgré le soleil des airs de bise. C'est jour de grand marché à Sisteron, et c'est aussi passage du conseil de revision; aussi tous les villages de la montagne sont-ils descendus en ville.

Devant nos tours c'est un défilé incessant d'animaux mugissant, bêlant, hennissant ou hihannant, de troupeaux de chèvres, de moutons et de béliers, de paysans, de paysannes, de bergers à grands manteaux, un remue-ménage de charrettes saupoudrées de cette poussière soulevée de temps en temps en nuée par l'haleine d'un zéphyr un peu rude. Les charrettes dételées sous les platanes, les mulets ou chevaux sont groupés de-ci de-là sur les pentes, et paysans et paysannes vont aux fontaines leur chercher à boire.

L'église Notre-Dame, presque appuyée aux tours pour compléter le tableau, est un intéressant monument roman d'un beau caractère, à l'intérieur sombre et austère, qui fut cathédrale au temps où Sisteron avait des évêques.

La grande rue de Sisteron commence devant l'église, longue rue qui s'en va par de pittoresques circuits à travers de hautes façades grises et sombres, très serrées, aboutir à l'autre extrémité de la ville, à la porte fortifiée défendant le pont de la Durance sous le rocher de la citadelle.

Cette grande rue est d'ailleurs à peu près l'artère unique de la ville, il n'y a au-dessus et au-dessous que des ruelles montant au rocher, quelques rues tournant sous l'église ou des couloirs descendant à la rivière. On rencontre aux détours pittoresques de la grande rue une vieille petite fontaine ornant un carrefour, une petite maison gothique défigurée, qui laisse cependant voir sous les replâtrages ses arcades d'en bas et son fenestrage supérieur en quatre baies ogivales réunies, puis parmi d'autres grandes façades noircies, celle de l'hôtel Lesdiguières, aux vieilles fenêtres à croisillons de pierre, vieil hôtel de noblesse décoré aujourd'hui par un grand écriteau du titre de *Variétés Sisteronnaises*, et devenu café-concert, le café-concert que l'on rencontre maintenant dans les plus petites villes, pestiférant, répandant partout les écœurantes et salissantes expectorations musicales des boulevards extérieurs de Paris, qui déshonorent les grâces charmantes et fanées de la pauvre Chanson française.

La place du Marché, que touche la grande rue au passage, a pour ornements en face de l'hôtel de ville, une fontaine à obélisque et la Tour de l'horloge, le vieux beffroi qu'on est en train de remettre complètement à neuf, de gratter du haut en bas, après avoir enlevé de sa plate-forme la cage de fer où sonnait la cloche municipale.

Mais voici que finit la grande rue aux sombres maisons, par une plate-forme à trente mètres au-dessus du pont, et par une porte fortifiée complètement intacte, avec ses créneaux et ses meurtrières, massives murailles rousses partant de la base de l'escarpement et se soudant, par des remparts percés de longues meurtrières, au grand rocher de la citadelle.

C'est ici que toute l'étrangeté et la puissante originalité du site apparaissent. Sur chaque rive au-dessus du pont le rocher se hérisse en un piton de conformation extraordinaire, à pic au-dessus de la Durance, crevassé et rayé du bas en haut de longues gerçures qui font comme des ravins verticaux. Il semble là que le roc ait été pris à l'état de pâte, tordu, plissé et allongé en pointe, de chaque côté de la gorge profonde où coule la rivière. Les stratifications au lieu d'être horizontales sont redressées verticalement, montrant le roc nu à peine piqué de quelques touffes broussailleuses.

PORTE DE SISTERON

A la base du rocher de la rive gauche, le plus fantastique de forme, se blottissent les maisons du faubourg de la Baume, formant une ligne mouvementée de vieilles murailles jaunes, de grands toits ondulés et de murs de soutènement au-dessus de la Durance, avec de grandes vieilles auberges paysannes au débouché du petit pont. C'est vraiment le comble du pittoresque, le faubourg au pied de l'extraordinaire rocher, cette route accrochée au flanc du ravin, devant les étonnantes perspectives de l'autre rive, cette file de vieilles maisons qui s'égrènent jusque vers le svelte clocher de Saint-Dominique, vieille église ayant jadis appartenu à l'un des couvents de Sisteron.

Le piton faisant pendant sur la rive droite au piton de la Baume porte la très considérable masse de la citadelle, une ligne de remparts s'étageant les uns par-dessus les autres et suivant tous les ressauts de la crête, mettant une tour à chaque pointe, accrochant une échauguette à chaque angle. Ainsi sur l'âpre bloc si bizarrement stratifié, tous ces murs, tous ces bâtiments, surmontant les quelques embroussaillements qui verdissent les sommets, dessinent une énorme silhouette à lignes brisées qui prend des airs de citadelle formidable.

SISTERON. — MAISONS AU-DESSUS DE LA DURANCE

Au-dessous une rampe en zigzag, défendue par des murs crénelés, descend de la porte à une petite poterne sur le pont de la Durance, qu'enfilent des embrasures et des meurtrières. L'ensemble formé par le pont, la porte, le roc et la citadelle, vu de la rive de la Baume, est vraiment imposant, avec le débouché de la grande rue à mi-hauteur et la plate-forme devant la porte remplie aujourd'hui de voitures de paysans attelées ou dételées. La ville semble collée au rocher, suspendue à une grande hauteur au-dessus de la rivière et soutenue par d'énormes massifs de maçonnerie, sur lesquels court une espèce de chemin de ronde qui part de la plate-forme devant la porte et longe le bas des maisons.

Renversées en arrière, étayées par des contreforts, elles ont l'air, ces maisons, de soutenir tout le poids de la ville prête à dégringoler au fond du ravin. Rudes et massives, elles se cramponnent à leur soubassement rocailleux et montent, montent à des hauteurs de douze ou quinze étages, agrémentant leur masse de quelques petites tourelles. Dans cette façade compacte de ville, il n'y a pas de rues descendant à la Durance, mais seulement des couloirs voûtés, de noirs pas-

LE FAUBOURG DE LA BAUME

sages qui dégringolent à travers la masse, depuis la grande rue située en arrière à un niveau très élevé.

Ces voûtes, s'ouvrant comme des trous noirs dans les noires murailles, ces passages sous les maisons, où galopent aujourd'hui et roulent sur la pente caillouteuse des troupeaux de moutons, sont assez peu balayés, mais qu'importe quelques coups de balai de plus ou de moins! Est-ce que le vent qui souffle ici par la grande brèche des montagnes ne se charge pas d'épousseter de temps en temps et très sérieusement le ravin? Il faut aimer les villes pittoresques jusque dans leurs verrues, comme Montaigne disait aimer son Paris. Peut-on voir ailleurs vieilles pierres d'un plus beau ton, pans de murs plus noircis, jaunis ou verdis, maisons plus étrangement campées, maçonneries plus rudes dans un site plus farouche?

Et les hautes et vieilles maisons en bordure de ravin, surmontées du roc rébarbatif, encadrent par-dessus le défilé de la Durance, derrière l'arche hardie qui va d'une montagne à l'autre, des cimes vaporeuses au loin, des Alpes vertes et bleues teintes de neige par endroits...

VOLX

UNE RUE DE TARASCON

VII

TARASCON. — BEAUCAIRE

LA VILLE DE LA TARASQUE. — RUES A ARCADES. — SAINTE-MARTHE ET SON ÉGLISE
DEUX SENTINELLES DU RHONE. — CHATEAU DE TARASCON ET CHATEAU
DE BEAUCAIRE. — SUR LE ROCHER DE BEAUCAIRE. — LE CHAMP DE FOIRE

LA TARASQUE

Voici encore les plaines embrasées de bon soleil, les plaines où dans le jour bourdonne la musique de la cigale et le soir la musique moins poétique, mais non moins provençale du peuple innombrable des grenouilles remplissant les canaux de Crau et de Camargue. Voici encore le Rhône dont Mistral a dit dans la strophe de Mireille où il pourtraicture si bien la bondissante Durance :

« ... Le Rhône où tant de cités — pour boire viennent à la file... »

C'est Beaucaire et Tarascon qui continuent la file après Avignon, la blanche et majestueuse cité papale, et qui dressent sur les bords du large fleuve deux châteaux se faisant vis-à-vis, l'un, celui de Tarascon, trempant tout à fait les pieds dans l'eau et l'autre celui de Beaucaire couronnant une colline tout près de la rive.

TARASCON. — CARREFOUR DU REFUGE

Tarascon, c'est la ville de la méchante Tarasque et aussi du bon Tartarin, du grand Tartarin d'Alphonse Daudet, né de la fantaisie du romancier, alors qu'en son moulin des environs d'Arles il la laissait courir, chanter et « *galejer* », joyeuse imagination qui ne fait aucun mal aux Tarasconnais. Un jour viendra où l'on découvrira, pour l'étranger curieux des gloires locales, une maison natale du héros, comme on montre au château d'If le cachot d'Edmond Dantès de Monte-Christo. En attendant, son souvenir fait toujours saluer au passage d'un sourire amical la ville fort gracieuse assise aux bords du Rhône.

La Tarasque, chacun le sait, était un monstre horrible, comme les traditions en signalent à l'origine de bien des villes, du midi et d'ailleurs, à Draguignan et à Saint-Pol-de-Léon, un effroyable dragon habitant une caverne rocheuse des rives du Rhône et ravageant tout le pays, à l'époque où les trois

PORTE DE LA SAUNERIE A MANOSQUE

Maries : Marie Jacobé, sœur de la Vierge, Marie Salomé, mère des apôtres Jacques et Jean, et Marie de Magdala, s'étant après la mort de Jésus-Christ confiées à la Méditerranée sur une simple barque, furent apportées par les flots en Provence. Sainte Marthe ayant entendu les plaintes des populations terrifiées par la férocité du monstre, vint au tout petit Tarascon d'alors, au simple village de pêcheurs et de bateliers, comptoir des habitants de Marseille, et marcha droit au repaire de la Tarasque. L'horrible monstre dompté, se traînant aux pieds de la sainte, fut amené par elle jusqu'au village où les gens purent l'occire sans danger.

La simple bourgade délivrée par sainte Marthe devint une ville, prit le nom de la bête et plus tard la mit dans son écusson en armes parlantes, et sainte Marthe, grande patronne de la ville, eut son église. On est libre aussi de penser que la victoire de sainte Marthe sur la Tarasque symbolise le triomphe du christianisme sur le paganisme, et même de voir moins abstraitement dans cette Tarasque une monstrueuse divinité celtique dont le culte fut abattu par la sainte.

La ville de la Tarasque, blanche et claire dans la plaine qui poudroie, ouvre de grandes avenues et de larges rues au grand soleil, mais elle a, par bonheur aussi, dans quelques rues, des arcades qui nous donnent en même temps du pittoresque et de l'ombre. Ce sont des maisons régulières, cambrées en arrière, avec des toits en auvent avançant fortement et projetant souvent une rangée de gargouilles de plomb à têtes de guivres, petites filles de la Tarasque de jadis. Les arcades très larges alignent de belles perspectives d'ombres plus ou moins profondes, traversées de violents coups de soleil; le marché se tient là, bruyant et caquetant avec la musique de l'accent, s'agitant moitié à l'ombre, moitié au soleil, en groupes animés se détachant, au fond le plus noir des arcades en ombres vigoureuses sur quelque façade éblouissante, ou bien éparpillés sous les parasols dans la partie ensoleillée qu'égayent en outre les notes claires des fruits et légumes débordant des paniers.

Peu de monuments à Tarascon, mais quelques jolies rues d'un caractère bien méridional, aux maisons badigeonnées de blanc et quelques carrefours agréables de lignes, comme celui de la rue du Refuge où s'élève sur un angle de maison une mince tour carrée avec tourelle d'escalier encorbellée.

Tout l'intérêt de Tarascon se concentre sur le Rhône, entre le château et l'église Sainte-Marthe, qui dominent le quartier le plus tranquille de ce tranquille Tarascon, un quartier de petites rues silencieuses sommeillant à l'ombre de l'église, bordées de vieilles habitations, anciens hôtels de bourgeoisie ou anciens couvents, aboutissant à une esplanade au-dessus du Rhône où s'arrondissent les feuillages de quelques vieux arbres.

Là sur un rocher baigné par le fleuve s'élève le château, quadrilatère épais de tours et de courtines soudées en deux grosses masses, l'une très haute et l'autre un peu plus basse. Du côté de la ville le château élève de hautes tours rondes et des tours carrées fortement talutées, au-dessus d'un large fossé qu'enjambe un pont de pierre menant à la porte, au pied de la grosse tour ronde.

N'entre pas qui veut par le portail de mine bourrue qui s'entre-bâille difficilement. Les grilles de fer solides et serrées, qui bouchent les grandes fenêtres carrées à croisillons percées dans les épaisses murailles, disent assez ce qu'est aujourd'hui le château du roi René, une prison, une cage de pierres bien fermée pour oiseaux malfaisants, posée sur un roc au-dessus du Rhône devant les grands espaces bleus.

Le château, commencé au xiv° siècle, fut achevé au xv° par le bon roi René, duc d'Anjou, comte de Provence, roi d'Arles, roi de Naples et de Jérusalem, oncle de notre roi Louis XI qui le força, en lui enlevant l'Anjou, à venir terminer ses jours en ses Etats de Provence, — où, revenu de toutes les agitations et ambitions et considérant philosophiquement la vie, il se montra plus que jamais un brave et digne prince, de grande bonhomie, très artiste et très libéral, très lettré, ami du luxe et des cérémonies, une figure originale de prince d'une époque de transition, bien loin déjà du grand baron féodal d'antan, de l'orgueilleux et turbulent grand vassal, comme fut Charles le Téméraire, qui venait justement de montrer dans la tempête des batailles la dernière et formidable incarnation du type, — et cependant cherchant par dilettantisme à faire renaître avec tout l'éclat artistique possible, dans les fêtes, dans les tournois et pas d'armes, dans les institutions chevaleresques, tout le vieux décor de la vie féodale finissante.

Ce massif de tours d'un beau ton jaune, piquetées de traces de projectiles et portant une chevelure d'herbes et de broussailles à leurs mâchicoulis ébréchés, ce vieux château du roi René regarde couler le Rhône et monter dans le ciel, de l'autre côté du courant, la haute tour de Beaucaire, celle-ci plus ancienne, d'un moyen âge plus vigoureux et qui peut raconter de beaucoup plus vieilles histoires.

L'église Sainte-Marthe élève à côté du château de Tarascon une tour ogivale trapue, surmontée d'un étage octogonal à flèche de pierre soutenu par de petits arcs-boutants. C'est une église du xii° siècle reconstruite au xv°, une large et belle nef gothique qui possède, entre autres monuments ou objets d'art, le monument de Jean de Cossa, sénéchal du roi René, le tombeau xvii° siècle de sainte Marthe et une belle grille d'armoire à fleurs de lis en fer forgé.

De l'église primitive il reste heureusement un joli morceau, le portail au pied de la tour, d'une ordonnance élégante et simple, composé d'une grande porte cintrée à profondes voussures qu'encadrent de sveltes colonnes, et surmontée d'un attique ou d'une galerie aveugle à colonnettes et pilastres. Il y a peu de sculptures, sauf une rangée de têtes d'animaux en consoles sous la corniche de la galerie;

cela ne ressemble pas aux grandes façades extraordinairement riches, travaillées, historiées, surchargées de figures et de symboles de toutes sortes, des églises romanes, du xiie siècle également, de Saint-Trophime d'Arles et de Saint-Gilles;

ÉGLISE SAINTE-MARTHE, A TARASCON

le portail de Sainte-Marthe est une œuvre calme qui semble un arrangement d'architecture romaine.

Le bon roi René, dont on connaît le goût pour les cortèges et processions, fut l'organisateur et le metteur en scène des célèbres processions de la Tarasque, qui deux fois par an, depuis 1469, le jour de la Pentecôte et le jour de la fête de sainte Marthe, parcourent les rues de Tarascon. Je ne sais si rien n'a été changé dans le cérémonial, j'espère qu'il y a aujourd'hui encore, dans le cortège, tous les chars, tous les fifres, tous les tambourinaires, tous les chevaliers de la Tarasque de la tradition et que les jeux réglés par René s'exécutent encore derrière la gigantesque représentation du monstre légendaire, poussé par des hommes cachés dans l'appareil, remuant sa longue queue, soufflant des feux d'artifice par sa gueule embrasée.

TOUR DU CHATEAU DE BEAUCAIRE

Tout près de Sainte-Marthe est le grand pont suspendu qui fait communiquer Tarascon avec Beaucaire, sa jumelle de la rive languedocienne, Nijni-Novgorod de la Provence, qui l'écrasait jadis de son importance commerciale, de cette grande renommée bien tombée aujourd'hui avec la décadence de la célèbre foire.

Assez grande ville, trop grande pour ce qu'elle possède d'habitants, Beaucaire, sauf son château ruiné, n'a guère de monuments ou de curiosités artistiques. Que peut-on citer? L'église Notre-Dame, reconstruite au siècle dernier, assez laide et coiffée d'une coupole basse en calotte, l'église des Cordeliers cachée aux trois quarts par des maisons accolées à ses murailles et se distinguant seulement à sa petite flèche gothique. C'est au couvent des Cordeliers que le grand argentier de Charles VII, Jacques Cœur, chercha refuge après son procès. Prisonnier en ce lieu d'asile qui ne le protégeait qu'imparfaitement contre des tentatives d'assassinat, Jacques Cœur en fut enlevé par son neveu et put rejoindre ses navires avec lesquels il se mit au service du Pape.

Ensuite il y a un hôtel de ville du XVIIe siècle à côté d'un vieil hôtel Renaissance à grandes fenêtres sculptées. Quelques coins ne sont pas sans caractère, par exemple le fond de la place de la République, avec ses arcades énormes et, dans les rues derrière, des groupes d'anciennes et très considérables maisons des trois derniers siècles, qui ont laissé pour marques dans les hautes façades, des fenêtres à croisillons ou des balcons de fer forgé à volutes rocaille.

Les anciens remparts entourent encore en partie Beaucaire, mais ils sont de

CHATEAU DE TARASCON

peu d'importance à côté de la grande ruine qui du haut de son roc boisé domine toute la ville. Depuis les temps romains une forteresse couronne ce rocher. Là fut le castrum qui défendait la ville gallo-romaine Ugernum assaillie par les Wisigoths, les Francs, les Burgondes, par les Sarrasins bientôt... Le castrum peu à peu se transforma en forteresse féodale, et Ugernum devint *Bel Quadro*, *Bel Cairé*, *Beaucaire*, en raison de la forme quadrilatérale et de la beauté de son château.

Au nord de la ville sous le château même, une promenade s'étend le long du Rhône, c'est le *Pré* où sous les platanes se tenait, légalement pendant huit jours, mais en réalité pendant les deux tiers du mois de juillet de chaque année, la foire célèbre fondée et privilégiée depuis le commencement du xiii⁰ siècle par les comtes de Toulouse, seigneurs de la ville sous la suzeraineté de l'archevêque d'Arles. En réalité elle occupait toute la ville, débordant par les rues et les places, jusque de l'autre côté sur les bords du canal de Beaucaire à Aigues-Mortes. Il y a un demi-siècle ces grandes assises de commerce international amenaient encore trois cent mille personnes en ville, et il s'y traitait pour 30 à 40 millions d'affaires... Ces temps ne sont plus.

Vu du champ de foire, le château de Beaucaire apparaît formidable, au sommet d'un rocher à pic de cinquante à soixante mètres ; une longue muraille crénelée borde ce rocher et se prolonge jusqu'à une haute tour à mâchicoulis s'élevant au point culminant, tour d'une forme particulière, sur plan triangulaire, attribuée au XIIIe ou au XIVe siècle, du moins pour son couronnement. Une rampe passant sous la grosse tour et par des fortifications avancées dont il reste des débris, menait à une porte murée qui se voit dans les belles courtines sombres, en haut du rocher. Il faut faire complètement le tour pour entrer dans le château par d'autres rampes couvertes d'arbres, aboutissant sur le plateau à une grande esplanade entourée de murailles. Il ne reste qu'une partie de l'enceinte du château : ces murailles au pied desquelles on se trouve, garnies de leur chemin de crénelage, la belle tour triangulaire qui domine tout de sa taille majestueuse, quelques autres tours plus basses et la chapelle ; Richelieu abattit tout le reste, les logis et cinq ou six fortes tours.

Actuellement convertie en un petit musée où l'on a rassemblé les quelques pierres sculptées, rares débris ayant survécu à la destruction, et quelques souvenirs du château, projectiles ou petits engins trouvés dans les ruines, — la chapelle est un édifice roman très simple, remarquable surtout par les corbeaux sculptés en têtes bizarres ou en bêtes étranges qui soutiennent la corniche du toit et par un très joli petit clocher sur le milieu du pignon, ouvert sur les quatre faces de l'étage supérieur par de belles fenêtres géminées.

Cette large esplanade établie sur l'emplacement des bâtiments rasés est belle et tranquille ; ici le sol résonne sous les pas et décèle en dessous des salles ou des couloirs murés ; là-bas des arbres au feuillage sombre font repoussoir à la haute tour qui s'élance élégante et légère, extrême sommet du château. Des escaliers et des terrasses descendent sous la chapelle ; des crénelages la vue s'étend largement sur la campagne languedocienne ou provençale, sur le Rhône parsemé d'îles, sur le château d'en face, sur Tarascon tout blanc étendu au pied des Alpilles.

A travers l'espace par-dessus le Rhône, elles peuvent converser, les deux pauvres forteresses édentées, comme deux vieux débris qui se consolent, ou se désolent, avec de vieilles histoires.

« O Tours de Tarascon, mes petites, pourrait dire le grand donjon de Beaucaire, encore jeunettes avec vos cinq cents ans d'âge, je suis pour vous une aïeule vénérable, moi qui dans mes flancs porte des pierres romaines, moi sur qui jadis ont grêlé les projectiles des catapultes wisigothes ou des mangonneaux sarrasins ! Qu'avez-vous vu de votre petit rocher baigné par le fleuve, là même où se cachait votre Tarasque en son antre redouté? Vos plus lointains souvenirs, tours de Tarascon, c'est le bon roi René que votre Provence aime encore ; le pauvre roi qui se consolait par les arts, en rimant et en peignant, de l'obstiné

PLACE DE LA RÉPUBLIQUE, A BEAUCAIRE

malheur attaché à ses pas... J'ai vu bien d'autres choses dont je ne puis plus causer qu'avec les contemporains qui me restent, le Palais des papes d'Avignon que j'aperçois là-bas dans le Nord, ou les tours républicaines d'Arles, mes voisines du Midi. Si ma vieille mémoire a oublié les aventures de mes premiers siècles de jeunesse, ne me reste-t-il pas encore assez de souvenirs... Or et pourpre, magnificences des seigneurs comtes de Toulouse et belles chevauchées de barons d'Occitanie, flammes d'incendie et rouges coulées de sang !... Les jours resplendissants du XIIe siècle luisent encore pour moi, nos villes du brillant Midi s'épanouissent libres sous leurs consuls... Les troubadours de la belle langue d'oc, nobles chevaliers ou roturiers maîtres en gai savoir, chantent vaillance et galanterie, les dames et l'amour, de fête en fête, de château en château...

Dans Beaucaire flottent deux mille bannières de comtes et chevaliers du Midi, c'est la cour plénière tenue par notre comte de Toulouse Raymond V. Tous luttent de libéralités magnifiques ou de fastueuses folies : le comte d'Orange fait labourer ce champ sous le château et sème des sous d'argent au lieu de grain, tandis qu'un autre fait cuire, à la flamme des pains de cire, les mets d'un festin pour trois cents chevaliers. Appelez cela folies, hommes froids du nord brumeux, c'est l'allégresse méridionale, l'ivresse joyeuse du grand soleil ! A la ceinture du chevalier le noble provençal ou aquitain attache aussi la lyre du poète, les violes des cours d'amour résonnent, et pendant ce temps il s'amasse dans le nord, le terrible orage qui va changer les rires en sanglots.

CHAPELLE DU CHATEAU DE BEAUCAIRE

« L'ouragan destructeur fond sur le midi, Simon de Montfort mène à l'assaut, au massacre et au pillage l'armée immense de la croisade contre les Albigeois. Béziers, Carcassonne, Toulouse succombent. Beaucaire est à Montfort aussi, mais le comte de Toulouse Raymond VII, profitant d'un retour de fortune, assiège dans le castel

LE CHATEAU DE BEAUCAIRE.

Lambert de Limoux, sénéchal pour Montfort, et le force à se rendre quand il a mangé tous ses chevaux.

« Beaucaire, sous mes tours, est tout un monde chaque année pendant quelques semaines ; marchands des Flandres, de Normandie et de Picardie, d'Allemagne et d'Angleterre, négociants de Gênes et de Venise, juifs ou chrétiens, Maures d'Espagne, Grecs, Turcs du Levant, hommes des pays inconnus du Nord, gens de toutes contrées, de toutes couleurs et de tous costumes, remplissent Beaucaire d'un bourdonnement de tour de Babel. Toute la ville est pleine de marchandises, les marchands campent partout sous des tentes à mille enseignes diverses... Dans l'odeur des mille cuisines qui monte avec les musiques jusqu'aux archers de garde aux créneaux, quelles réjouissances chaque soir sur le Pré devenu lieu de plaisir, changé en folle cité du royaume de Bohême, rempli de rôtisseurs, d'histrions, de filles, de baladins et de saltimbanques !

« Les ans passent ; Beaucaire et les terres de Languedoc sont aux rois de France.

VIEILLES MAISONS, A BEAUCAIRE

« C'est encore un siècle d'hérésie et de guerres religieuses qui s'ouvre. Par sa proximité avec les centres religionnaires de Nîmes, Beaucaire est en péril, les calvinistes s'emparent de la ville, le 2 juin 1562. Huit jours après, une expédition catholique secrètement organisée tombe sur eux de Beaucaire, on se tue en ville, les catholiques ont un instant victoire, mais un violent effort des huguenots les rejette à leurs barques et les flots du Rhône roulent bientôt douze cents cadavres.

V. F. — T. IV

« Sous la Ligue, le gouverneur de Beaucaire, Parabère, fait comme bien d'autres ; entouré de soldats plus ou moins bandits et fort des bonnes murailles qu'il détient, il rançonne et pille pour son propre compte, jusqu'à ce qu'un jour il soit massacré avec sa maîtresse par les Beaucairois, qui s'en vont ensuite assiéger le château où les gens de Parabère se défendent pendant cinq mois.

« D'autres sièges, d'autres alertes encore ! Puis apparaît Richelieu, le cardinal-ministre, qui dans toutes les provinces emplies depuis un siècle par les rumeurs des guerres civiles, éteint les vieux foyers de rébellion, coupe les têtes trop hautes et renverse les murailles trop fortes, et le terrible homme rouge, pour en finir, jette bas mes tours et démantèle les défenses construites par les comtes de Toulouse !... »

ARLES. — UNE TOUR DES ARÈNES

ARLES, VUE GÉNÉRALE

VIII

ARLES

VINGT SIÈCLES DE SOUVENIRS. — LA ROME DES GAULES. — LE FORUM D'ARLES
LES ARÈNES, CITADELLE SARRASINE ET VILLE GOTHIQUE
RUINES DU THÉATRE. — LÉGENDES DES ALYSCAMPS. — SAINT-TROPHIME,
LE CLOITRE ET LE PORTAIL

UN PILIER DU CLOITRE DE SAINT-TROPHIME

Derrière une rangée de maisons vermoulues, grises et jaunes, tournant elles-mêmes le dos au chemin de fer qui passe, se cache, comme dédaigneuse du présent et réfugiée en ses songeries rétrospectives, l'antique cité d'Arles, la vieille reine de Provence.

Magnifique pourtant est sa physionomie quand, des bords du Rhône, de la rive de Trinquetaille, où de la campagne opposée, soit de Montmajour, soit de la montagne de Cordes, on aperçoit sur le fleuve ses vieilles maisons pressées, recevant de vives touches de lumière, avec des taches grises qui sont des coins de quartiers plus antiques autour de quelques débris d'édifices, par-dessus lesquels s'ouvrent, à côté des tours d'églises portant dans le ciel les prières de siècles divers, les larges et majestueuses arcades des arènes romaines, l'immense amphithéâtre ruiné, avec les hautes tours des Arabes qui le transformèrent en alcazar et le gardèrent longtemps.

Ce prestige d'un passé illuminé par les poésies de l'art et du malheur, ces souvenirs d'une gloire historique qui rayonne sur vingt siècles, laissés de côté, Arles reste une charmante ville, bien particulière d'aspect à l'intérieur comme à l'extérieur, non abîmée, non gagnée par la banalité destructive de toute grâce et de tout trait caractéristique, non découpée en tranches de galette régulières par les repercements et les rectifications du plan dessiné peu à peu dans le cours des âges, comme tant de vieilles cités endommagées pour jamais, sous prétexte de modernisation. Elle est restée la belle et originale Arles d'autrefois, au plan compliqué, aux voies tortueuses mais si jolies, tournant autour de ses vieux monuments, ruelles étroites aux maisons basses blanchies à la chaux, rues ombreuses se défiant des caresses trop vives du vieil ami le soleil, filant au pied des vieux murs ou se couvrant de toiles jetées d'une façade à l'autre, avec de longs rideaux flottant aux portes. Elle fait un peu l'effet d'une Cordoue de Provence; d'ailleurs, ne voit-on pas, dans sa campagne, à 5 ou 6 kilomètres à l'est, cette montagne isolée, dénudée et escarpée qui fait vis-à-vis au monticule boisé de Montmajour et qu'on appelle encore aujourd'hui montagne de Cordes, du nom que lui donnèrent jadis, en souvenir de la belle Cordoue d'Espagne, les Sarrasins retranchés sur le plateau, au-dessus d'une grotte celtique creusée dans le roc, dont le mystère donna lieu à bien des légendes et que l'imagination populaire a baptisée du nom de *Trau di Fado* (Trou des Fées).

Arles, située à l'endroit où le Rhône décrit une courbe légère, qui donne de la grâce au plan de cette ville, toute de grâce et de charme, n'a pas de façade sur le fleuve, du moins est-elle en partie masquée par la digue élevée qui maintient le Rhône aux jours où il manque de sagesse ; ce quai, en maints endroits, laisse voir des restes de fières constructions féodales, des murailles à l'appareil romain bien décrépites, vénérables débris de palais des premiers siècles et des restes d'églises gothiques. A l'extrémité sud de la ville, le canal de Craponne borde une ligne de boulevards ombragés, la promenade de la Lice, où se voient quelques débris de remparts, puis, perpendiculairement au célèbre cimetière gallo-romain des Alyscamps, un autre boulevard monte regagner la pointe nord de la ville, en passant au bas d'un rempart romain et moyen âge servant de piédestal à de vieilles églises. Que de belles choses entrevues en ce rapide tour de ville ! Que de débouchés de rues montrant un bout de monument, un coin de ruine, des arcades romaines encadrant un peu de ciel, ou des sommets de tours se dressant au-dessus des toits.

On entre en Arles par la porte de la Cavalerie, dont la voûte a disparu, mais dont les deux tours ruinées subsistent, baignées encore à leur base par un fossé et enveloppées des grandes verdures de la place Lamartine.

Au premier angle de rue qui se présente après la porte, à la pointe de deux voies menant, l'une au centre de la ville, au cœur ancien aussi bien que moderne, à la Place aux Hommes, ancien forum, et l'autre, aux Arènes, se voit un monument tout récent élevé à Amédée Pichot, l'historien et le poète de sa ville natale.

C'est un édicule corinthien, une arcade entre deux colonnes, encadrant une fontaine et un grand émail circulaire de Balze, la Poésie d'après Raphaël. Au milieu de l'attique, le grand animalier Cain a mis, fier et la griffe en l'air, le lion d'Arles, qui figure en son blason depuis les temps de la république arlésienne, mais qui symbolisait traditionnellement la ville et le royaume provençal depuis bien plus longtemps, depuis qu'il avait été par César donné comme enseigne à la colonie militaire d'Arles. On raconte que, pendant le moyen âge, la ville nourrit longtemps un lion, armoirie vivante, dans une cage du palais archiépiscopal, et c'est probablement à l'emblème arlésien, au lion emblème aussi de Marseille jadis, que doit son nom de golfe du Lion, la portion de Méditerranée qui est la mer provençale. Le lion d'Arles est cousin du lion de saint Marc ; Mistral, retrouvant sa figure dans un rocher des Alpilles, en face de Saint-Remy, lui fait dire, en une ode magnifique de lyrisme et de patriotisme enflammé :

« Moi, j'ai vu, dans Saint-Trophime resplendissant de lumière, les rois d'Arles « couronnés, les vaisseaux couvrir mon fleuve et tout Arles exulter... Moi, j'ai vu « la République, s'enivrant de liberté, dans la clameur populaire, élire ses podes- « tats ; moi, j'ai vu terreurs, pestes et tempêtes ; j'ai vu Rome dans Avignon et « de toute noble fête j'ai été le compagnon... »

En 1536, lors de l'invasion de Charles-Quint, quand la Provence, systématiquement ravagée de façon à ne laisser ni vivres ni couvert à l'ennemi, eut à se défendre seule contre les vieilles bandes impériales, Charles-Quint s'étant sacré lui-même roi d'Arles dans la cathédrale d'Aix, son général Alphonse d'Avalos, marquis del Guasto fit une tentative sur Arles. Le vieux lion se préparait à montrer sa colère, Arles résolue armait ses murailles, chacun travaillait aux bastions ajoutés aux endroits faibles, et, comme à Marseille, à la première invasion impériale douze ans auparavant, les plus nobles dames donnaient l'exemple et brouettaient les matériaux pour les réparations.

L'avant-garde ennemie débouchant de Montmajour, le marquis del Guasto s'en vint, à la tête d'un parti de cavaliers, pour reconnaître les approches et tâter les défenseurs. Un brave canonnier à la porte d'Aure, aujourd'hui de la Cavalerie, voyant ce brillant officier en avant de son escorte, le prit pour l'Empereur lui-même et pointa sa pièce sur le groupe.

Le marquis aperçut la flamme à temps pour se jeter rapidement à couvert, mais ce coup de canon qui faillit le tuer, appuyé par la belle contenance des Arlésiens des remparts, suffit pour le faire renoncer à l'espoir d'enlever Arles par un coup de main. Il tourna bride, et l'on sait que bientôt, la peste aidant, les impériaux harcelés, épuisés et affamés, durent repasser le Var. Or, l'artilleur qui tira ce coup de canon de la porte de la Cavalerie était, paraît-il, un ancêtre d'Amédée Pichot, dont le gracieux monument, presque au lieu même où se distingua son aïeul, accueille aujourd'hui poétiquement l'étranger.

LES COLONNES DE LA PLACE AUX HOMMES

Arles fut gréco-celtique, romaine, sarrasine, républicaine et française. Voyons l'Arles romaine d'abord, la *Rome des Gaules,* comme on la surnomma, lorsque, cité des plus considérables, riche et prospère, belle et forte, magnifiquement ornée de temples, de palais et de monuments divers, ceinte de fiers remparts, dotée d'aqueducs lui amenant l'eau des montagnes des Alpilles et de Vaucluse même, Constantin abandonnant Rome songea à y transporter le siège de l'Empire. Quels changements dans les destins de l'Europe, si Arles l'eût emporté sur Byzance et gardé en terre latine les empereurs et les légions.

L'ancien forum est resté le point central de la ville ; il se trouvait à peu près où est aujourd'hui la *Place aux Hommes,* ainsi nommée parce que c'est là que se fait, à certaines époques, la louée des travailleurs agricoles. Cette place, assez grande pour Arles où les places sont en général minuscules, garde de sa gloire passée deux colonnes corinthiennes surmontées d'une portion d'entablement et de fronton, encastrées dans la façade de l'hôtel du Nord et contrastant singulièrement avec l'architecture des maisons. Des caves, des souterrains sous les maisons en arrière de ce fragment antique, sous le collège et sous les monuments voisins, cachent des bases de colonnes, des substructions de divers édifices groupés jadis autour du forum, traces, autant qu'on peut le conjecturer, du palais du Prétoire, d'un temple d'Auguste, d'une basilique et de thermes immenses.

Une petite rue, à côté des deux colonnes, conduit à la place Royale ou de la République. Ce qui fait face à la rue, c'est-à-dire une portion de façade crénelée dans laquelle s'ouvre une belle porte romane, est le dernier morceau du palais des podestats, magistrats élus qui tenaient, au xiie siècle, séances de justice sur les degrés de pierre placés à la base de la muraille.

Trois monuments importants s'élèvent sur la place, à côté de la podestaterie : l'hôtel de ville d'abord jouxtant cette façade crénelée, l'église primatiale de Saint-Trophime, flanquée de son merveilleux cloître, et l'ancienne église Sainte-Anne des Oratoriens, aujourd'hui le musée où l'on a recueilli tous les vestiges dispersés de la ville romaine : statues, bas-reliefs, tombeaux, inscriptions, etc. Un obélisque dresse sa pointe ébréchée au milieu de la place ; ce n'est point un monument pharaonique ; ouvrage romain de pierre gauloise, il provient du cirque disparu, qui se trouvait au sud de l'enceinte, au delà du canal de Craponne. Il fut érigé sur cette place en 1676, en l'honneur de Louis XIV, avec adjonction, naturellement, d'inscriptions pompeuses et d'ornements qui ont disparu pour faire place au bassin d'une fontaine.

Quelques rues où se rencontrent de grands hôtels de la Renaissance mènent aux Arènes, quartier de noblesse où des moulures, des sculptures et des rinceaux décorent les belles fenêtres à croisillons ; on passe par l'Arles du xvie siècle pour se retrouver tout à coup dans l'Arles antique devant les Arènes et le théâtre. Les jolies ruelles aussi autour de ces arènes et qui leur font un cadre bien pittoresque ! Vraiment la poésie d'Arles n'est pas de surface, c'est une poésie intime et pénétrante, faite de mille choses, du contraste des vieux coins à l'abandon sous la poussière et les pierrailles, avec des intérieurs qui se montrent à l'entre-bâillement soudain d'une porte, des cours non moins antiques, mais dont les vieux bâtiments reblanchis et soignés se parent de verdure et de coquetteries florales ; puis elle est faite aussi, cette poésie, de la grandeur des ruines romaines, de la majesté des saints de pierre rangés au portail de Saint-Trophime, du silence de son merveilleux cloître, des rencontres de tant de fragments d'édifices, intéressants par les noms qu'ils évoquent et par leur caractère artistique, que l'on heurte à chaque pas dans le lacis désordonné de ces jolies rues où, dans la chaude atmosphère d'ombre, dans le rayon de soleil qui se glisse à chaque tournant, frappant murs gris et façades blanches éblouissantes, passent les jolies Arlésiennes. Celles-ci à la beauté transmise par les aïeules, aux séductions d'une race où le sang grec, le sang romain et le sang arabe s'entre-croisent avec le sang gaulois, ajoutent les grâces du costume si connu, costume très simple égayé parfois de rose ou de jaune, plus souvent noir avec la note blanche de la mousseline, et dont la caractéristique, outre la coiffe coquette, est le fichu croisé, légèrement entre-bâillé par devant, maintenu par une épingle et gracieusement ouvert en pointe dans le cou.

« Oh ! sans la beauté que deviendrait le monde ! — Luise tout ce qui est beau — Que tout ce qui est laid se cache ! » — s'est écrié Aubanel dans ses strophes à la Vénus d'Arles.

La beauté fameuse des Arlésiennes n'est-elle pas expliquée par ces monuments, vestiges de la grande cité décorée par l'art romain et dévastée par ou pendant l'occupation sarrasine ? Grecs du littoral, Romains et Arabes, au riche fond de la race gauloise, au type primitif arlésien, ajoutèrent quelques traits. De Rome par l'intermédiaire de quelque beau légionnaire viennent quelque peu sans doute ces traits réguliers de beaucoup de filles d'Arles ; la majesté de port des matrones, de même que les grands yeux de gazelle et le teint mat de quelques autres sont des souvenirs des Maures d'Abdérame, tout autant sinon plus que les tours des Arènes qui furent peut-être élevées par les Arlésiens pour se défendre contre le Musulman. N'importe, qu'elle doive quelque chose à Rome ou à Grenade, l'indéniable beauté du type arlésien éclate aux yeux de tous et jamais si bien d'ailleurs qu'ici même, en ces Arènes vingt fois séculaires, quand les courses de taureaux amènent sur les gradins effrités des milliers de coiffes arlésiennes sorties de toutes ces rues colorées, de ces antiques maisons pauvres ou riches, ou venues des villages des Alpilles, des mas de la Camargue.

ARLES. — PORTE DU PALAIS DU PODESTAT

Majestueuse ellipse aux arcades ouvertes s'enlevant en vigueur sur le ciel avec quatre hautes tours carrées rompant les lignes, masses de maçonnerie posées à cheval sur les arcades, l'amphithéâtre d'Arles plus abîmé que celui de Nîmes, se présente de façon bien plus pittoresque. Il faut avouer que la ruine va bien aux monuments romains, d'architecture trop régulière. Jamais le Colisée de Rome au temps de sa splendeur n'a dû posséder la majesté poétique dont la ruine l'a revêtu. La grandeur et la pondération, la somptuosité écrasante sont des caractères de

ARLES — INTÉRIEUR DES ARÈNES.

l'architecture romaine, mais aussi la trop grande régularité de l'ordonnance et la répétition à l'infini du même détail, du même arc, de la même colonne, du même chapiteau. C'est bien, mais cela rime trop mécaniquement. Quand la ruine s'est chargée de retoucher le monument, de faire des sacrifices, d'ébrécher les arcades, d'enrichir les entablements de fleurs et de broussailles, et de faire ressortir la colonne sur de sombres cavités ou sur le ciel bleu, alors plus de froideur, plus de monotonie, on n'a plus rien à objecter devant la magnificence romaine complétée et révélée en toute sa grandeur par l'écroulement. L'Empire romain lui-même n'a-t-il pas fait en tombant de magnifiques ruines, parmi les débris du moule trop régulier dans lequel il voulait couler le monde? Sur ce gigantesque éboulis, parmi les ronces échevelées et les fleurs sauvages, se sont développées librement des nations diverses avec toute la saveur âpre de leur originalité native.

Ici le temps et les hommes ont fait de cet amphithéâtre bâti primitivement sur le modèle uniforme de toutes les arènes, un monument vraiment original. Sur un plateau irrégulier, montueux, l'immense ellipse large de 140 mètres sur son grand axe, développe ses deux étages d'arcades soutenues par des colonnes d'ordre dorique en bas, qui furent corinthiennes à l'étage supérieur où il ne reste que des tronçons. L'entablement a disparu, en haut les voûtes des arcades dessinent une suite de berceaux reliés quelquefois par des restes de maçonnerie.

L'intérieur de l'amphithéâtre est à la fois imposant et pittoresque; suffisamment consolidé pour qu'il puisse servir encore aux courses de taureaux et laissant voir partout l'ossature. Les Arènes comptaient quarante rangées de gradins divisées en trois précinctions pouvant recevoir vingt-six mille spectateurs. Toutes ces dispositions peuvent se reconnaître encore, depuis le mur du *podium*, suffisamment élevé pour que, dans les jeux, les nobles spectateurs des premiers rangs n'eussent à craindre aucun bond désespéré d'une bête féroce. Les quatre portes, les galeries des vomitoires, les escaliers nombreux montant aux couloirs des étages supérieurs, tout se retrouve dans cette ruine superbe, et même quelquefois sur les vieilles pierres, le numérotage des sections de gradins apparaît.

La grande porte du Nord est admirable, vue de l'intérieur, avec ses arcades surmontées de la tour arabe à laquelle grimpe un raide escalier extérieur. Tout l'ensemble se dessine de façon merveilleuse, indiqué et souligné vigoureusement par les trous noirs des couloirs crevés, par les trous lumineux ouverts çà et là, par les coups de soleil sur les dallages, sur les gradins en place, sur les écroulements, avec la belle rangée d'arcades supérieures ouvertes dans le ciel.

Solitaire pendant la semaine, majestueux de vide et de silence, l'amphithéâtre revoit, les dimanches d'été, les jeux dans l'arène et la foule sur les gradins. On y donne des courses de taureaux à la provençale et à l'espagnole. Les toreros espagnols y ont du succès depuis quelque temps, bien que les corridas arlésiennes ne soient que des jeux très adoucis, sans éventrement de chevaux, sans massacre de taureaux farouches traînant au bout de leur corne des entrailles de chevaux ou des capes de chulos. Les courses à la provençale, même sans l'attrait du costume, sont après tout plus intéressantes que ces corridas expurgées. Au lieu du gladiateur c'est le *gardian* de la Camargue qui descend dans l'arène; au lieu de légionnaires romains, ce sont des zouaves ou des lignards qui montent la garde; les gradins se garnissent d'Arlésiennes en grande toilette, en fichus de dentelle, pittoresquement groupées au soleil ou sous quelques toiles tendues çà et là, tandis que, pour animer partout la grande ruine, des spectateurs téméraires ou des gamins circulent au plus haut d'arceau en arceau. Le sang ne rougit pas l'arène, où les toréadors tourbillonnent déployant toute leur adresse et leur agilité autour du taureau camarguais, généralement jeune et point trop méchant, auquel il s'agit d'enlever des cocardes valant cinquante, vingt-cinq ou dix francs.

A deux pas, à peine séparé des Arènes par quelques maisons, un deuxième édifice antique remplit de ses ruines un vaste terrain semblable à une carrière de pierres. Le théâtre romain n'a pas soutenu le choc des siècles aussi bien que l'amphithéâtre. La scène, si bien conservée à Orange, a complètement disparu ici, il n'est resté que l'hémicycle de gradins couronné par de vieilles maisons à la place des anciens portiques; en avant de ces gradins, un certain nombre de pans de murs bas indiquent seulement la place de l'orchestre et les différentes dispositions de la scène. Au milieu de ces débris, de ces soubassements, de ces fragments de colonnes éparpillés sur le sol poudreux, deux colonnes seulement sont aujourd'hui debout, deux belles colonnes de marbre blanc, seules subsistantes de la très riche colonnade appuyée au mur de la scène.

Le Théâtre d'Arles, construit, pense-t-on, sous Auguste, avait cent trois mètres de largeur; il était entouré d'un magnifique portique à deux étages dont la trace est marquée aux deux extrémités nord et sud par quelques arcades du rez-de-chaussée.

Au-dessus des arcades de la porte du Sud s'élève une tour carrée, semblable à celles des Arènes et probablement de même origine, appelée tour Roland.

C'est la richesse de sa décoration qui a perdu le théâtre d'Arles, le christianisme triomphant enleva ce qui, des temples et des monuments romains, pouvait servir aux églises, les colonnes, les dalles de marbre, les simples ornements, et brisa ou renversa le reste, les statues de dieux, les bas-reliefs païens. Plus tard sur les décombres du théâtre transformé en carrière, des maisons s'installèrent, s'accommodant de tous les coins et utilisant tous les pans de murailles. Quand, après mille ou douze cents ans, on songea de nouveau au théâtre, quand on eut par hasard l'occasion de fouiller ses décombres, ou que l'on voulut dégager la pauvre ruine des constructions installées sur elle, on fit de belles trouvailles, parmi lesquelles la fameuse Vénus d'Arles offerte par les consuls à Louis XIV et maintenant au Louvre.

Les Arènes ont eu meilleur destin que le Théâtre. L'Empire romain tombé, la Rome des Gaules pendant trois ou quatre siècles subit, comme toutes les villes importantes, le choc des Barbares de toute race qui passaient sur les provinces

ARLES. — RUINES DU THÉATRE

comme des vagues énormes et destructives, suivies bientôt d'autres vagues tombant sur le remous des premières. Après les Goths de l'est et de l'ouest, Francs et Burgondes se disputèrent la pauvre cité meurtrie par les uns et par les autres, puis les Sarrasins parurent à leur tour, suivis bientôt des ravageurs Normands pillant villes, villages ou couvents des rives du Rhône.

Pendant deux siècles, les Sarrasins se maintinrent en Provence tantôt vainqueurs avec Abd-el-Raman, avec Al-Manzour, répandus comme une inondation dans tout le Midi, tantôt vaincus, réduits à quelques places et enfin refoulés dans la chaîne de montagnes dite encore des Maures, entre Hyères et Fréjus, où ils luttèrent jusqu'à la fin du Xe siècle, enfermés dans leurs tours cachées sous les forêts de pins et de chênes-lièges, au fond des gorges peu accessibles, dans leur forteresse de Fraxinet.

Arles la Romaine fut à plusieurs reprises Arles la Sarrasine; le croissant orna son front, le joug musulman, dit-on, ne lui fut pas très dur. Charles Martel deux fois l'arracha aux Arabes, en 732 et en 736, et dans cette lutte entre les païens du sud et les chrétiens du nord, la pauvre Arles eut beaucoup à souffrir. On sait peu de choses certaines sur ces temps; faut-il accuser du ravage de la noble cité, de la ruine des édifices témoins de sa grandeur le fanatisme sarrasin ou la brutalité des Francs? La guerre et les sièges divers suffisent peut-être à tout expliquer. Les Arabes reprirent encore Arles et la gardèrent un laps de temps indéterminé. Au cours de ces guerres, l'amphithéâtre fut transformé en forteresse par les uns ou par les autres, comme en général toutes les arènes romaines le furent, à Rome même et dans n'importe quel pays.

Les portiques bouchés, quatre hautes tours élevées aux quatre points cardinaux, les Arènes firent une excellente et vaste citadelle. Construites soit par les Arlésiens pour se défendre contre l'invasion musulmane, soit par les Sarrasins pour garder leur conquête, trois de ces tours existent encore, ce sont elles qui particularisent les Arènes arlésiennes, et leur donnent leur imposant caractère. La plus haute et la plus belle est celle de l'ouest, qui apparaît audacieusement campée sur le vide, posée sur trois arcades du portique supérieur.

On peut monter en haut de cette tour par des passerelles jetées sur des arceaux et par un petit escalier intérieur qui aboutit à une plate-forme du haut de laquelle on domine au premier plan l'ancienne église des Cordeliers, sa jolie petite flèche gothique, ainsi que les bâtiments du pensionnat Saint-Charles. Derrière s'arrondit le demi-cercle de gradins du théâtre, au pied de la tour Roland qui se détache sur les verdures des boulevards et des Alyscamps. Puis ce sont tous les toits de la ville en massifs creusés de cours et de places, sillonnés de ravins indiquant les rues. Parmi tant de vieux bâtiments qui se révèlent de là-haut, le clocher de Saint-Trophime se montre vis-à-vis de la tour de l'hôtel de ville, au sommet de laquelle plane l'*homme de bronze*, une statue du dieu Mars brandissant son étendard-girouette dans la lumière éblouissante, par-dessus le Rhône, par-dessus le faubourg de Trinquetaille et l'immense plaine de Camargue jaune, dont l'extrémité se perd là-bas dans un poudroiement d'or pâle.

Les Arènes d'Arles ne sont dans l'état où nous les voyons que depuis une cinquantaine d'années; après avoir été forteresse aux temps lointains, elles furent à elles seules, du moyen âge jusqu'à nos jours, une ville dans la ville. Et quelle ville que ce quartier des Arènes dont les vieilles gravures nous ont transmis le portrait! On ne pouvait rien se figurer de plus étonnamment pittoresque : dans l'enceinte ovale bouchée, pressée déjà de masures accrochées aux portiques, une centaine de maisons et de bâtisses diverses, jetées dans un désordre étrange, montaient les unes par-dessus les autres, escaladaient les gradins et se perchaient sans façon sur les arceaux, utilisant les escaliers et les couloirs, et, dit Amédée Pichot, « creusant leurs cheminées dans les voûtes supérieures et transformant en étables et en caves quelques-unes des galeries inférieures qui avaient autrefois servi de cages aux bêtes féroces ».

Après 1830, la pioche nettoya le pauvre monument, et ce quartier d'Arles, truculente et invraisemblable Cour-des-Miracles, disparut.

Pour voir encore, après les Arènes et le Théâtre, un témoin important de la grandeur arlésienne aux temps romains, il faut gagner la rive du Rhône. Là s'élève, parmi les vieilles maisons, la tour de la Trouille, une grosse tour romaine en pierres, annelée de cordons de briques dans la partie supérieure, et montrant

ARLES. — ANCIENNE ÉGLISE DES CORDELIERS

au-dessous une ligne d'arcatures bouchées. Accotée de masures branlantes et de vieux pans de murailles bombées plus qu'à demi écroulées, cette vieille tour en si lamentable état, lézardée, crevassée, trouée, écorchée, est le dernier débris visible du palais que l'empereur Constantin s'était construit en cette ville d'Arles qu'il faillit faire la capitale de l'Empire, débris misérable d'un palais magnifique, un instant centre du monde, enrichi de toutes les splendeurs des arts, digne du maître impérial et de la riche métropole des Gaules.

Des marchands de chiffons, dans cette tour de la Trouille, succèdent aujourd'hui aux empereurs romains qui l'habitèrent, aux rois ostrogoths, wisigoths et francs, à Théodoric, à Childebert, qui s'y établirent ensuite, aux émirs arabes, à Bozon, roi d'Arles, à Frédéric Barberousse et aux Césars d'Allemagne, aux princes des Baux et aux comtes d'Arles... La pauvre ruine impériale, battue après la chute de l'Empire par des flux et reflux de peuples, représente dix siècles de l'histoire politique d'Arles, les dix siècles tourmentés pendant lesquels elle a touché le faîte de la fortune et connu l'extrême malheur. Les dernières gloires romaines obscurcies, pendant que le vieux monde en décomposition s'en va en lambeaux et que, peu à peu ensuite, le sol bouleversé des États se tasse dans son lent travail de recomposition, des chefs et des rois barbares habitent le palais de Constantin. Plus tard viennent d'autres luttes et d'autres sièges, et d'autres spectacles pour la vieille tour : les émirs au turban vert logeant leurs soldats dans la forteresse des Arènes et remplissant le palais des empereurs de leurs cours bariolées et de leurs harems; les cavaliers arabes galopant dans la Camargue où ils ont laissé, dit-on, la race de petits chevaux rapides des *guardians* de bœufs sauvages, voient apparaître les pirates du nord sondant les bouches du fleuve, et bientôt au pied de la vieille tour, viennent s'amarrer les terribles barques normandes à la proue relevée en serpent ou en oiseau de proie. Étrange conjonction du nord et du sud, de deux barbaries déchaînées, lancées à l'assaut de l'Europe latine et franque; les hordes fourmillantes de l'Arabie brûlée rencontrant les rudes ravageurs venus du septentrion glacé, tous fouillant du bec la même proie qui se débat douloureusement, assaillie de toutes parts et déjà affaiblie par l'anarchie mérovingienne.

Mais les rois de mer saxons passent, rougissant fleuves et rivières du sang des riverains massacrés et des flammes des villes saccagées, mais les Sarrasins sont refoulés. Cependant dans une de leurs dernières descentes, une bande sarrasine enlève l'archevêque d'Arles à l'abbaye de Saint-Césaire après avoir massacré les moines et cruellement blessé l'archevêque lui-même. Pendant qu'ils traitent avec l'église d'Arles de la rançon de l'auguste captif, l'archevêque meurt de ses blessures à bord de leur vaisseau; les musulmans qui ne veulent rien perdre, hâtent les pourparlers et lorsque arrive enfin la rançon convenue, ils apportent avec des marques de respect le cadavre du prélat assis sur une chaise et revêtu de ses vêtements sacerdotaux, ils le déposent sur le rivage avec des marques de respect et se hâtent de se rembarquer.

Bozon en ce temps-là, beau-frère de Charles le Chauve et duc de la Provence arrachée au croissant, érigea son duché en royaume indépendant qu'il plaça sous la suzeraineté nominale de l'empire d'Allemagne. Les rois indépendants d'Arles habitèrent sans doute le palais de Constantin; leur dynastie éteinte, le royaume d'Arles passa aux empereurs germains qui venaient ceindre la couronne arlésienne sous les voûtes de la primatiale Saint-Trophime. Entre tous ces empereurs

ARLES. — TOUR DE LA TROUILLE

venus l'un après l'autre, dans le cours de deux siècles, se faire sacrer par les archevêques, se détache l'imposante figure de Frédéric Barberousse, l'empereur des légendes teutonnes, grand fantôme que, parmi tant d'autres, ce fantôme de la vieille tour a vu passer vivant et glorieux.

Ces empereurs lointains, sans grande autorité sur leur royaume provençal, laissèrent la ville d'Arles se constituer peu à peu en ville libre, gouvernée par ses consuls sous le bâton pastoral de ses archevêques, en république indépendante qui vécut jusqu'au XIIIe siècle. Les luttes et querelles intérieures, les guerres entre les nobles voisins, les prétentions diverses des comtes de Provence et de Barcelone, des rois de France et des Empereurs remplirent l'existence agitée de la République arlésienne; l'autorité aux jours de crise fut mise entre les mains d'un podestat comme dans les républiques italiennes et ce fut sous la dictature d'un membre de la puissante famille des Baux, Barral des Baux, dans les bras de qui le peuple s'était jeté, que finit la République arlésienne. Charles d'Anjou, frère de saint Louis, devenu comte de Provence par son mariage avec la fille du dernier comte, lui porta le coup fatal; il assiégea la ville découragée par les dissensions et y entra par capitulation en 1251.

Une nouvelle période s'ouvre dans l'existence de la ville, le vieux palais des Empereurs, abandonné, voit peu à peu tomber sur lui le manteau de l'oubli et s'en va obscurément morceau par morceau. La lépreuse et lamentable tour de la Trouille qui a vu cet extraordinaire défilé de grandes ombres et qui survit à tant de formidables secousses ayant ébranlé les mondes, mériterait pourtant de voir améliorer son lamentable destin et de recevoir l'aumône d'une consolidation, qui la nettoierait un peu et reculerait de quelques siècles le jour suprême où elle doit, comme tout le reste, crouler en poussière.

Ce superbe palais de l'empereur chrétien avait sa façade sur le Forum, et il est certain qu'outre la tour de la Trouille, du Rhône à la place des Hommes, bien des vestiges gisent cachés au fond des cours ou sous les maisons.

Pour qui garde dans le cœur

> L'amour des choses éternelles
> Des vieux morts, des anciens dieux

Arles est vraiment ville idéale, à chaque pas on se heurte au passé vivant et debout, on foule le passé mort et couché dans l'herbe, des choses étranges et belles, et si lointaines, se lèvent. Il ne s'agit pas de siècles ici, des laps de mille années ne sont rien et, dans le poétique Jardin des morts des Alyscamps, qui semble un grand fond de tableau décoratif à la Puvis de Chavannes, des sarcophages d'Arlésiens des premiers âges païens ou chrétiens avoisinent des tombeaux de chevaliers du xiiie siècle.

C'est la transition tout indiquée entre l'Arles romaine et l'Arles chrétienne, le vieux cimetière doublement intéressant par son antiquité et par ses légendes. Au sud de la ville, derrière le canal de Craponne, sous deux rangées d'arbres aux doux bruissements, des tombeaux s'alignent depuis vingt siècles. C'étaient les champs Elysées au temps de la cité romaine, devenus les Alyscamps au moyen âge. Les patriciens d'Arles, les familles riches, générations après générations, sont venues se coucher là, et dormir des deux côtés de l'avenue en des sépultures magnifiques ou modestes.

Ce qu'il reste ici de la grande nécropole païenne bien réduite et bien dévastée, ce sont deux lignes de sarcophages sur le tapis d'herbe, taches blanchâtres dans

ARLES — CLOITRE DE' SAINTE-TROPHIME.

l'ombre allongée des grands peupliers, coffres de pierre rongés par la mousse. Il y en eut des mille et des mille. Les sarcophages artistiques revêtus de sculptures, les fragments importants ou intéressants ont été enlevés, le musée de la ville en a recueilli un certain nombre, tombeaux à bas-reliefs, cippes, urnes funéraires, tablettes sépulcrales à inscriptions.....

Saint Trophime, évangélisateur et premier évêque d'Arles, fit de la nécropole païenne le champ de repos des chrétiens. Une légende merveilleuse rapporte la cérémonie de solennelle consécration des Alyscamps par un synode d'évêques. Au moment de faire chrétienne cette terre païenne, saint Trophime se proclama indigne et, à son exemple, chacun des évêques successivement se récusa. Alors au milieu de la foudre et des éclairs, Jésus-Christ lui-même apparut et de sa main divine il bénit la terre sanctifiée. En témoignage de l'apparition miraculeuse, à l'endroit où le Christ laissa l'empreinte de ses genoux sur le sol, fut construite la chapelle de la Genouillade, située derrière les ateliers du chemin de fer, en dehors maintenant de ce qui reste des Alyscamps bouleversés.

Cette terre bénie par Jésus-Christ en personne devint dès lors et pendant tout le moyen âge un cimetière particulièrement célèbre dans le monde chrétien, une terre trois fois sainte où chacun rêvait de dormir son dernier sommeil. La croyance générale, était que toute âme désertant un corps enseveli aux Alyscamps trouvait miséricorde, quelles qu'eussent été ses fautes, et allait tout droit aux splendeurs du Paradis. Aussi princes et seigneurs, riches et pauvres de toutes les provinces du Midi, faisaient-ils porter leur dépouille à cette terre privilégiée, et telle était la force de cette croyance que, des pays plus haut situés sur le Rhône, on confiait au fleuve transformé en Styx des cercueils qu'il se chargeait d'apporter au port de repos, avec l'obole destinée à payer les droits de mortelage ou frais d'enterrement du pauvre mort, enfermée dans une boîte scellée attachée à la nef lugubre. Après un voyage plus ou moins long, les convois de cercueils flottants auxquels personne ne touchait, — protégés qu'ils étaient par des légendes de voleurs d'oboles mortuaires miraculeusement punis — dirigés, disait-on, par les anges gardiens des défunts que l'on croyait voir planer au-dessus des eaux, belle et poétique image et bien picturale, — abordaient au coude du rivage d'Arles, où ils étaient recueillis et portés aux Alyscamps par les moines de Saint-Victor de Marseille desservant Saint-Honorat.

Des églises, des chapelles nombreuses s'étaient élevées parmi les riches monuments et les humbles tombes répandues par milliers. Aujourd'hui, de tout ce qui garnissait l'immense nécropole, il reste, outre les sarcophages alignés sous les peupliers, trois ou quatre monuments et les ruines de l'église Saint-Honorat.

C'est d'abord, tout petit édifice percé d'une fenêtre ogivale au-dessus d'une porte Renaissance, la chapelle de Saint-Accurse, accotée à un grand portique roman, jadis entrée principale des Alyscamps. Elevée sur l'emplacement d'un couvent de religieuses fondé par saint Césaire et ravagé par les Francs pendant un siége, la chapelle Saint-Accurse perpétue le souvenir de la mort tragique, au xv⁰ siècle, d'un jeune seigneur nommé Accurse de la Tour, tué sous ce portique d'entrée, dans un duel peu régulier, par un adversaire qui fut ensuite condamné à lui élever ce monument expiatoire.

En face se trouve le tombeau trop simple des consuls et des prêtres de la ville d'Arles, morts victimes de leur dévouement pendant la grande peste de 1720, la peste apportée de Marseille. Un peu plus loin, sur le rang de Saint-Accurse, se cache sous les arbres une petite chapelle funéraire carrée dont l'ouverture ogivale est flanquée de vieux écussons rongés par le temps, laissant voir pourtant le pourceau passant des Porcellets, illustre et puissante famille provençale.

LA TOUR DE SAINT-TROPHIME

Cette allée des tombeaux finit à l'ancienne église de Saint-Honorat, dont l'élégant campanile, illuminé par le soleil, termine si bien la perspective dans le balancement léger des peupliers, une belle ruine qui ajoute à la mélancolie de cet antique cimetière solitaire, la calme majesté de ses arceaux vides et sombres.

Elevée au vii⁰ siècle, démolie par les Sarrasins, relevée par Charlemagne, reconstruite au XIIIe siècle, l'église Saint-Honorat des Alyscamps fut dévastée en 1793. Le portique roman de l'entrée primitive s'élève en avant d'une petite cour encombrée de ruines, devant le grand pignon nu au-dessus duquel la tour élève ses deux étages à huit pans, en arcades à jour.

Il n'y a plus rien dans l'église, ni dans les chapelles adjacentes d'âge et de

CHAPELLE SAINT-ACCURSE AUX ALYSCAMPS

style différents, toutes plus ou moins ruinées, rien, sauf quelques débris de sarcophages, des crânes jetés çà et là, ou des ossements dans les cercueils de plomb extraits des tombeaux de pierre rencontrés dans les décombres. Voici dans les mains du gardien, nouveau fossoyeur d'Hamlet, un de ces pauvres crânes jaunes et poudreux, celui d'une jeune Romaine morte, suivant l'inscription du sarcophage, le jour même de ses noces. Saint Trophime avait son tombeau ici parmi bien d'autres cénotaphes, sépulcres d'évêques lointains ou sarcophages de nobles personnages, tombeaux dispersés, portés à l'église Saint-Trophime ou au musée.

L'église Saint-Trophime, par son portail et par son cloître la gloire de l'architecture religieuse d'Arles et de toute la Provence, fut élevée au viiie siècle au centre de la ville, près du Forum, sur les débris des plus glorieux monuments de l'Arles romaine jetés bas par les invasions. Devant l'hôtel de ville auquel collabora Mansard, s'incruste dans un très humble pignon le petit et magnifique portail aux grands saints de pierre, œuvre des commencements du xiie siècle. L'église travaillée par tous les âges, agrandie et retouchée à différentes époques, restaurée de nos jours, est imposante mais froide, haute de voûtes, à bas côtés

SAINT-HONORAT DES ALYSCAMPS

étroits; elle est austère et nue, bien que ses chapelles renferment de nombreux monuments, des sarcophages antiques comme celui qui sert d'autel à une chapelle, des tombeaux et des épitaphes diverses.

Ce qui est superbe et hors de pair ici, c'est le portail en haut de son escalier et c'est le cloître. Le portail, d'une magnifique composition très simple de lignes, encadre en ses divisions toute l'idée chrétienne symboliquement représentée avec une vigueur singulière, dans un style étrange d'un hiératisme très oriental.

Dans le tympan de la porte, sous la grande et profonde arcature cintrée, apparaît comme toujours le Christ bénissant entouré du lion, de l'ange, de l'aigle et du bœuf des quatre évangélistes. Sur le linteau, les douze apôtres assis sont rangés symétriquement. Ce linteau se continue par une frise courant au-dessus d'une petite colonnade; à gauche sur cette frise, c'est-à-dire à la droite du Christ sont les élus marchant vers le Paradis en une file régulière, tandis que de l'autre côté les réprouvés nus, attachés tous ensemble par une longue chaîne, se dirigent vers l'enfer, enfoncés déjà jusqu'à mi-corps dans les volutes de flammes formant une belle ligne décorative.

Les colonnes, aux chapiteaux très fouillés, les pilastres des pieds-droits portent, sur des lions, des animaux horrifiques dévorant des hommes qui figurent les hérésies ou sur des figures fantastiques représentant des péchés et les vices. Dans

TOMBEAU DES PORCELLETS AUX ALYSCAMPS

l'entre-colonnement sont de grandes statues de saints et d'apôtres, graves, mystérieux presque, ressortant avec une réelle majesté de l'ombre profonde portée par la colonnade. Ces statues ont inspiré à Mistral sa belle pièce de la communion des saints, délicieuse légende où nous les voyons suivre d'un regard bienveillant une jeune fille remarquée par eux depuis longtemps pour son assiduité aux offices et pour sa pieuse démarche en montant l'escalier de l'église.

« Les saints de pierres la voyant — sortir tous les jours la dernière, — sous le portail resplendissant — et s'acheminer dans la rue — les saints de pierre bienveillants — avaient pris en grâce la fillette; — et quand la nuit, le temps est doux — ils parlaient d'elle dans l'espace. »

Et saint Jean et saint Trophime, avec saint Honorat, expriment des souhaits pour son avenir, disent leurs préférences sur ce qu'ils voudraient la voir devenir ; puis la Toussaint, leur fête arrive et Jésus-Christ, suivant la légende arlésienne, descendant en leur honneur dire une messe nocturne aux Alyscamps, les bons saints de pierre se détachent du portail, la nuit venue, prennent en passant l'âme de la jeune fille endormie pour la mener avec eux là-bas communier à la messe divine.

Si le portail de Saint-Trophime est une merveille qui n'a d'égale dans la région que celui de l'église Saint-Gilles d'une composition plus étendue, il n'est pas en Provence de cloître plus splendide que celui d'Arles.

Une porte dans le bas côté droit mène, au sortir de la grande nef austère, dans les galeries de ce merveilleux cloître si extraordinairement riche, où la légèreté et la massivité se balancent harmonieusement, débordant de détails fins et délicats, de curieuses sculptures aux chapiteaux des colonnes et sur les piles puissantes qui soutiennent les angles du préau et les travées d'arcades... Qu'un rayon de soleil tombe sur les vieilles pierres aux tons magnifiques, et les sveltes colonnades s'enlevant vigoureusement sur l'ombre des arcades, et les grandes statues d'apôtres, hiératiques comme ceux du portail, se dressant calmes et raides, avec des gestes de bénédiction, collés aux piliers d'angle apparaissent, enveloppés et comme nimbés de soleil frisottant et fondu. C'est merveilleux et ce cloître doit avoir des amants passionnés qui s'en viennent rêver sous ses galeries et s'imprégner de sa poésie si profonde et si diverse, suivant l'heure et le temps !

Deux de ces galeries sont romanes, probablement du XIe ou du XIIe siècle, les deux autres, de style ogival, ont été refaites à deux époques différentes, au XIIIe et au XIVe siècle. Les galeries romanes sont plus belles et plus riches, et plus légères aussi avec leurs rangées d'arcatures, quatre par quatre, à colonnettes jumelles, tandis que du côté ogival, les fines colonnettes alternent avec les piliers massifs. Aux angles des quatre galeries et aux piliers des galeries romanes, de belles statues byzantines reçoivent la retombée des voûtes et encadrent de curieux bas-reliefs ; chaque chapiteau de colonnette est une petite composition touffue aux personnages enchevêtrés, une scène religieuse ou un petit drame de la *Vie des saints*, racontée de la façon la plus originale et la plus fantastique parfois.

C'est l'histoire sainte en action, la *Vie de Jésus-Christ*, une série d'images d'un art violent et naïf, et parmi ces représentations figurées des saintes légendes, ces personnages de la Bible, ces martyrs chrétiens, on retrouve les légendes particulières à la Provence, les trois Maries, sainte Marthe et la Tarasque, la lapidation de saint Étienne, patron primitif de l'église.

Une porte gothique donne du cloître dans une autre cour pittoresque, d'où l'on sort par une belle porte en plein cintre dans une ruelle bordée de bâtiments d'allure monastique aussi, derrière l'archevêché à façade moderne très laide, accolé au portail de Saint-Trophime.

LA CAMPAGNE D'ARLES

IX

ARLES (SUITE)

LA RÉPUBLIQUE ARLÉSIENNE. — VIEUX REMPARTS ET VIEILLES ÉGLISES
LE MUSÉE, LES RIVES DU RHONE ET TRINQUETAILLE
L'ABBAYE DE MONTMAJOUR, ÉGLISES, CLOITRE ET DONJON

La république d'Arles, État libre à la façon des républiques italiennes, comprenait, outre la ville, un territoire plus étendu que peuplé, en plaines de Crau et en marais de Camargue, jusqu'aux Saintes-Maries de la Mer, la petite ville aujourd'hui déchue, groupant ses pauvres maisons de pêcheurs au pied d'une belle église crénelée, forteresse à tours et mâchicoulis, lieu de pèlerinage toujours très fréquenté, où des milliers de pèlerins viennent, en juillet chaque année, s'agenouiller devant les reliques des Trois Marie : Marie Magdeleine, Marie Jacobé, sœur de la Vierge, et Marie Salomé, parties de Judée sur une simple barque avec leur servante Sara, patronne des bohémiens, sainte Marthe, Lazare le Ressuscité et saint Maximin, et descendues sur cette côte d'où se répandit le christianisme par les Gaules.

CHAPELLE SAINTE-CROIX DE MONTMAJOUR

L'Arles du moyen âge avait retrouvé la richesse et une partie de l'importance de la Rome des Gaules, baignée sinon directement par la mer, du moins par une suite d'étangs communiquant avec elle, réduits peu à peu au cours des siècles et devenus simples marais. Des flottes alors montaient ou descendaient le Rhône, apportant en Arles, marchandises d'Espagne, d'Italie et du Levant. Ces rencontres dans les eaux du Rhône, des nefs marchandes d'Italie, n'étaient pas toujours pacifiques en raison des rivalités et des jalousies. Un combat naval rapporté par M. Jules Canouge dans son histoire des Baux, eut même lieu presque en vue d'Arles, entre les flottes des Génois et des Pisans et se termina par la défaite des Pisans qui furent heureux de trouver refuge à Trinquetaille.

Arles, antique métropole, était toujours la reine provençale, prospère par ses marchands, fameuse par ses chevaliers, par ses troubadours qui chantaient les dames et brillaient aux cours d'amour dans les joûtes du Gai-Savoir.

Après la chute de la République, la dynastie d'Anjou régnant sur la Provence, Arles, fidèle à ses princes, eut sa part des guerres et des aventures amenées par l'ambition angevine. La reine Jeanne de Naples, au siècle suivant, malgré ses fautes avérées, malgré les troubles et les malheurs qu'elle déchaîne sur le pays, a pris, la sirène, tous les cœurs de ses sujets. Puissance de la beauté ! les félibres d'aujourd'hui brûlent encore pour elle et ils lui font des déclarations enflammées.....

« Alors, aimée ! — dans la Provence — rapidement passionnée... Comme autrefois la terre des Grecs se souleva — et s'emplit de héros — pour la beauté d'Hélène — ô Jeanne, aussi pour toi — nous aurions combattu ferme !

Le roi René d'Anjou aussi plus tard gagna les cœurs de ses sujets ; ce fut le dernier prince d'Arles. L'histoire d'Arles et celle de la Provence se confondent ensuite avec l'histoire de France. L'incendie des guerres religieuses s'alluma, mais les horreurs qui se déroulaient un peu partout autour d'elle lui furent épargnées et les agitations de la Ligue y furent sans gravité. Arles resta catholique.

L'hôtel de ville d'Arles, devant le porche de Saint-Trophime, cette merveilleuse page d'architecture religieuse, est un legs des XVIᵉ et XVIIᵉ siècles. La tour fut élevée vers 1550 et le palais dans lequel elle est englobée construit cent vingt ans après. C'est un édifice de belle allure qui fait honneur à son époque souvent moins heureuse. La façade est élégante et noble ; au-dessus d'un rez-de-chaussée en bossages, remarquable à l'intérieur par l'immense vestibule voûté qui tient presque toute la place devant le grand escalier, deux étages alignent leurs colonnes et leurs pilastres surmontés d'une balustrade ; la tour de l'Horloge élève au-dessus son campanile en lanterne ronde, au sommet de laquelle se dresse la statue du dieu Mars érigée en 1555, qui faillit malgré l'affection traditionnelle des Arlésiens pour leur « homme de bronze » être jetée en bas de sa tour en 93 et s'en aller à la fonte comme tant de simples cloches ou d'objets d'art de métal.

Le Musée attenant à l'hôtel de ville occupe l'ancienne église Sainte-Anne, édifice gothique sans grand intérêt par lui-même à l'extérieur, mais qui donne au

CLOITRE DE MONTMAJOUR, PRÈS ARLES.

dedans une belle salle ogivale très éclairée, avec une toute petite abside au fond, et des petites salles particulières sous les arceaux des bas côtés.

Tout ce qu'on a pu sauver des débris artistiques de l'Arles antique dévastée, bas-reliefs complets ou en morceaux, chefs-d'œuvre de statuaire amputés ou même réduits en pierraille, tirés des décombres du théâtre ou du sol des Alyscamps, a été réuni là. Ce sont des fragments de colonnes, des autels, des morceaux de statues, des têtes, des bustes, des cippes ou des urnes funéraires et surtout des sarcophages païens, ornés de bas-reliefs représentant des attributs, des scènes de chasse, des muses, des compositions champêtres, et ensuite des tombeaux chrétiens des premiers âges avec des ornements d'un autre genre, où le Christ remplace Apollon, et les scènes bibliques les fantaisies païennes. Parmi les débris de sculpture, il faut noter une admirable tête de femme aux cheveux ondulés, avec le nez malheureusement cassé, trouvée en 1822 dans les ruines du théâtre, comme la célèbre Vénus d'Arles chantée par Aubanel, donnée en 1683 par les consuls à Louis XIV dans un accès d'adulation.

Dans cet angle sud-ouest de la ville, où se trouvent réunis, juxtaposés les uns aux autres, les plus précieux monuments : les Arènes et le Théâtre, souvenirs grandioses de l'Arles romaine, Saint-Trophime et son cloître, triomphe de l'art chrétien, un vieil édifice d'Arles qui se rattache par ses parties les plus anciennes, par ses plus vieilles pierres, à la cité romaine, se rencontre posé sur les remparts près de la porte Agnel.

Les vieux remparts que l'on peut suivre depuis la porte de la Cavalerie en passant sous les sombres bâtiments d'un couvent de Carmélites, prennent à partir de la porte Agnel jusqu'au tournant de Saint-Césaire, un caractère très pittoresque, s'élevant, ruinés au sommet et bien ébréchés, sur un soulèvement de roc nu par endroits et broussailleux sur d'autres points. La partie formant l'extrême pointe devant les Alyscamps est un reste de l'enceinte antique qui tournait ici, s'en allait passer devant les thermes, à peu près vers le fond de la place Royale actuelle et tournait encore pour gagner le Rhône un peu au-dessus du pont moderne. Entre la Major et Saint-Césaire, au-dessus d'une pente, maintenant boisée, montant par une petite poterne à la place de la Redoute, se trouvait une porte de la ville romaine. Un peu avant, les remparts servent de soubassement à Notre-Dame la Major, ou Sainte-Marie Majeure, élevant, juste au-dessus d'un angle que défend une tourelle à pans coupés, sa vieille abside et sa tour carrée surmontée d'une pyramide avec statue de la Vierge.

La Major ne brille point par des beautés particulières, ou par le caractère bien tranché de son architecture, elle a été refaite ou retouchée tant de fois ; romane et même quelque peu romaine par les substructions et par des fragments, gothique par les arrangements, massive et solide de murailles, c'est son antiquité qui en fait surtout l'intérêt ; elle fut construite dans les premiers siècles chrétiens sur l'emplacement d'un temple de Cybèle, dont l'autel dit de la *Bonne déesse*, aujourd'hui au musée, fut retrouvé au siècle dernier dans des fouilles sous le porche actuel.

Vieux quartier là aussi, autour de la Major, et rues pittoresques où subsistent encore la vieille chapelle de la Magdeleine abandonnée et mutilée, et quelques

ARLES. — ÉGLISE DE LA MAJOR SUR LE REMPART

pas plus loin les restes de l'abbaye des dames de Saint-Césaire, fondée au vi^e siècle par saint Césaire, évêque d'Arles, — c'est-à-dire d'antiques chapelles et de vieux bâtiments placés au saillant des remparts, au-dessus des restes de l'enceinte romaine. Jadis quartier de moines et de nonnes, il semble que des bribes d'anciens Angelus voltigent encore au-dessus des vieux bâtiments transformés. Des légendes religieuses s'attachent à ses pauvres ruelles, l'on y montre même, par tradition, une maison où saint Trophime vécut et où il reçut la visite de saint Paul et de saint Jacques.

Des anciennes églises, il en reste encore d'autres, appartenant toujours au culte ou désaffectées depuis longtemps. Le long du canal de Craponne, il y a sous les arbres de la Lice, les ruines de l'ancienne église des Carmes, auxquelles s'accolent quelques pauvres maisons, l'église des pénitents blancs, Saint-Césaire, églises assez peu importantes tout près l'une de l'autre dans les petites rues du quartier de la Roquette.

Dans la grande rue de la République, autrefois Royale, qui va de l'Hôtel de ville au pont de Trinquetaille, il se trouve, près de la place des Porcelets, une autre église, enlevée au culte celle-ci, assez singulièrement occupée aujourd'hui. Un grand marchand de bric-à-brac en a fait son magasin ; l'effet est curieux, c'est maintenant l'église de Saint-Bibelot ou de Sainte-Brocante, un petit musée après tout faisant pendant, valeur historique et artistique complètement à part bien entendu, au musée lapidaire de l'église Sainte-Anne. Le petit porche sur la rue est encombré de vieux meubles et de bibelots entassés les uns sur les autres, et la nef gothique en est pleine du haut en bas jusqu'au chœur. Armoires, coffres et bahuts de tous les styles et de tous les siècles, tapisseries roulées, vieux fauteuils, brocs d'étain, cuivres et poteries, fers forgés, vieux livres jetés dans les coins, toutes ces antiquités ou simples vieilleries rangées le long de la nef, appuyées aux piliers, entassées en montagnes dans les coins, dans la pénombre chaude, sous la poussière qui tombe des voûtes, prennent à ce qu'il semble dans cette église, sous ces arcs gothiques, une autre figure que dans un vulgaire magasin. Mais je veux considérer ce capharnaüm poudreux seulement comme une exposition de meubles provençaux et ne regarder que ce qui est purement local, c'est-à-dire certaines armoires sculptées, les pétrins, ornés aussi de sculptures, posés sur quatre pieds élégamment tournés, les jolies boîtes à sel, ressemblant à des armoires minuscules, et surtout les panetières, ce petit meuble si gracieux en forme de cage, garni de jolis balustres réunis par un bâti contourné à la rococo, orné de bouquets de fleurs très finement taillés dans le bois, — dépouilles des vieux hôtels patrimoniaux dormant vides et délabrés au fond des petites villes, des maisons de vieille bourgeoisie délaissées ou qui font peau neuve, des mas de campagne envahis par le meuble banal plaqué d'acajou, par la pacotille lamentable du faubourg Saint-Antoine.

Quelques maisons dans cette rue ou aux alentours, quelques vieux hôtels des siècles derniers offrent ainsi pâture à la curiosité par des détails de façades, par des sculptures extérieures ; on trouverait mieux à l'intérieur de ces antiques demeures, paraît-il, mais il faut nous contenter des dehors. Il y a notamment à peu de distance du temple du bric-à-brac une belle et pour le moins bizarre porte de la Renaissance encadrée de rinceaux avec un fronton supporté par deux colonnes torses...

Derrière le collège et un peu partout autour du Forum, ce sont des murs du moyen âge ou de la Renaissance, construits sur des substructions romaines, sur des souterrains provenant de Thermes ou de palais. Sans doute il est intéressant de savoir que le sol sur lequel on marche, cercueil des âges lointains, renferme de mystérieuses curiosités, mais la partie visible, aussi, a souvent du caractère dans toutes ces rues et ruelles entre-croisées, tournant et retournant autour de quelques blocs de vieux monuments, rues de silence et de solitude le plus souvent, où nul bruit ne vient troubler le sommeil des siècles ensevelis.

AU MUSÉE D'ARLES

Je suis maintenant ce quai du Rhône surélevé dominant comme un rempart les rues de la ville. Le grand faubourg de Trinquetaille de l'autre côté, la seconde ville de la *Duplex-Arelas* des Romains, n'a plus grand'chose à montrer. Au moyen âge Trinquetaille, bourg important et fortifié, était une seigneurie des puissants seigneurs des Baux, qui la gardaient par un château et qui lui valurent de nombreuses avanies pendant leurs guerres avec les comtes de Provence-Barcelone.

L'ancien trait d'union des deux villes, le pont Romain, ne traversait pas son fleuve au même point que le pont actuel; il était en amont juste au coude du fleuve, à l'endroit le plus large; on en voit encore quelques pierres lorsque les eaux sont basses. Fleuve difficile que ce vieux Rhône, dangereux comme la mer et qui a comme elle englouti bien des barques au temps où il était le grand chemin des hommes et des marchandises. Il me revient avoir vu plusieurs fois dans l'histoire des vieilles cités riveraines cette mention relative à quelques curiosités ou antiquités enlevées ici pour être offertes à François Iᵉʳ, à Louis XIV ou à d'autres : « *ces objets d'art embarqués sur le Rhône ont coulé à tel ou tel passage et sont encore au fond du fleuve* ». Que de choses donc au fond de ces eaux, sous le limon charrié vers la mer... Ceci n'est point

L'AUTEL DE LA BONNE DÉESSE

dit pour inciter à la recherche des bagages des Sarrasins ou du matériel de guerre qui fut peut-être perdu par Annibal à sa traversée.

Sur ce quai voici encore une église abandonnée, la plus importante et la plus pittoresque des églises déclassées de la ville; une belle ruine d'église gothique aux voûtes trouées, aux murs déjetés et crevassés, très noire aussi, car elle est

ARLES. — PLACE DE L'HÔTEL-DE-VILLE

occupée par un marchand de charbons. Cela fait le pendant de la vieille tour de la Trouille, proche voisine, à côté de laquelle un pâté de hautes maisons domine le quai, grands bâtiments moyen âge avec créneaux et mâchicoulis ayant été autrefois le Grand Prieuré et renfermant aujourd'hui les collections rassemblées par le peintre arlésien Réattu.

Arles qui peut s'enorgueillir du merveilleux cloître de Saint-Trophime possède encore aux environs, à bien peu de kilomètres de son faubourg des Templiers, situé en avant de la porte de la Cavalerie, un autre cloître superbe dans les ruines considérables de l'abbaye de Montmajour, émergeant d'un cadre de verdure sur la belle colline qui domine, avec la montagne de Cordes sa voisine, toute la campagne d'Arles jusqu'aux Alpilles.

ARLES. — RUE DES ARÈNES

Une belle route conduit à Montmajour, sous les arbres presque dès la sortie du faubourg, avec quelques échappées de vue sur la plaine aux petites maisons blanches dans leur ceinture verte, et sur les rochers de Cordes, et bientôt par-dessus les dernières branches, la fière silhouette de l'abbaye se montre en haut de son mamelon rocheux.

Du milieu des lagunes et des palus immenses dont il reste encore quelque chose ici près, sans compter tous les étangs réduits qui plus bas bleuissent la carte du bas Rhône, en Camargue et en Crau, l'île de Montmajour émergeait jadis solitaire vis-à-vis de Cordes, îlot plus abrupt. Sur ce rocher couvert d'une forêt perdue au milieu des sauvages marais, des anachorètes chrétiens aux premiers siècles trouvèrent si près du mouvement d'Arles, le calme et la solitude, et sous leur ermitage se creusèrent dans le roc une église souterraine.

La Thébaïde où quelques moines, en des grottes taillées, pratiquaient les austérités des pères du désert, devint peu à peu un monastère, dévasté plusieurs fois par les Sarrasins, mais dont les constructions se relevèrent et où bientôt de nouveaux moines remplacèrent les moines égorgés. Le monastère devint la grande Abbaye des Bénédictins de Montmajour, riche, puissante, honorée, qui nous a laissé de son séjour de mille ans sur la colline, outre le souvenir des bienfaits répandus, des dessèchements de marais dans la plaine de Trébon, ces grands bâtiments, aujourd'hui en partie ruinés, groupant des constructions de toutes les époques :

L'église souterraine primitive ;
L'église Saint-Pierre, du xi° siècle ;
Le cloître, du xi° siècle également ;
Le grand donjon des abbés de Montmajour, du xiv° siècle ;

ORATOIRE DE SAINT-TROPHIME A MONTMAJOUR

La chapelle Sainte-Croix en dehors de l'abbaye, élevée sous Charlemagne et reconstruite au xi° siècle ;

Enfin, les plus jeunes et les plus ruinés de tout l'ensemble, les bâtiments claustraux reconstruits au siècle dernier.

Montmajour est une ferme aujourd'hui ; quand, après avoir longé les bâtiments colossaux du siècle dernier, qui ne furent jamais achevés et dont les fenêtres béantes montrent la puissante structure, on franchit un passage voûté d'une grande hardiesse portant la communication entre ces constructions et le cloître, on se trouve dans une cour, devant la maison du fermier, au milieu de l'attirail d'une exploitation agricole.

A gauche du passage voûté, une porte donne accès dans le cloître et dans toute la partie ancienne de l'abbaye. Il n'y a pas ici l'abondance extraordinaire de sculptures de Saint-Trophime, le cloître est d'une grande simplicité, d'une austérité grandiose. Le préau où poussent quelques légumes autour d'un vieux puits moussu est entouré sur les quatre faces de galeries divisées en trois larges arcades surbaissées, encastrant chacune trois arceaux romans séparés par de petites colonnettes. Le parti pris des trois larges travées abritant les petites arcatures donne une robustesse puissante à ce beau cloître, dominé de tous côtés, par-dessus le toit de pierre des galeries, par des bâtiments ruinés superposant aux arcatures d'en bas s'enlevant sur des noirs profonds, aux trous d'ombre, des trous sur l'azur, des fenêtres sur le vide, à côté du vieux donjon, sentinelle vaillante de l'abbaye.

Quelques vestiges de tombeaux se rencontrent sous les galeries, quelques dalles et deux niches gothiques vides, dont l'une a renfermé le tombeau de Geoffroy, comte de Provence, qui vint terminer ses jours dans la paix du cloître.

L'église fondée en l'an 1016 n'a que deux travées, un chœur avec deux absidioles dans le transept, plus une chapelle gothique prolongeant un bras de ce transept. La pauvre église froide et abandonnée ! Le soleil luit dehors, une douce chaleur règne dans le cloître ; sous ces voûtes nues et grises, où se voient les traces des dévastations, une fraîcheur glaciale vous tombe avec une vraie tristesse sur les épaules. Hâtons-nous de sortir, mais auparavant il faut plonger plus profondément dans le froid et dans l'obscurité; au lieu de remonter au jour, descendons par une longue pente dans la crypte creusée en plein roc sous l'église. Elle est fort importante, cette crypte ; au centre le sanctuaire est pourtourné par une petite galerie donnant sur cinq petites chapelles éclairées chacune par une petite fenêtre ouverte à la base de l'abside. Cette crypte a conservé, pense-t-on, sous l'église du xie siècle, l'église souterraine où se réunissaient les premiers chrétiens d'Arles, quand ils furent trop nombreux pour se contenter de l'oratoire-grotte taillé dans le roc un peu plus bas.

Un peu sur la gauche de l'église, le sol recèle une autre église souterraine, la première en date, l'ancienne église Saint-Pierre, dite aussi oratoire de Saint-Trophime, creusée dans la paroi méridionale du monticule. Elle consiste en une petite nef voûtée en berceau, fermée par une muraille avec une arrière-nef en plein roc derrière les lourdes colonnes à chapiteaux presque romains. A côté se trouve la cellule de saint Trophime, autre trou creusé dans le rocher. On sent bien, dans cette caverne pieuse, dans cette crypte grossièrement taillée, les pénibles commencements d'une religion, le culte caché, et l'on revoit au fond de ces toutes petites et sombres catacombes, les quelques fidèles pourchassés et honnis, se serrant pleins d'émoi et de crainte autour de l'apôtre pour recevoir, avec la connaissance des mystères, la foi et l'espoir invincibles.

Dehors, sous les jardins en pente de la ferme, cette crypte de Saint-Trophime,

RUINES DU CHATEAU DES BAUX.

montre, appuyé de solides contreforts, un mur roman irrégulier qui se rattache au roc gris, décoré de feuillages ou de broussailles. Au-dessus se dresse le grand donjon de l'abbaye, une haute tour carrée, très rude et très fière défense, aux pierres rugueuses en bossages, avec sa garniture de puissants mâchicoulis et des échauguettes aux angles. Au xiv° siècle, Montmajour venant de recevoir d'étranges pèlerins, conduits par le connétable Bertrand du Guesclin, et de se racheter du pillage par une forte rançon payée à la bande de routiers détrousseurs du Saint-Père d'Avignon, les moines fatigués de ces visites désagréables et coûteuses qui se renouvelaient chaque fois que s'allumait en Provence une guerre petite ou grande, las des désastres subis ou des déprédations supportées, élevèrent cette tour pour se tenir autant que possible à l'abri désormais des coups de main.

De la plate-forme de ce donjon, où l'on monte par un petit escalier placé en tourelle sur un angle du côté du cloître, du balcon des échauguettes surélevées, on domine une belle étendue du pays, d'abord tout le dévalement de la colline avec ses diverses constructions dont on saisit mieux le plan que dans la visite à travers couloirs et petits passages, puis par-dessus les ondes de feuillage du bois de Montmajour, le cours du Rhône et les monuments d'Arles, majestueusement posés sur la ville, enfin en laissant errer le regard par-dessus la plaine qui se mouvemente, les abrupts rochers de Cordes et toute la chaîne des Alpilles, où l'on cherche à deviner, dans la longue muraille dentelée, l'échancrure conduisant de détour en détour et de ravin en ravin à la mystérieuse cité des Baux.

A deux cents mètres en arrière de l'abbaye, sous l'imposante masse formée par l'église vue du côté de l'abside, par les bâtiments divers et par le beau donjon d'une hauteur colossale de ce côté, il reste encore à visiter à Montmajour la chapelle Sainte-Croix, édifiée sous Charlemagne et rebâtie par un archevêque d'Arles de 1212, une très petite, mais très intéressante construction romane, ayant en plan la forme d'un quatre feuilles que recouvre une coupole surmontée d'un petit campanile. Cet édifice est à la fois funéraire et commémoratif. D'après une longue inscription latine, Charlemagne, ou plus probablement Charles Martel, éleva la chapelle Sainte-Croix en mémoire d'une victoire remportée à cette place même sur les Sarrasins, et les Francs tombés dans le combat furent ensevelis autour d'elle en des tombeaux creusés dans le tertre rocailleux. L'inscription reproduite dans toutes les histoires d'Arles commence ainsi :

« Sachent tous que lorsque le sérénissime prince Charles le Grand, roi des Français, eut assiégé et pris par la force de ses armes la ville d'Arles qui était en la possession des infidèles, les Sarrasins s'enfuirent sur la montagne de Montmajour, s'y retranchant et s'y fortifiant. Le roi accourut avec son armée, triompha sur eux et voulant rendre à Dieu des actions de grâce de cette victoire, fit construire cette église en l'honneur de la Sainte Croix.

LES ANTIQUES DE SAINT-RÉMY

X

LES BAUX. — SAINT-RÉMY

UNE VILLE FANTOME. — LE CRATÈRE D'UN VOLCAN FÉODAL
LA MONTAGNE TAILLÉE EN FORTERESSE. — LES PRINCES A L'ÉTOILE
DE BALTHAZAR. — LES ANTIQUES DE SAINT-RÉMY

Le soleil grille la plaine et découpe sur la route blanche les ombres bleues, assez rares, des oliviers et amandiers bordant parfois les champs, les rochers aux vives arêtes éblouissent, les cailloux blancs ne manqueront pas pour marquer d'un signe heureux cette journée où je vais faire connaissance avec les Baux. Il fait bien chaud sur la route qui mène de la station de Paradou en plaine, à cette ville fantastique. Il n'y avait pas un chat à la station et, sauf un cantonnier rencontré par chance à l'entre-croisement d'une route, il n'y a personne par les champs. N'importe, ce chemin qui tourne toujours, qui s'enfonce dans la montagne et qui semble ne mener à rien, est le bon.

Évidemment les Baux sont en haut de cette montagne en falaises, derrière ces blocs sous lesquels il faut passer; le chemin tourne toujours, longe les escarpements et rien n'apparaît encore, rien que du roc et encore du roc, un désert de pierres, une gorge très large, au fond de laquelle un mas ou deux s'entourent de quelques arbustes avec des champs d'oliviers remontant sur les pentes.

Enfin, après une dernière sinuosité de la route, la falaise s'achève en murailles, le roc tout à coup se couronne de remparts; une espèce de citadelle apparaît, étrange, suspendue par endroits au-dessus du ravin, se hissant sur toutes les pointes de la montagne déchiquetée, avec des cassures, des écroulements parmi les broussailles, des murs qui semblent glisser et, par là-dessus, des édifices que l'on entrevoit sous des angles bizarres.

C'est la ville des Baux perchée sur son piédestal de rochers, il faut continuer à tourner sous ses hautes terrasses, s'élever peu à peu, grimper toujours pour apercevoir enfin, derrière l'espèce d'isthme coupant les deux ravins, l'entrée ouvrant sur le côté nord du plateau avec une autre face de l'acropole formée par le gigantesque château, c'est-à-dire l'apparition soudaine et complète d'une immense citadelle foudroyée, d'un gigantesque bloc de fortifications et d'édifices entassés, superposés, grimpés les uns sur les autres comme pour mieux s'effondrer en un formidable écroulement.

A chaque pas en avant, les lignes s'accentuent, les détails se dessinent, les falaises à pic se prolongeant en remparts étagés et se carrant en blocs de tours, se montrent plus fantastiques, criblées de trous, percées de fenêtres et de meurtrières, découpées en créneaux. Où finit le roc? Où commence la construction? On ne le distingue pas, tout se confond.

Mais avant de pénétrer dans la cité chaotique, comme repos dans l'escalade, retournons-nous un peu vers le paysage extraordinaire qui l'enveloppe, vers les roches éblouissantes éboulées en pierrailles ou dressées en falaises, percées de trous et d'anfractuosités, où s'enfonce là-bas un chemin qui disparaît et reparaît pour plonger ensuite tout à fait dans l'immense chaîne de pierres. Ce cirque de montagne entourant le rocher des Baux, ces hautes parois à pic, ces défilés tortueux plus étranges encore entre les Baux et Saint-Rémy ont, il ne faut pas l'oublier, servi de modèle à Dante pour former les paysages infernaux de la *Divine Comédie* et c'est là, prétend-on, bien que les grandes lignes de ces paysages de la *Citta Dolente*, si largement brossés, puissent se retrouver dans beaucoup de pays de montagnes, — c'est là que Dante, exilé en Provence, a trouvé pour ses damnés les différents cercles de l'enfer, dans les fantastiques ravins blancs et aveuglants sous le soleil, qui deviennent farouches à la tombée du jour, lorsque les roches bizarres prennent des apparences de monstres gigantesques, de gnomes de pierre, pustuleux, boursouflés et hérissés comme des Tarasques... Un effort encore, une escalade dans les cailloux pour abréger les lacets de la route, et je vais m'enfoncer par une brèche à travers l'ossature de ce grand cadavre de ville étendu sur le lit de rochers où il expira, il y a trois siècles, exhalant son dernier souffle en flammes tourbillonnantes dans l'explosion des mines.

La porte de la ville n'existe plus. Les *Portelets*, espèce de Châtelet d'entrée, ont été éventrés pour laisser passer le chemin plus au large et l'on voit là, sur le raidillon, l'intérieur dévasté de ce châtelet, deux hautes cheminées superposées accrochées à un pignon de bâtiment.

Au premier pas dans l'enceinte, l'étrangeté redouble. Du dehors, quand à chaque zigzag du chemin, l'hallucinante cité perdue en son désert de roches, grandissait et se développait, elle avait l'air d'une ville sortant criblée de blessures d'un bombardement terrible et acharné. Maintenant, les Portelets franchis, c'est quelque chose de plus encore. Est-ce que vingt mille bombes ou obus tombant en pluie de feu auraient pu produire de pareils écroulements de montagne ! Il semble qu'un volcan seul a pu en venir à bout et que l'éruption soudaine d'un Etna ou d'un Stromboli, au centre de la ville, vient de tout renverser et ravager, et l'on peut se croire, en présence de cet invraisemblable chaos de ruines, dans le cratère même de ce volcan, sous la menace d'un nouveau tremblement de terre qui tout à l'heure pourrait encore vomir quelques tours et remettre en mouvement ce tas de pierres écroulées.

LES PORTELETS, ENTRÉE DE LA VILLE DES BAUX

Voici, dès premiers talus de l'intérieur faits de roc ou de décombres recouverts d'une herbe maigre, ce qui se présente aux regards. Le plateau rocheux se dessine irrégulièrement, abrupt et mamelonné, les maisons de la ville, ou plutôt les tas de ruines qui représentent la ville, les habitations encore debout serrant entre elles des carcasses vides plus ou moins effondrées, bordent la face ouest du plateau en un pêle-mêle inouï de murs écroulés et noircis, de façades à peine moins crevassées, où cependant quelque fenêtre révèle une alvéole encore habitée de l'immense ruche dévastée. Une tourelle ici dépassant le large toit de tuiles rondes, des créneaux là-bas, des fenêtres Renaissance, se distinguent dans la masse confuse où pointe le clocher de l'église, dans ces ruines enchevêtrées, sur lesquelles se superposent encore d'étranges blocs de rochers percés d'ouvertures qui semblent des portes et des fenêtres.

En avant de cet entassement de maisons serrées, plein de vides où le vent de

LA VILLE DES BAUX

la ruine a passé, le terrain se relève en longs talus vers les gigantesques massifs de roc taillé et de tours éventrées qui se dressent au sommet du plateau et bordent au-dessus des ravins sa face orientale.

C'est le château. Un rempart ou plutôt un escalier dont chaque degré est une tour presque monolithe, une ligne de rochers découpée en muraille, monte depuis les Portelets jusqu'au bloc principal de la formidable acropole. Montagne et forteresse, rocher, tours et château, sont à peu près d'une seule pièce, les princes des Baux, de terribles burgraves qui vont à la taille de ceux du poète, ont jadis pris cette montagne, l'ont taillée, creusée, fouillée et découpée; ils en ont fait, ces chevaliers troglodytes, une immense et extraordinaire citadelle, moitié caverne, moitié palais, certainement la création architecturale la plus fantastique du monde en son temps, et actuellement la plus invraisemblable des grandes ruines du moyen âge.

Au bas des pentes, un champ de pierres tombées de la grande démolition ; plus haut, des lignes de murs écroulés, des portes, des salles dont il ne reste que l'aire aux dalles bouleversées, des trous profonds qui furent des salles basses, un vestibule encore en partie couvert de ses voûtes ogivales, des morceaux de tours, puis le roc relevé en falaise mince et sans épaisseur, creusé à mi-hauteur en salles voûtées, des traces de voûtes d'autres salles encore plus haut, des portes restées à toutes les hauteurs dans la falaise, des escaliers rompus, et dans la masse, de grandes ouvertures irrégulières, plutôt triangulaires qu'ogivales, laissant voir le ciel à travers le rocher. Enfin, au sommet de cette carcasse géante, des blocs moitié roc moitié tours et une espèce de grand donjon barlong, ébréché au sommet, taillé aussi en plein roc. Voici pour le morceau principal du castel des seigneurs des Baux.

L'étrange ruine se continue tout le long de cette face du plateau par d'autres massifs de rochers presque aussi élevés, percés en bas de salles ou de grottes. Un escalier à hautes marches monte en haut de ces rochers formant courtine au-dessus des précipices extérieurs. Le sol est toujours jonché de pierres roulées d'en haut, de décombres entassés, de pans de murs et parmi ces écroulements sur lesquels des sentiers peu à peu se sont tracés, le rocher se hérisse encore en grandes ruines dévastées qui furent on ne sait quoi, en monolithes sculptés en forme de tours, percés de galeries et de chambres.

Assis sur un tas de pierres écroulées dans les ruines d'une grande construction gothique au bas du château, un peu grisé par cette fantasmagorique apparition d'un château comme jamais ogre, prince ou enchanteur des contes de fées n'en posséda certainement, je feuillette la *Notice sur la ville et la maison des Baux*, notice fort intéressante et très évocatrice de M. Jules Canonge, vendue ici au profit des pauvres habitants nichés sur ce bloc de pierre dans la poudre des ruines ; je regarde, comme dit Mistral dans *Mireille* :

« Là-haut sur les roches nues — sur les grandes tours écroulées — où reviennent la nuit, les vieux princes des Baux... »

et j'essaye de me représenter ce que pouvait être avant l'effondrement et la dislocation par l'explosion des mines, ce formidable repaire féodal, nid d'aigles et caverne de lions, j'essaie de reconstituer un vague ensemble, de relever par la pensée les blocs de montagne écroulés, de remettre sur leurs pieds ces tours gisant en morceaux, de rétablir un peu les grandes constructions dont les soubassements sont là, visibles ou cachés sous les débris entassés.

Et tout en cherchant à déterminer les traits du colosse en suivant les grandes lignes des bâtiments écroulés, le regard rencontre partout des traces de constructions à ajouter aux bâtiments qui tiennent encore par quelque pan, des marques laissées sur le sol par des murailles que le temps a presque complètement rasées, des trous dans le rocher indiquant des salles disparues... Ainsi l'image qu'on essaye de se former s'agrandit, le château fantastique se développe en long, en large et en hauteur dans des proportions invraisemblables, ainsi étrange, hérissée et touffue apparaît l'histoire des princes des Baux, des hommes qui pendant dix siècles habitèrent ce surprenant castel, — histoire fantastique dans ses commencements, étonnante par ses soubresauts de fortune, à la fois étincelante et sanglante aux grandes époques, trouble et confuse ensuite comme la ruine actuelle...

La puissante maison des Baux, arbre gigantesque qui couvrit presque parfois la Provence de son ombre, prétendait à des origines quasi fabuleuses. On en voyait la souche dans le Roi Mage Balthazar, par un de ses descendants venu d'Ethiopie avec son trésor, sa femme et ses enfants se fixer sur ce roc. De là cette étoile des rois mages, souvenir de Bethléem, cette comète à seize rayons placée dans le blason des seigneurs des Baux avec la bizarre devise : *au Hasard, Balthazar !*

UNE RUE DES BAUX

Légende curieuse qui émerge des obscurités de l'histoire, aux siècles des invasions où l'on voit la roche des Baux, fortification naturelle probablement utilisée à tous les âges, servir de lieu de refuge aux populations traquées, passer à des seigneurs particuliers qui s'y bâtissent une citadelle. La maison des Baux jetait les bases de sa puissance. Les seigneurs des Baux sont princes et à peu près indépendants sur leur rocher, d'où ils dominent au loin, s'élançant par les plaines en des guerres perpétuelles et augmentant peu à peu leurs terres et possessions.

Inexpugnables et à peu près inattaquables dans leur château-montagne d'une seule pierre, les princes des Baux vont remplir le midi de la France et aussi l'Italie du bruit de leurs armes, de l'éclat de leur nom et du tumulte de leurs querelles. Oui, c'est un volcan, le rocher des Baux, un volcan qui pendant des siècles projette, au lieu de lave, des bandes guerroyeuses hérissées de lances, de piques, d'arbalètes ou d'arquebuses, poussées hardiment à travers tout, sur Arles ou sur Naples, dans les plaines ou sur les mers, pour bonnes ou mauvaises causes, par les hauts et puissants barons à l'Etoile de Balthazar.

Dans cette famille des Baux, il y a des figures de toute taille et de toute couleur, de braves chevaliers toujours prompts aux chevauchées, suivant les rois aux croisades et usant là leurs énergies, et de féroces aventuriers comme il s'en rencontre tant dans la rouge histoire de ces républiques italiennes aux rouges palais de briques, des sires très farouches et aussi des princes amis du gai savoir faisant bon accueil aux troubadours, rimant eux-mêmes et tenant cours d'amour dans leurs castels... Mais ce sont plus généralement seigneurs turbulents et ravageurs, toujours, par suite de l'étendue de leurs possessions, en lutte ou en compétition quelque part avec quelqu'un, se jetant facilement sur le voisin, attaquant ou protégeant suivant l'occasion les villes voisines, cherchant noise à l'archevêque d'Arles, au pape d'Avignon ou à leurs comtes, faisant pâtir le plat pays et la montagne de leurs démêlés avec leurs suzerains et de leurs luttes, par moments, pour la possession de la couronne comtale de Provence.

Au xiie siècle, il y a sur le rocher des Baux une femme de grand courage et de dur caractère, Stéphanette, fille de Béranger, comte de Provence, femme de Raymond des Baux et mère d'une portée de princes jeunes et farouches. Elle dispute aux comtes de Provence-Barcelone la possession de la Provence, et déchaîne une guerre qui va durer longtemps et faire pleuvoir les calamités sur toute la contrée partagée en deux camps. Après des péripéties diverses et des accalmies, la longue guerre toujours reprise par Stéphanette et ensuite par ses fils, cette lutte, l'empereur Frédéric Barberousse intervenant, finit cependant mal pour la maison des Baux, écrasée sur son rocher et dans son château de Trinquetaille et obligée de renoncer à ses prétentions.

Quelques générations après, une autre figure de la famille sort de la pénombre des siècles, c'est Barral des Baux, hardi et peu scrupuleux, qui sait, comme il convient pour ses projets, travailler le populaire d'Arles, se fait nommer Podestat et très habilement étrangle la République arlésienne en livrant la ville à Charles d'Anjou, frère de saint Louis, fondateur d'une nouvelle branche des comtes de Provence.

Ralliés à la maison d'Anjou, les princes des Baux suivent sa fortune dans la conquête des deux Siciles ; ils essaiment en Italie, y conquièrent ou obtiennent terres et seigneuries et y plantent quelques vigoureuses pousses de l'arbre de Provence. Dans les guerres des petits royaumes et des grandes villes, sous le gonfalon de Florence, la bannière de Milan ou du roi de Naples, il y a des seigneurs des Baux portant l'Etoile de Balthazar sur leur écu.

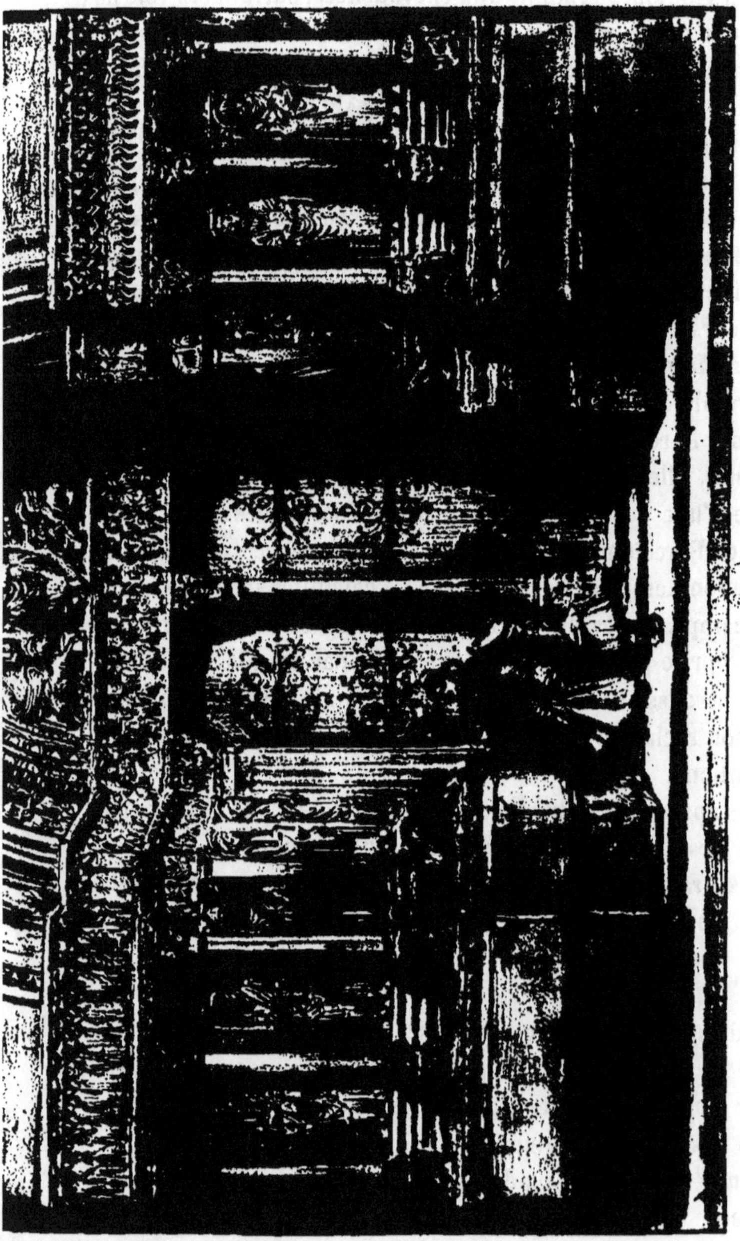

19 ARLES — PORTAIL DE L'ÉGLISE SAINT-TROPHIME.

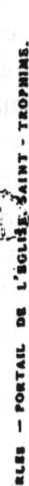

Arrive l'époque de la reine Jeanne, la trop aimée, époque embellie par les légendes mais remplie d'une succession de tragédies, néfaste surtout et cruelle pour la Provence, malgré certaine grandeur, malgré l'éclat des fêtes et les splendeurs des cours voilant le sang répandu. La maison des Baux est mêlée à tous les événements, aux intrigues et aux drames.

Quand le premier mari de la reine Jeanne, André de Hongrie, est assassiné, quand la reine est contrainte de faire justice des assassins armés par elle, un seigneur des Baux, grand justicier du royaume de Naples, mène la chose avec la violence qui est dans le sang de la famille. Ceux et celles qui ont trempé dans le crime, courtisans et nobles dames, sont mis à la question sur le bord de la mer, devant tout le peuple, et exécutés.

Au cours des guerres déchaînées par les amours et les mariages de la belle reine Jeanne, Hugues Raymond des Baux, son grand amiral, saisit un jour le château de l'Œuf à Naples, où se trouvait la sœur de la reine, Marie, duchesse de Duras, il force la princesse à épouser sur l'heure son fils aîné Robert des Baux, et embarque aussitôt après, sur sa galère, la princesse et ses coffres pour conduire le tout en sûreté dans sa ville de Provence. Obligé de relâcher en route, l'amiral, au cour d'une chaude explication avec le prince de Tarente, second mari de la reine Jeanne, est poignardé par celui-ci, la duchesse et ses trésors sont repris et Robert des Baux jeté dans un cachot où bientôt après la duchesse de Duras, pour trancher le lien conjugal avec la désinvolture qu'on a mise à le nouer, pénètre avec des soldats qui massacrent en sa présence le mari d'un jour.

Et combien d'autres seigneurs de la maison des Baux sont mêlés aux agitations du long règne de la reine Jeanne, qui vont de l'étranglement du premier mari à l'étouffement de Jeanne par son neveu Charles de Duras. La Provence est ravagée par les guerres, par les querelles des seigneurs et les brigandages au nom des divers partis; la ville des Baux aussi subit des sièges et prend sa part des calamités déversées sur tout le pays, mais l'étoile des Baux brille toujours à travers les vissicitudes diverses, par-dessus la fumée des incendies. Il y a même un Jacques des Baux, prince de Tarente, qui, à tous les titres de la famille, peut ajouter celui d'Empereur de Constantinople trouvé dans l'héritage de sa mère.

Comme tout revêt une couleur fabuleuse dans les annales des Baux, il paraît que, d'après la légende, ces descendants de Balthazar, princes des Baux, princes d'Orange, rois d'Arles et dauphins du Viennois, ces grands féodaux, suzerains de 79 villes, terres, bourgs ou châteaux en Provence, possessions dites *Places Baussenques*, n'en devaient pas augmenter le nombre, les chiffres 7 et 9 ayant de mystérieuses influences dans les combinaisons de la kabbale. Ces terres baussenques, en l'absence des membres de la famille fixés en Italie, ou au détriment d'autres restés sur le sol natal et qu'on trouve mêlés encore à tous les événements, revinrent au commencement du xve siècle aux comtes de Provence. — *Inconstance des Baux*, a dit le roi René philosophant sur les triomphantes ascensions et les grandioses infortunes de cette famille étrange qui jetait comme un défi audacieux au destin, la devise : *Au hasard !* inscrite sous l'étoile des Mages, devenue aventureuse comète lancée sur des chemins inconnus.

Quelles fins tragiques souvent à ces existences si terriblement agitées et pour

UN COIN DU CHATEAU DES BAUX

combien, au bout de la carrière, le fossé plein de sang, la mort sur le champ de bataille ou dans les embuscades, le poignard, quelquefois pire ! un Guillaume des Baux finit de façon plus atroce, tombé entre les mains des gens d'Avignon, il fut écorché vif et coupé en quartiers.

Parmi tous ces farouches guerroyeurs élevant leurs pennons au-dessus d'une forêt de lances vassales, galopant à toutes les bagarres, se précipitant à toutes les aventures sanglantes, chefs d'armée ou chefs de bandes, bons chevaliers ou tragiques sacripants, parmi ces podestats d'Arles, d'Avignon et de Milan, ces grands justiciers de Naples, ces ducs d'Italie, quelques figures de femmes, gracieuses et toutes belles, apparaissent, se glissant comme des rayons de soleil après les tempêtes dans l'histoire des Baux. Dans le grand château, dont le cadavre énorme emplit le paysage, par moments, entre deux entreprises guerrières, les princes des Baux tinrent une cour fastueuse où troubadours et jongleurs étaient bien reçus. Après les joûtes chevaleresques, les tournois de rimes au pied des rochers taillés en bastions. Sybille d'Anduze, Cécile des Baux, surnommée Passe-Rose pour sa beauté merveilleuse, Clarette des Baux, Huguette des Baux, surnommée Beaucette, Jeanne des Baux, furent les héroïnes de ces assises galantes des xiiie et xive siècles, qui sous le nom de Cours d'amour, en quelque frais jardin, à l'ombre des castels, réunissaient un tribunal de douze dames, non point jugeant comme on l'a dit, sur les questions amoureuses, mais plutôt devisant des choses du Gai-

LE SOMMET DU ROCHER, AUX BAUX

Savoir, écoutant au bruit des violes, les productions poétiques des Troubadours, tensons et sirventes, rimes de satire ou d'amour.

La maison des Baux en décadence, s'éteignant ou ne vivant plus que par ses rameaux éloignés, restait le château toujours debout, toujours dangereux et menaçant par sa force même. Il se montra cependant assez tranquille pendant les guerres religieuses du xvie siècle et ne fit pas beaucoup parler de lui, Protestants, Ligueurs et Royaux s'égorgeant ailleurs. En 1631, à Aix, éclata le mouvement dit des Cascavéoux, défenseurs des privilèges de la province contre l'autorité royale. Vaincus à Aix, les Cascavéoux blancs se réfugièrent dans la forteresse des Baux qu'ils défendirent quelques jours contre les troupes royales.

Les villes voisines se souvenant de toutes les disgrâces que le terrible château avait fait fondre sur elles dans le cours des siècles, profitèrent de l'occasion et sollicitèrent la condamnation à mort du vaincu. Louis XIII consentit et ordonna le démantèlement.

C'est alors que la forteresse augmentée d'âge en âge, formidablement développée sur le rocher, s'effondra sous les coups de mine, que les remparts sautèrent, que les tours, disloquées sous l'effort des poudres, tombèrent d'une seule pièce, que les bâtiments et logements des garnisons s'éparpillèrent en miettes sur les pentes de la montagne.

Les Baux avaient vécu. Depuis ce temps, spectre de forteresse et fantôme de ville dormirent côte à côte au grand soleil, dans le silence du désert, tombant de plus en plus en décombres et débris, le château redevenant rocher et la ville redevenant tas de pierres.

LE PUITS, AUX BAUX

Fouillons le chaos des écroulements, grimpons au château à travers les blocs tombés, les pans de murs et les tas de pierres où frétillent les lézards. Des précipices se creusent qui furent salles basses ou souterrains, d'autres salles évidées dans la masse comme des galeries de carrière s'accusent, sous le rocher surplombant, en de grandes ombres au fond desquelles par une ouverture au flanc de la falaise un coin de ciel étincelle. Des escaliers restant des constructions disparues ou formés par les écroulements, permettent, avec quelques difficultés cependant, l'accès de quelques tours ou de quelques-unes de ces ouvertures percées sur les grands précipices extérieurs.

De là-haut, du donjon perché sur le plus haut sommet, un vicomte de Turenne assiégé dans les Baux dont il s'était emparé, sous prétexte de sauvegarder les droits qu'une sienne sœur pouvait avoir sur la seigneurie, précipitait sur les rocs d'en bas les prisonniers qu'il faisait.

Cela se passait vers la fin du xiv° siècle. La notice de M. Jules Canonge rapporte que dans cette guerre féroce, ledit vicomte avait à côté de lui à la tête de ses routiers, sa mère et sa femme, aussi farouches que lui, deux Bradamantes qui se souciaient fort peu des cours d'amour et des chansons des derniers trouvères.

Des oiseaux tournoient en ce moment au-dessus de cette roche; si c'étaient des oiseaux de proie, nous pourrions y voir les âmes des deux terribles châtelaines, mais ce ne sont que simples pigeons, ou des oiselets. De cette roche et du piton formant balcon garni d'un parapet, à côté de la masse principale, le

LES BAUX. — TERRASSE DE LA VILLE

regard embrasse d'immenses étendues d'un paysage âpre et tourmenté, semblable sur quelques points à un monde pétrifié, mais au large se perdant en horizons grandioses dans un bleu léger et fuyant.

De grimpade en grimpade sur les escarpements en remparts, sur les plus abordables des blocs qui hérissent la crête du plateau, on arrive à l'extrémité de la forteresse. En plein ciel, au-dessus du gouffre de la vallée, au-dessus du pêle-mêle des ruines qui s'étagent sur les pentes, le sommet de la falaise se prolonge en échancrures et en éperons irréguliers. Le sol est un roc raboteux plaqué par endroits de mousses ou de pauvres herbes. Tout le long du rocher, la crête a été entaillée et forme parapet avec créneaux çà et là, parapet bien ébréché surplombant vertigineusement les abîmes.

Au sud, derrière la cime déchiquetée des montagnes, derrière les premiers replis des Alpilles coupés de ravins gris, s'étend lumineuse, éblouissante dans le grand soleil la vaste plaine de la Crau, où l'on devine à des scintillements des étangs au loin, la Crau où tout est cailloux, la Camargue où tout est pâturage et marécage, à travers lesquels le Rhône qui ne rencontre plus ni villes ni villages sur ses bords, coule vers la mer dans le grand silence d'un désert brûlé qui jadis était lui-même la mer.

Le château bordant la face orientale du plateau, la ville laissant le milieu de ce plateau vide, s'accroche aux pentes de l'ouest. Après les Portelets une rue suivant en terrasse le bord du rocher, monte vers l'église. Cette terrasse en domine d'autres, des lignes de remparts superposés en partie ruinés, laissant couler par leurs brèches des sentiers qui, de pierre en pierre, vont retrouver le chemin de la vallée.

Les maisons antiques, parfois hautes et importantes, toutes intéressantes, regardent la vallée par des ouvertures gothiques ou par de larges fenêtres à croisillons de pierre des xve et xvie siècles, fenêtres et portes pour la plupart béantes; les maisons encore habitées alternent avec les maisons abandonnées, pas beaucoup plus abîmées cependant, et c'est le quartier de la ville le plus populeux et le plus vivant.

La ville des Baux compta jadis cinq ou six mille habitants; quand on voit sa grandeur, ce chiffre n'est pas pour étonner, l'espace ne manquait pas, elle a pu certes en contenir davantage en ses grands jours. Aujourd'hui deux cents âmes à peine végètent sur la roche aride. Ce qui faisait la force de la place, la situation élevée, l'isolement derrière plusieurs lignes de montagnes aux défilés faciles à défendre, tout cela condamnait fatalement la pauvre ville à mort, après le démantèlement du château, sa raison d'être. Mais ce monceau de ruines, si on peut le préserver le plus longtemps possible de la dernière destruction, restera comme une étonnante Pompéi de la féodalité, revêtue d'une parure de légendes, où chaque tas de pierres évoquera puissamment les plus saisissantes figures du moyen âge méridional.

Ses maisons, effondrées ou non, ne furent pas toutes de simples maisons de bourgeois ou de populaire; il y eut parmi elles des maisons nobles, de nombreux hôtels seigneuriaux que l'on retrouve encore, fortement déchus, occupés par de pauvres gens, et sans doute il en est aussi qui gisent complètement à terre transformés en buttes de décombres et à peu près méconnaissables.

La terrasse dominant la vallée aboutit à un très fort éperon de l'escarpement, maintenu par d'autres terrasses chargées de ruines ou de vieilles maisons, avec l'église tout en haut derrière de fortes murailles. Dans la rue qui monte à travers ces antiques constructions où la ruine a pratiqué des trouées qui semblent faites à coups de canon, voici sous l'un de ces vieux hôtels qui dressent seulement quelques pans de façade, une ouverture, porte ou brèche ; un petit escalier descend par là dans une espèce de cour étroite au fond de laquelle est un puits, au-dessous d'une belle fenêtre de la Renaissance qui porte gravée à son linteau la devise huguenote : POST TENEBRAS LUX, avec la date de 1571.

A côté de l'église le couvent des sœurs est une autre maison seigneuriale,

LE QUARTIER DE L'ÉGLISE, AUX BAUX

l'hôtel de Porcellet, je crois, montrant comme bien d'autres gentilhommières voisines une vieille façade gothique. Petites maisons ou grands hôtels, humbles maisonnettes taillées dans un bloc de pierre sur des ruelles, vastes logis campés sur un soubassement de terrasses, grands cubes de murailles vides dont les portes écussonnées donnent sur des éboulis de pierres ou sur des caves aux voûtes écroulées, maisons et hôtels sens dessus dessous, tout est d'un pittoresque invraisemblable, chaque pas fait découvrir des motifs plus mouvementés les uns que les autres, de curieux entassements de débris, des coins de façades au fier profil, mornes et grises, ou riantes malgré l'abandon, malgré leurs crevasses et leurs trous, égayées par l'éternel soleil, enfin des arrangements et des perspectives dans le pêle-mêle des ruines qui laissent voir en plus, au delà des trous sombres, de curieux rochers travaillés et fouillés.

Les voici ces rochers déchiquetés qui dominent l'église paroissiale. Ce sont blocs d'un seul morceau dans lesquels, ici une chapelle large et haute de voûtes comme une église, là des salles gothiques ont été creusées à même la montagne, comme le château, comme bien des maisons ou des parties de maisons.

Le défilé entre les deux pitons conduit à une autre curiosité restaurée pour cause d'utilité publique. C'est la citerne qui fournit la ville d'eau potable. Une grande esplanade à l'extrémité du plateau a été couverte de dalles en forte pente pour conduire l'eau du ciel à un grand réservoir.

Et combien d'autres étranges aspects en cette surprenante ville des Baux fantastique comme un rêve, cadavre gothique criblé de blessures, étendu sur un roc sauvage dans le désert des Alpilles, combien de bâtisses escarpées, de logis moyen âge accrochés comme des nids aux pointes de la falaise, combien d'autres répandus en débris sur les pentes et combien tout de même de morceaux curieux ayant tant bien que mal survécu aux assauts et aux sacs lointains, aux ravages des guerres, à tant de dévastations successives, à toutes les féroces tempêtes qui sont venues secouer le vieux rocher depuis le temps où quelque chef wisigoth le trouva propre à y établir son camp fortifié, sur les ruines de quelque rempart celtique, ou de quelque caverne préhistorique peut-être. Les Romains ou Gallo-Romains y ont laissé sur une roche écroulée au bas des tours un bas-relief à trois figures effritées où les uns veulent reconnaître Marius avec sa femme Julia et une prophétesse nommée Marthe, tandis que les autres voient dans le groupe une représentation des Trois Maries qui, suivant les traditions, vinrent évangéliser les païens des Baux.

Il y a encore dans la vallée le Pavillon dit de la reine Jeanne, une petite rotonde où la reine Jeanne n'a rien à voir, attendu que ce joli petit monument à colonnade est de pur style Renaissance.

La route des Baux à Saint-Remy plonge au plus profond des gorges à travers le massif le plus embrouillé des Alpilles. C'est peut-être l'enfer du vieux gibelin, c'est à coup sûr du Gustave Doré extraordinaire. Il n'est pas de défilé plus rocailleux dans les sierras espagnoles, de sites plus farouches que ceux des alentours immédiats des Baux. Rocs sur rocs, semblables à des burgs crevassés ou bien à de monstrueux rhinocéros sculptés par des Asiatiques antédiluviens, surplombent les deux côtés de la route qui tourne indéfiniment, descend et remonte.

Il y a là dedans le val d'Enfer, une grotte célèbre, un Trou des fées aux longues galeries hantées par les esprits et les sorciers, où les antiques fées se cachent dit Mistral, « depuis que le saint Angelus — en l'honneur de la Vierge — frappe le bronze clair des basiliques ».

AIGUES - MORTES VU DU PHARE DE CONSTANCE.

Peu à peu, de lacet en lacet, de combe en combe, le paysage devient plus tranquille, un peu plus de vert apparaît le long du ruisseau qui dégringole au fond des gorges, il y a quelques arbres, des amandiers surtout, et bientôt à la sortie des montagnes, dans la solitude d'un plateau dominant un grand site rocailleux, les *Antiques de Glanum*, blancs fantômes d'une ville romaine disparue, se dessinent en lignes élégantes sur la verdure fuyante de la plaine où se cache la petite ville de Saint-Rémy.

Ces *Antiques*, ce sont deux monuments côte à côte, un arc de triomphe et un mausolée. L'arc de triomphe seul a été atteint par la ruine, son entablement a disparu, il lui reste son arcade à l'archivolte décorée d'une guirlande de fleurs et de fruits, les fûts sans chapiteaux de

LE COUVENT SOUS L'ÉGLISE DES BAUX

ses colonnes, et sur les faces, entre les colonnes, des sculptures très détériorées représentant des figures de captifs et de femmes.

Le mausolée est mieux conservé, il se compose d'un large soubassement sculpté sur lequel s'élève un étage carré percé d'arcades, qui porte un lanternon en forme de temple circulaire à colonnes corinthiennes. L'ensemble, haut de dix-huit mètres, est de la plus noble élégance et d'une grande richesse, les sculptures du soubassement représentent des scènes de bataille et de chasse, de confuses mêlées d'hommes et de chevaux. On a discuté beaucoup sur la date de l'Arc de Triomphe qui rappellerait les victoires de César lui-même, dit-on, et aussi sur l'attribution du mausolée, malgré l'inscription gravée sur son architrave qui pourrait bien avoir été ajoutée postérieurement à la construction.

La ville romaine de Glanum a été si bien détruite par les Wisigoths qu'on ne voit plus d'elle que ces deux beaux monuments, isolés sur le plateau désert, devant l'entrée des gorges coupant vers les Baux à travers le rempart pelé des montagnes, au-dessus de vastes carrières d'où sortirent les monuments d'Arles.

MAISON DE NOSTRADAMUS, A SAINT-RÉMY

A l'est des Antiques de Saint-Rémy, dans les champs d'oliviers se trouve l'ancien monastère de Saint-Paul du Mausolée, aujourd'hui transformé en asile d'aliénés. Les bâtiments renferment un cloître du XIIe siècle ressemblant tout à fait à celui de Montmajour, avec ses rangées d'arcades romanes trois par trois.

L'antique Glanum revit, à deux petits kilomètres de l'arc et du mausolée, dans la ville de Saint-Rémy, qui porte le nom de l'évêque de Reims contemporain de Clovis. Peu de monuments et pas trop de pittoresque dans la petite ville assez modernisée. Après avoir vu l'église dépourvue d'intérêt, je cherche dans les rues centrales la maison natale de Michel de Nostredame, médecin et astrologue, le Nostradamus des centuries, né ici en 1503 d'une famille juive convertie, et enterré à Salon dans l'église Saint-Laurent.

On m'indique dans le coin le plus vieux de Saint-Rémy un vieux logis à tourelle près d'un carrefour où le buste du vieil astrologue sert d'ornement principal à une petite fontaine moisie adossée au mur d'une maison.

Enfin, on ne peut l'oublier dans cette plaine de Saint-Rémy, *Maillane*, village à peu de distance, est le pays de Mistral, du grand poète qui a réveillé l'âme provençale et si magnifiquement dépeint les paysages et les mœurs de la Provence. De même que là-haut dans les débris des Baux, dans les ruines d'autres châteaux éparpillés sur les coteaux reconquis par la nature, embaumant la lavande et le genêt, on rencontre les traces effacées et le souvenir des trouvères du XIIIe siècle, de même ici au cœur du félibrige vivant, on songe aux poètes de la renaissance littéraire provençale, au grand souffle d'esprit revivifiant qui a passé de la montagne aux villes, du Rhône à la mer bleue.

Et tout à l'heure aux Baux, dans l'auberge établie dans une maison du moyen âge, dans la salle à voûtes en ogive et à grande cheminée sculptée, quelques poètes étaient rassemblés qui venaient avec Mistral préparer les assises annuelles du félibrige, concours poétiques et jeux floraux, les fêtes de sainte Estelle, patronne symbolique des félibres, auxquelles cette année le vaste amphithéâtre de ruines des Baux, la ville de l'Étoile, doit servir de théâtre.

Ces vallons des Alpilles, dans les remparts de roches grises ouverts sur les horizons du Rhône ou sur la Crau brûlée du soleil, c'est le pays de Mireille la charmeuse, on cherche ici par les champs d'oliviers au feuillage d'un vert cendré, par les jardins d'acacias et de mûriers entourant les blanches maisons des villages, le Mas des Micocoules où elle vécut et l'on songe, en passant sous les mûriers, aux magnanarelles faisant, avec elle, la cueillette des feuilles pour les vers à soie.

Puissance de l'idée ! Que nous diraient à l'esprit les villes neuves des Amériques où rien ne s'est passé, où le pied ne soulèverait, sur d'immenses espaces, un seul grain de poussière historique, que nous diraient les paysages, si beaux qu'ils soient, sur lesquels nul souvenir ne voltige, que nulle tradition ne colore? Peu de choses assurément. Toutes les Melbourne réunies nous émotionneraient moins que tel humble village de notre vieille Europe, que tel site aujourd'hui dévasté ou abandonné, mort et désert, mais ennobli par l'histoire et frôlé un jour par les ailes de la fiction.

Là-bas, dans les ravins, sous les rochers du Val d'Enfer, on se dit qu'un homme jadis a passé, qu'il y a des siècles le vieux poète gibelin a rêvé assis au pied des falaises brûlées et aussitôt s'évoquent, sur le fond sombre des gorges et le poète et les figures de ses damnés célèbres, et toutes les ombres horribles ou touchantes du poème infernal.

Dans ces plaines ensoleillées, comme contraste aux farouches visions, aux terribles chevaucheurs bardés de fer de la vieille citadelle ruinée, c'est Mireille que l'on rencontre, c'est la poésie jaillissant, fraîche et pure comme une source en un bosquet d'oliviers et de lauriers.

LA TOUR DES BOURGUIGNONS, A AIGUES-MORTES

XI

SAINT-GILLES. — AIGUES-MORTES

EN CAMARGUE. — LE PORTAIL DE SAINT-GILLES. — CANAUX ET MARAIS
UN SOUVENIR DES CROISADES. — L'ENCEINTE D'AIGUES-MORTES
LA TOUR DE CONSTANCE

De l'autre côté du Rhône, après Arles « couronnée de ses arènes », après le bourg de Trinquetaille, le chemin de fer filant sur Montpellier coupe l'extrémité Nord de l'île de la Camargue ceinte par une branche du Rhône. On entrevoit très peu de choses de ce vaste territoire formé par les alluvions du Rhône et enserré par le fleuve de ses grands bras capricieusement allongés, bras morts ou vivants, abandonnés par le courant ou roulant un large flot vers les ouvertures sur la mer. La Camargue d'ailleurs se modifie et, perdant comme pittoresque, gagne en richesse et en productibilité. Les marais insalubres se dessèchent, la culture conquiert le sable aride et le marécage trop mouillé.

Les grands troupeaux de bœufs sauvages diminuent, repoussés par la culture et par la vigne vers les grands étangs de Valcarès; surveillés par les *gardians* à cheval armés de la lance en trident, ils errent dans ces solitudes à l'atmosphère d'or et de flamme où le soleil fait passer des mirages africains. Au loin s'allonge la plaine monotone jusqu'au grand scintillement bleu de la vraie mer succédant aux faux golfes marécageux, jusqu'à la ville des Saintes, isolée dans les sables où l'on voit :

..... l'église blonde — dans la mer lointaine et clapoteuse — croître comme un vaisseau qui cingle vers le rivage.....

La petite ville de Saint-

LA MAISON ROMANE DE SAINT-GILLES

Gilles est de l'autre côté du petit Rhône, sur les bords du canal de Beaucaire à Aigues-Mortes, où passent des gabarres chargées de vins. Saint-Gilles, d'aspect très ancien, groupe ses maisons très serrées sur d'étroites ruelles en pente, autour de sa vieille église romane au magnifique portail.

C'est une abbaye bénédictine qui, sur les ruines de la ville grecque d'Héraclée, a créé Saint-Gilles et lui a légué, à sa disparition, ce superbe monument. Les chevaliers de Saint-Jean de Jérusalem y fondèrent leur premier grand établissement en Provence dès 1112, douze années à peine après la prise de Jérusalem, tant furent rapides les progrès de l'Ordre.

Saint-Gilles alors était un port important, sur les lagunes du Rhône et les navires au temps des premières croisades, avant la création d'Aigues-Mortes, venaient mouiller sous ses murs.

L'église de l'abbaye disparue donne sur une petite place irrégulière, un simple carrefour empli les jours de marché par les marchandes de légumes, au débouché de ruelles aux très vieilles maisons, cadre étroit qui fait valoir le très riche et très admirable décor architectural du portail. Cette façade se compose uniquement du grand portail à triple ouverture, sans rien autre chose au-dessus de la grande porte, avec deux minces tours carrées à chaque bout, une assez élevée portant la cloche sur sa plate-forme. C'est que l'église n'a pas été achevée dans les proportions considérables qu'indiquait ce somptueux frontispice. Il n'importe, de même que l'étranglement du parvis par les vieilles maisons, cette nudité de la muraille au-dessus des superbes portails extraordinairement fouillés, met en valeur toutes ces sculptures, ces colonnes et tout ce débordement d'*ymages*.

Au-dessus d'un perron d'une douzaine de marches s'ouvrent trois portes à voussures profondes réunies par une colonnade abritant, comme à Saint-Trophime d'Arles, de grandes statues d'apôtres. Comme toujours le tympan de la porte principale encadre la figure du Christ entouré des symboles des évangélistes; la porte de gauche est consacrée à la Vierge et celle de droite à la Crucifixion. Tout est sculpté, ciselé et surchargé, les linteaux de portes, les corniches, la grande frise qui règne au-dessus de la colonnade, les bases des colonnes, les chapiteaux. Scènes évangéliques, animaux et figures bizarres, allégories ou diableries, c'est un fourmillement et un enchevêtrement d'hommes et de bêtes de toutes sortes, d'un symbolisme étrange et violent. Les lions à la base des colonnes de la porte de gauche et surtout les figures qui se contorsionnent sous les pieds des apôtres du grand portail, les pauvres âmes pécheresses, hideuses et grimaçantes, les hérésies et les idolâtries dévorées par des aigles, des griffons et des bêtes apocalyptiques, font penser presque, dans leur caractère très oriental, à ces soubassements de palais assyriens ou même aux temples hindous si follement sculptés, sans cependant avoir rien de baroque et en gardant, au contraire, dans leur étrangeté pleine de saveur un caractère de gravité impressionnante.

Je l'ai vue d'abord à la clarté de la lune, cette église; arrivé à la tombée du jour à Saint-Gilles, je m'étais, la nuit tout à fait venue, plongé dans le noir des rues à sa recherche; après la voûte sombre d'une porte de ville devinée, une petite rue tout aussi vague où marchaient quelques ombres, puis quelques détours à droite et à gauche dans les ruelles plus noires encore, s'escarpant ou descendant, avec de vagues luisants de lumière sur le haut d'une façade, sur quelque mur de jardin où de grands cyprès noir bruissaient confusément dans le bleu sombre du ciel, et tout à coup la petite place devant l'église s'ouvrit et le grand portail apparut frôlé par un rayon de lune, mystérieusement éclairé, accrochant par ses saillies des touches de lumières çà et là.

C'était le mois de Marie, la grille du perron était ouverte et les ombres rencon-

PORTE DE SAINT-GILLES

trées dans la rue montaient, se perdaient sous le portail pour s'enfoncer dans l'ombre immense de l'église, dans le fond vague où quelques cierges allumés semblaient des étoiles lointaines, autour desquelles flottaient des psalmodies douces et des murmures de fillettes invisibles.

Mais sous la clarté lunaire se déroulait fantastiquement le grand portail, les bêtes étranges accrochées en consoles ou sous les frises à l'innombrable figuration, allongeaient mufles et becs, griffes et dents, les saints à longues robes plissées à la façon byzantine s'auréolaient vaguement au fond de leurs niches, tandis que dans l'ombre, sous la colonnade, parmi des formes confuses se dessinaient des rictus de lions.

En plein jour, ce poème compliqué et touffu, d'opulence un peu barbare, ne perd pas pour être lu plus facilement et chaque détail de sculpture, caressé par les siècles, chaque bas-relief bien patiné, fait saillie sur la chaude coloration et le velouté de l'ensemble.

L'intérieur de l'église est à trois nefs qui se terminent par un chevet droit, l'abside avec ses chapelles rayonnantes étant une ruine transformée en jardin-musée. Le cloître de l'abbaye et la salle capitulaire ne sont plus ou n'ont laissé que de simples vestiges sur le côté de l'église.

Sous la nef existe une crypte importante où, sous une arcade, était le tombeau de Pierre de Castelnau, légat du pape, assassiné à Saint-Gilles. L'étincelle qui alluma le terrible brasier de la guerre albigeoise jaillit ici. Depuis dix ans des envoyés du pape, moines ou abbés de l'ordre de Cîteaux, avaient entamé la lutte contre les hérésies qui s'étaient développées dans les villes du Midi et particulièrement à Albi, contre le clergé méridional accusé de tiédeur, contre les seigneurs qui les soutenaient, — hérésies qui tendaient à une rupture complète avec Rome, où la papauté et ses hauts dignitaires, il faut le dire, ne donnaient que trop prise aux attaques violentes.

Le 15 janvier 1208, le légat Pierre de Castelnau venait, à Saint-Gilles même, d'excommunier le comte Raymond VI de Toulouse, soutien des sectes nouvelles, et quittait la ville avec une escorte donnée par l'abbé alarmé de la colère de Raymond, lorsqu'au passage du Rhône, un écuyer du comte, tout à coup se mêlant à l'escorte, transperça le légat de son épieu et le jeta à bas de son mulet.

A la nouvelle de la mort de son légat, l'occasion parut belle au pape Innocent III pour en finir avec les Albigeois ; renouvelant l'excommunication du comte, il ordonna une grande croisade pour l'extermination des hérétiques et l'expulsion de leurs villes et châteaux, du comte de Toulouse et de tous les fauteurs de l'hérésie. La croisade fut prêchée dans tout le Nord de la France par les moines de l'ordre de Cîteaux. Philippe-Auguste laissa faire. Les mêmes indulgences que pour les croisades en Palestine et les riches provinces du Midi pour proie assurée, des seigneuries à conquérir pour les chevaliers, du pillage de villes opulentes pour le soldat, tels étaient les avantages qu'on faisait luire aux yeux des croisés. Deux cent mille hommes se ruèrent sur le Midi, conduits par de nobles seigneurs, des archevêques et des évêques, sous la direction du grand abbé de Cîteaux Arnaud, légat apostolique, et de Simon de Montfort. Mais le comte de Toulouse, pour détourner de lui l'effroyable ouragan qui allait fondre sur ses malheureuses villes, se hâta de faire sa soumission au saint-siège ; il fut obligé de remettre des châteaux en garantie, de prendre la croix avec les envahisseurs, et malgré ses dénégations relatives à la mort de Pierre de Castelnau, de venir devant un concile rassemblé en cette église de Saint-Gilles, faire amende honorable pieds nus devant le tombeau de la crypte, sous les verges d'un autre légat, — ce qui n'empêcha point la

LA TOUR DE CONSTANCE A AIGUES-MORTES.

guerre horrible et le ravage des provinces méridionales de continuer jusqu'à la ruine totale de Raymond VI, jusqu'à la dépossession de son comté pour un temps par Simon de Montfort, et de reprendre après lui jusqu'à la soumission complète de son fils.

Derrière l'église de Saint-Gilles subsistent les ruines du chœur qui consistent tout simplement en soubassements de chapelles enfermant dans le feuillage d'un jardin un petit musée de chapiteaux, de pierres tombales et de débris de sculptures. Un fragment de travée plus important se dresse au milieu des verdures, il contient un escalier en hélice connu sous le nom de l'*is de Saint-Gilles*, célèbre pour la perfection de sa coupe et visité depuis des siècles par tous les compagnons du tour de France, tailleurs de pierres, appareilleurs et maçons. On monte jusqu'en haut du petit escalier aux murs couverts de noms de compagnons gravés dans la pierre. Ces vieilles inscriptions sont curieuses comme *illustration*, montrant bien nettement la décadence du goût personnel des compagnons de la pierre; il suffit de comparer celles du haut de l'escalier à celles d'en bas. En haut sont les plus anciennes,

LA VIS DE SAINT-GILLES

soigneusement gravées en belles lettres dans des écussons ou des cartouches bien dessinés. Je relève quelques noms : L'INVENTION DE NANCY. — LA ROSE. — LAVERDVRE LE PICARD, 1603. — LE GRAND MICHEL. — LA FRANCHISE, etc.

Au fur et à mesure que l'on descend l'escalier, les inscriptions sont plus jeunes et moins soignées; après les cartouches à rinceaux Renaissance, il y a encore quelques ornements Louis XIV, puis de simples carrés, puis, tout en bas, seulement le nom, le pays d'origine et la date, mal gravés, griffonnés à la pointe du couteau sans souci d'une symétrie quelconque. En haut, les maîtres ouvriers de jadis ayant encore les traditions du moyen âge, des vieux bâtisseurs de cathédrale, les artisans soumis à l'obligation du chef-d'œuvre pour la corporation ; — en bas les compagnons, toujours habiles sans doute à la main-d'œuvre courante, mais ayant perdu ce grand sentiment artistique, confiné et concentré maintenant, si général autrefois quand il y avait de l'art naïf et sincère à l'état ambiant partout, ce qui permettait aux maçons de village profilant les moulures, sculptant les ornements, les bons saints de portail d'une humble église, de faire œuvre artistique.

Saint-Gilles, dans ses petites rues si enténébrées le soir, peut montrer encore, outre ce qui reste du rempart et de ses portes des Maréchaux et de la Blanquerie, quelques vieilles façades de maisons, dépendances de l'abbaye peut-être, logis dont les grandes fenêtres à croisillons de pierre sont assez abîmées quand elles ne sont pas murées.

L'hôtel de ville, sur la colline, est une construction moderne de style moyen âge. En face de l'église, dans un angle, sur la pente d'une étroite ruelle, s'élève une belle maison romane du XIIe siècle, restaurée très soigneusement de nos jours et servant de presbytère. C'est une façade importante, comprenant rez-de-chaussée à grandes baies carrées, avec des arcs de décharge au-dessus et deux étages éclairés de fenêtres jumelles réunies par une colonne à chapiteau sculpté. Quelques ornements inscrits dans les arcatures des fenêtres, des cordons complètent la décoration. Il y a, paraît-il, à l'intérieur, dans une chambre du deuxième étage, une cheminée du temps restée intacte avec sa grande hotte conique.

De Saint-Gilles à Aigues-Mortes, c'est toujours la plaine marécageuse, le pays plat coupé de canaux, canal de Beaucaire, canal de la Radelle, canal du Bourgidou coulant en sens divers pour se réunir sous les vieilles murailles de la ville de Saint-Louis. Tout ce qui n'est pas marais est en vignobles submersibles. De temps en temps on ouvre les petites rigoles et l'eau vient baigner le pied des ceps qui semblent émerger d'un lac ; c'est, paraît-il, le préservatif le plus efficace contre le phylloxera, coupable de tant de ruines, le terrible et imperceptible assaillant de la pauvre vigne française.

En avant, pour annoncer la ville, un point s'élève dans le paysage au-dessus des marais et du canal de Beaucaire, c'est la Carbonnière, une tour isolée gardant la route de Nîmes, avant-garde du grand chapelet de tours formant l'enceinte d'Aigues-Mortes ; plus au large se distingue sur le terrain qui se relève le mas de Psalmodi, débris d'une ancienne abbaye de Bénédictins et voici sur la plaine rase, comme un mirage moyen âge, la longue ligne de remparts et de tours encadrant régulièrement la petite ville, invisible derrière ce grand rideau de murailles.

Triste pays, maigre dune, la mer manque pour lui donner, avec son vivifiant battement, sa grande ligne bleue comme horizon ; elle est à quelques kilomètres au bout du canal qui s'élargit en port au pied de la tour de Constance; elle n'a jamais, quoi qu'on en ait dit, baigné la base des remparts construits au xiiie siècle et le port fondé par saint Louis communiquait avec la Méditerranée comme aujourd'hui par un canal.

Le chemin de fer arrive presque au pied de la haute tour de Constance. Quelques pas à faire derrière des buvettes voisines de la gare, un canal à traverser et l'on est en face de la ville. Aigues-Mortes a la forme d'un grand rectangle régulier complètement entouré de murailles parfaitement isolées et dégagées, sans aucun embryon de faubourg accroché aux portes, sans masures masquant les abords ; ce rectangle de 550 mètres sur son grand côté et de 300 mètres seulement sur l'autre, est défendu par une vingtaine de tours rondes ou carrées, plus fortes aux angles, avec un château et une sorte de donjon isolé en avant de la place, à l'angle nord-ouest.

LA TOUR CARBONNIÈRE, PRÈS AIGUES-MORTES

Ce qui fait l'intérêt tout particulier de la ville d'Aigues-Mortes, c'est qu'elle est un exemple complet de place forte du xiiie siècle, admirablement conservée, sans adjonctions, se présentant au dehors, à peu de choses près comme jadis, les fossés en moins seulement, — et ce qui est encore plus rare, restée intacte à l'intérieur, c'est-à-dire ayant gardé ses remparts libres non envahis par les maisons qui partout ailleurs sont venues s'appuyer aux murs, l'enceinte complète avec les portes, les escaliers montant à la galerie de crénelage, les grandes niches à meurtrières avec leurs bancs à la base des murs, sur certains points; bref, tout le système de la défense en parfait état comme s'il devait servir encore.

Les remparts, aux pierres d'un joli ton roux taillées en bossages, sont garnis sur tout le pourtour d'une galerie régulière de créneaux carrés sans mâchicoulis;

chaque merlon des créneaux très large est percé d'une archère. La ligne de trous qui se voit au-dessous servait à porter les charpentes de hourds en bois. Les ouvertures de l'enceinte sont nombreuses, outre les portes primitives il a été percé quelques poternes dans les tours carrées; les vraies portes ouvrent entre deux tours rondes d'un assez fort diamètre, pourvues, comme les autres tours d'ailleurs, d'échauguettes suspendues en moucharabis.

L'ÉGLISE D'AIGUES-MORTES

Avant saint Louis, sur cette terre plate formée au cours des siècles, en saillie de l'ancien rivage, par les atterrissements du Rhône parsemés d'étangs et de salines, il n'y avait qu'un petit village de pêcheurs groupé au-dessous d'une vieille tour appelée tour *Matafère*, sentinelle perdue défendant la côte contre les descentes de pirates, et un peu plus loin, dominant comme une île la triste étendue de dunes et de marais, le monastère probablement peu important de moines bénédictins de *Psalmodi*. Sur la mer s'allongeait comme aujourd'hui la bande de sables derrière laquelle dorment de vastes étangs. Le roi saint Louis ayant besoin pour ses expéditions orientales d'un port à lui appartenant sur la Méditerranée, les ports existant étant aux comtes de Toulouse ou de Provence, jeta les yeux sur le pauvre village des Eaux-Mortes, qu'il acheta aux moines de Psalmodi, et entreprit d'y créer une ville avec un port abrité dans les terres, qui communiquerait avec la mer par un large chenal.

Il commença les travaux, un canal et un port furent creusés, le village s'agrandit; sur l'emplacement de la Tour Matafère on construisit la belle tour de Constance que surmonte une tourelle de phare. Deux fois, en 1248 et en 1270, l'Ost de la croisade se réunit dans ce port et s'embarqua sur les grandes nefs, les galères et sur les innombrables bâtiments de toutes sortes rassemblés de tous les points de la Méditerranée; deux fois le roi de France partit d'ici pour aller attaquer l'infidèle à Damiette et à Tunis. La création de la ville date donc de saint Louis, mais c'est Philippe le Hardi, son fils, qui lui a donné sa forme et qui a construit les remparts. Par traité signé avec le roi en 1272, le Génois Guillaume Boccanegra se chargea de la construction de l'enceinte, moyennant l'octroi de certains droits et privilèges. Ce fut donc au commencement du règne de Philippe le Hardi que s'élevèrent ces belles lignes de remparts, à l'aspect à demi oriental, rappelant les remparts des villes d'Orient escaladées jadis et aussi les châteaux construits par les chrétiens dans les pays du sarrazin, — souvenir pour les croisés revenus en France de cette Palestine où ils avaient si durement bataillé, où tant de chevaliers avaient laissé leurs os, où tant d'autres combattaient encore dans les ordres du Temple ou de Saint-Jean.

Les remparts élevés, la ville se bâtit aussitôt sur le plan régulier des bastides

AIGUES-MORTES. — FACE SUD DE L'ENCEINTE

ou villes franches qui se créaient alors, d'un seul jet, dans tout le royaume, particulièrement dans le Midi, et se peuplaient d'habitants attirés par les franchises et privilèges octroyés par les fondateurs, rois ou princes.

Une place centrale, une demi-douzaine de rues droites dans chaque sens se croisant en damier régulier constituaient la ville telle qu'elle apparaît encore aujourd'hui. Très florissante en ses commencements, elle eut bientôt dix mille habitants, elle en compte un peu plus de trois mille aujourd'hui, très à l'aise dans le rectangle trop vaste pour eux.

L'église, dans un angle de la place, n'a rien de bien monumental, cependant elle est pittoresque par son portail, grande muraille nue, se terminant en tourelle à droite et à gauche, et percée d'une immense ogive encadrant une ogive plus petite surmontée d'un oculus, avec les cloches en l'air entre les deux tourelles. D'autres chapelles sans importance existent encore parmi les maisons largement espacées dans les rues vides et endormies.

La statue de saint Louis, le père de la ville, qui la fit surgir du néant des sables, s'élève sur la place ; de là le saint roi peut apercevoir le haut de sa tour de Constance marquant le point d'où par deux fois, à la cinquième et à la sixième croisade, il s'envola vers les rivages d'Orient avec tous les ducs, princes et barons de France, avec les chevaliers et les simples hommes d'armes saisis par l'enthousiasme de la croix, plongeant dans l'inconnu et s'en allant mourir sous le cimeterre, sous le feu grégeois des Sarrasins, sous les coups de la peste, à Damiette, à Mansourah, à Tunis enfin, où moururent le roi et Tristan, son second fils, né en Égypte de la reine Marguerite pendant la première croisade, en des jours de tristesse et d'angoisses, dans Damiette assaillie, l'armée étant déjà détruite et le roi pris.

L'angle nord-ouest du grand carré dessiné en plan par Aigues-Mortes n'est pas aussi régulier que les autres, là est le château avec la tour de Constance, bâtie par saint Louis en dehors de l'enceinte, énorme donjon cylindrique, haut d'une trentaine de mètres, complètement isolé et trempant presque sa base talutée dans le canal de la grande Roubine.

Le sommet, modifié au xvie siècle pour recevoir des canons, a une forme particulière, la crête du mur est arrondie et percée de quelques embrasures. La tour de Constance, donjon de la ville, porte un phare du moyen âge ; sur le côté de la plate-forme s'élève une tourelle haute de onze mètres, terminée par une cage de fer conique où s'allumait le soir le feu guidant les navires dans le chenal.

Ce nom de Constance donné à la tour a été tiré d'une lettre du pape Clément IV félicitant le roi Philippe le Hardi de l'heureux achèvement de la ville et lui disant que pour mener ses belles et importantes constructions à bonne fin, « il n'avait pas fallu moins que sa constance ».

La magnifique tour, d'un diamètre considérable, est reliée à la ville par un pont de quelques arches aujourd'hui bouchées, qui aboutit à la muraille au pied des constructions du Châtelet, occupées maintenant par la douane et par quelques services. La muraille de la ville se prolonge sur le petit côté du rectangle, en ligne droite et régulière avec sa file de créneaux et de grandes archères jusqu'à la tour des Bourguignons, formant l'angle sud-ouest. Une poterne s'ouvre au milieu de la ligne, dans une tour carrée, surmontée d'échauguettes. Sous les remparts s'élargit le port où quelques barques chargent des vins et déploient dans le vaste paysage aux lignes régulières, leurs immenses vergues latines si élégantes, qui font penser aux voilures des nefs et des galères de saint Louis, parties jadis du pied de cette même tour comme un vol d'oiseaux légers.

Ce canal est la grande Roubine, en communication avec les autres canaux qui viennent se ramifier sous Aigues-Mortes, la Radelle se dirigeant à l'ouest vers les immenses étangs de Mauguio, qui s'étendent entre la mer et Montpellier, le canal de Beaucaire et le canal de Bourgidou bordant le grand étang de la ville et les salines de Peccais, et rejoignant à l'est le Rhône mort devant les lagunes de la petite Camargue.

La grande Roubine n'est pas le canal de Saint-Louis; Aigues-Mortes au moyen âge communiquait avec la mer par un chenal utilisant les étangs de la Marette et du Repausset, et aboutissant au Grau Louis, port de mer qui s'ensabla rapidement ; le port alors fut changé, placé dans l'étang de la ville sous le front sud des remparts avec un nouveau chenal menant au Grau de Croisette, qui finit par s'ensabler à son tour. Dans son livre sur les villes mortes du Golfe de Lion, M. C. Lenthéric étudie les étonnantes et incessantes modifications du delta du Rhône par l'énorme apport de sédiments charriés par le fleuve, alluvions sans relâche versées à la mer, prolongeant régulièrement le littoral, comblant les graus et forçant le fleuve à se frayer de nouveaux lits, à s'ouvrir de nouvelles bouches.

PORTE DE MONTPELLIER, A AIGUES-MORTES

M. Lenthéric explique le mécanisme de ces transformations, la marche en avant des cordons de sable enfermant des étangs salés, l'assèchement des Rhônes morts, anciens lits abandonnés et les allures capricieuses ou fougueuses du fleuve vagabond dans les lits suivis par le grand courant.

Cette côte, en somme d'aspect peu séduisant, devient intéressante au plus haut point quand on la voit ainsi façonnée de siècle en siècle, et créée pour ainsi dire sous nos yeux avec de la poussière d'Alpes, quand on songe aux changements subis depuis l'ère historique, depuis le temps où, par des golfes et des étangs successifs, le flot marin allait toucher au port d'Arles.

Au siècle dernier, les sables menacèrent encore une fois de couper les communications d'Aigues-Mortes avec la mer, il fallut abandonner le Grau de Croisette, creuser le chenal du Grau du roi et rétablir le port sous la tour de Constance comme au temps de saint Louis. Le chenal actuel, large de trente mètres, traverse pendant cinq kilomètres de tristes maremmes, des dunes d'herbes maigres ou de sable coupées de marécages, des salines, avec de grands étangs à droite et à gauche, un désert qu'effleure, en filant dans le bleu du ciel, la grande voile oblique d'une barque. La grande Roubine rencontre la vague de la mer et l'horizon bleu au Grau du Roi, village de pêcheurs aux maisons blanches alignées sous un grand phare, sur le sable d'une plage fréquentée par les baigneurs de la région de Nîmes.

La tour de Constance, dont les murs ont six mètres d'épaisseur à la base, contient deux salles superposées, voûtées toutes les deux et d'une jolie taille. Il faut, pour pénétrer dans la salle du rez-de-chaussée, franchir deux énormes portes doublées de fer entre lesquelles est ménagé un assommoir ouvert à l'étage supérieur. On entre alors dans une salle circulaire vaste et haute, magnifiquement appareillée, où se trouve une immense cheminée à manteau sculpté et orné de crochets sur les angles, sous lequel s'ouvre une bouche de four. Les fines nervures des voûtes encadrent chacune une portion de murailles en ogive et une fenêtre ogivale donnant sur un chemin de ronde pratiqué dans l'épaisseur des murs ; ces nervures se rejoignent au centre autour d'une ouverture percée dans le plancher de la salle au-dessus et correspondant avec un *regard* semblable de la plate-forme supérieure et avec une basse-fosse pratiquée sous le sol de la pièce d'en bas. L'étroit escalier qui monte aux salles, donne par des couloirs obscurs dans le petit réduit curieusement arrangé, défendant par une grande ouverture plongeante l'intervalle entre les deux portes.

On ne peut s'empêcher d'être ému en arpentant la vaste salle supérieure où les embrasures des meurtrières formaient chacune une petite chambre, quand on songe qu'elle fut, à une époque point trop éloignée de nous, une prison où gémirent entassées de malheureuses victimes des passions religieuses, quand on songe que, pour un certain nombre de femmes calvinistes, elle fut, il y a cent ans, comme un cercueil de pierre scellé sur elles pour jamais.

D'abord prison de huguenots rentrés en France après la révocation de l'édit de Nantes, — une quinzaine d'entre eux trouvèrent une nuit le moyen de s'évader au moyen de leurs couvertures nouées entre elles, — la tour de Constance fut en

ENTRÉE DU PORT DE MARSEILLE.

1723 remplie de femmes calvinistes de tout âge arrachées à leurs familles et entassées dans cette prison, quelques-unes avec leurs enfants. Ces malheureuses, jetées pêle-mêle dans les deux salles transformées en chambrées, recevant l'air et la lumière par les étroites ouvertures, ne connaissant plus du monde vivant que ce qu'elles pouvaient apercevoir du haut de la plate-forme, vécurent ainsi de longues

PORTE PLAISANTINE A AIGUES-MORTES

années. Voici leurs tristes noms gravés dans les embrasures; c'étaient des jeunes filles, des mères, des aïeules blanchies, ces victimes d'un monstrueux fanatisme. Quelques-unes, entrées enfants, grandirent, vieillirent et moururent ici. En 1767, le prince de Beauvau, nommé commandant du Languedoc, visitant Aigues-Mortes trouva encore quinze prisonnières, quinze lamentables fantômes de femmes dans la tour de Constance. Emu de pitié devant leur long malheur, il *abusa* de ses pouvoirs et les mit toutes en liberté, en s'occupant aussi de rechercher leurs familles. Il faut ajouter, hélas! que cet acte d'humanité valut quelques tracasseries à celui qui le commit et faillit lui faire enlever son commandement...

De la plate-forme ou, mieux encore, de la mince tourelle du phare qui s'élève au-dessus, on plane sur un immense paysage. Cette plaine morne où brillent les flaques petites ou grandes des simples marécages et des immenses étangs, ces horizons plats sont dépourvus de beauté, mais le grand rectangle dont une pointe vient s'ajuster à la tour, la ville enfermée dans ses murailles apparaît d'ici à vol d'oiseau dans son complet développement, comme un très curieux plan en relief, avec toutes ses maisons vues par le toit, toutes ses rues, ses jardins qui tiennent passablement d'espace, et toutes ses tours.

La ligne continue des remparts se peut suivre sans interruption avec la galerie de crénelage courant de tour en tour. Sous nos pieds voici menant au chemin de fer, la porte de la Gardette, dont on domine la plate-forme, beau bâtiment carré sur la ville et ouvrant entre deux tours rondes sur les dehors. Des échauguettes et deux tourelles d'escalier agrémentent sa masse.

DÉFENSE DE LA HERSE A LA TOUR DE CONSTANCE

Le chemin de ronde tourne derrière la porte ; regagnant ensuite le crénelage, il se poursuit tantôt passant à travers les tours qui alors coupent la communication d'une courtine à l'autre et tantôt tournant derrière. Des échauguettes en encorbellement défendent les portes de communication des courtines aux tours ; des traces de balles pointillant la pierre autour des archères et des créneaux montrent que tout cela jadis a servi.

Des escaliers portés sur des moitiés de grands arcs de cercle montent de la ville au chemin de ronde. Tous les détails de cette vieille forteresse oubliée dans ses lagunes se voient admirablement d'ici. Après une grosse tour qui semble butée par deux escaliers montant aux crénelages, le front de l'enceinte tourne à angle droit ; il n'y a sur cette face de l'Est qu'une tour carrée et plus loin la porte Plaisantine ; puis, autre angle droit et c'est le front Sud avec le marais mélancolique presque au pied de la muraille qui se termine à la tour des Bourguignons, faisant pendant à la tour de Constance devant la grande Roubine et ses bateaux.

La tour des Bourguignons a pris ce nom d'une épisode des guerres du XVe siècle. Pendant les guerres civiles du règne de Charles VI, quand la malheureuse France se trouvait tirée à quatre chevaux par les Anglais et les princes, le Languedoc était tombé au pouvoir du parti bourguignon et les armées du dauphin durent guerroyer quelque temps pour le recouvrer. Aigues-Mortes assiégé par le sénéchal de Beaucaire ayant été emportée d'assaut en janvier 1421, la garnison bourguignonne exécrée par les habitants fut égorgée. Après la lutte, la quantité de cadavres dont on se trouvait embarrassé fut telle que, pour éviter la pestilence on entassa tout dans cette tour sous des couches de sel. L'épithète bizarre de *Bourguignon salé* vient, pense-t-on, de ce terrible épisode de l'histoire d'Aigues-Mortes.

La ville eut, au siècle suivant, d'autres sanglantes journées, le sang y coula au temps des guerres religieuses quand elle tomba en 1575 au pouvoir des protestants, qui la conservèrent comme place de sûreté jusqu'en 1622. Précédemment, sous le roi chevalier, Aigues-Mortes avait vu d'autres événements ; en 1538, François Ier et Charles-Quint qui, depuis vingt années, se faisaient par les armes ou la diplomatie une guerre si acharnée se rencontrèrent après tant d'événements et de batailles, tant de péripéties et de fortunes diverses, dans les murs d'Aigues-Mortes. Charles-Quint arriva en rade avec soixante-quatre vaisseaux ou galères, tant impériales que

INTÉRIEUR DE LA TOUR DE CONSTANCE

françaises. Le roi François, accompagné de la reine Eléonore, du dauphin Henri et de Catherine de Médicis, du roi et de la reine de Navarre, de tous les grands personnages du royaume, reçut en grande cérémonie à la Porte de la marine au sud de l'enceinte, au bruit de tous les canons de la ville, l'empereur Charles qui présenta ses généraux et amiraux à ceux de François. Les deux princes luttèrent de congratulations réciproques, d'attentions galantes et d'amabilités l'un pour l'autre comme ils devaient encore le faire l'an d'après au voyage de Charles-

Quint à travers la France, mais ces entrevues, par la duplicité de l'Empereur, n'arrivèrent à rien régler, et la lutte ouverte entre les deux rivalités reprit bientôt, au nord comme au sud, — ce qui, sous les tours d'Aigues-Mortes étonnées, auprès de ces murailles bâties pour protéger les flottes des croisades, amena en 1542 une flotte sarrasine avec le Croissant, les galères des Turcs et des Barbaresques commandées par le vieux corsaire Barberousse, dey d'Alger et Tunis, et capitan-pacha du sultan Soliman, allié de François, laquelle flotte allait coopérer avec les troupes françaises au siège de Nice.

Isolée dans les marais, endormie comme ses eaux, Aigues-Mortes ne voit plus maintenant filer sous ses murailles que de minces barques de commerce ou des bateaux des salines, quoique bien des projets aient été agités pour la ressusciter et lui rendre son importance de jadis, mais c'est en raison de cette chute et de cet abandon, en raison de la dépopulation, que ce dernier et unique souvenir des croisades, cet échantillon de ville forte construite d'un seul jet au xiiie siècle est parvenu jusqu'à nous aussi complet et aussi intact, telle une armure oubliée dans un coin d'arsenal.

L'ÉGLISE DES SAINTES-MARIES

ÉGLISE SAINT-LAURENT, A SALON

XII

MARSEILLE

LE CHATEAU DE SALON. — NOSTRADAMUS. — LE VIEUX PORT
LES FORTS D'ENTRÉE SAINT-JEAN ET SAINT-NICOLAS
L'ABBAYE DE SAINT-VICTOR. — VIEUX QUARTIERS ET SOMPTUOSITÉS MODERNES
DE LA MAJOR A LONGCHAMPS. — NOTRE-DAME DE LA GARDE

Sur la limite des champs de cailloux de la Crau roulés par le Rhône à la grande débâcle de la période glacière, à l'entrée des massifs de montagnes qui entourent Aix et Marseille et s'en vont, de chaînon en chaînon, se souder aux Alpes-Maritimes, se trouve la petite ville de Salon, longée par le canal des Alpilles.

A quelques lieux d'Orgon pittoresque et sauvage, dans le même pays de rochers bizarrement découpés, Salon est pourtant loin de ressembler à ces bourgs de montagnes toujours rébarbatifs dans leur cuirasse de remparts ébréchés, à toutes les petites villes moyen âge éparpillées dans les roches de la région du Rhône. Salon est ancien, mais n'a aucun caractère vieillot. Salon ne traîne pas à l'arrière-garde des siècles, au contraire, il est très en avant et quand on débouche sur ses larges boulevards mouvementés, aux cafés remuants et bruyants, ombragés de magnifiques platanes, on se croirait presque déjà à Marseille.

Les restes du passé ne manquent pourtant pas, outre ceux que masquent les constructions modernes s'étalant à leur aise; il y a les vieilles rues ombreuses du vieux quartier avec d'antiques églises, il y a, carrément assis sur le rocher au-dessus des toits de la ville et dominant au loin toute la contrée, un grand château du moyen âge auquel s'attache le souvenir de la reine Jeanne qui le reconstruisit; ancien château des archevêques d'Arles, précédemment seigneurs de la ville.

Ville riche et prospère, cela se voit aux grandes habitations d'une architecture somptueuse qui s'alignent entre la ville et la gare. Par-dessus ce quartier neuf et blanc encadré de belles verdures, s'élève le massif du château surplombant des rues plus anciennes; ce sont de gros remparts soutenus de contreforts, des remparts crénelés avec plusieurs tours carrées plus hautes. Il est assez difficile à voir ce château, les vieilles maisons du vieux quartier serrées sous les tours empêchent de le distinguer autrement que par petits morceaux. Quant à le visiter, il n'y faut pas songer, c'est une caserne, les archers de la reine Jeanne y sont remplacés par des zouaves. Tout ce que l'on peut voir, en dépit des consignes et des factionnaires, c'est une entrée très pittoresque, sur une petite rue, et une cour dominée par des tours et de vieux bâtiments animés par le va-et-vient et les coups de clairons des troupiers à larges culottes rouges.

Dans ces rues tortueuses grimpant sous le château et tournant autour, on trouve des maisons anciennes, des passages voûtés, des détails de façades, notamment quelques vieilles portes, comme celle d'une petite boutique d'épicerie que surmonte un écu gratté supporté par deux grands lions lourdement sculptés.

L'église Saint-Michel au centre du vieux quartier dans une étroite rue est un monument datant du commencement du XIIe siècle; son portail est des plus intéressants comme spécimen d'ornementation romane. Le tympan de la porte, sous les voussures à dents de scie, est subdivisé en petits carrés décorés de sculptures variées imitées d'ornements romains, assez barbarement exécutées, disposées autour d'une curieuse figure de l'archange saint Michel.

De ces ruelles de la vieille ville, pittoresques et animées, où les femmes aux chaudes carnations sous des bandeaux noirs avec la coiffe arlésienne, causent ou travaillent sur le pas des portes, où les zouaves du château mettent la note gaie de leurs costumes, on retombe bien vite à la ville très moderne, aux magasins, aux grands cafés pleins de monde, sous les platanes des grands boulevards Victor-Hugo et Nostradamus. Singulière association de noms; Victor-Hugo est une nouvelle appellation donnée au boulevard débaptisé, mais le célèbre auteur des *Centuries* est une gloire locale : né à Saint-Rémy, il a vécu à Salon et y est mort en 1566. Michel de Nostredame, de race juive, ayant étudié aux célèbres écoles de Montpellier et beaucoup voyagé, exerça la médecine à Salon, combattit avec succès des épidémies dans les villes du Midi, ce qui lui valut la jalousie de ses confrères et quelques tracas, le digne homme ayant plutôt allures de nécromant que de médecin, et ne guérissant que par de mystérieux remèdes.

Son nom seul évoque une étrange figure de vieil alchimiste à longue barbe, drapé dans une robe sombre et vivant enfoncé en un cabinet rempli de grimoires, de cornues et d'instruments bizarres, au fond d'une maison mystérieuse perdue dans les vieilles rues de Salon. S'enfonçant de plus en plus dans l'astrologie, Nostradamus, après ses publications d'almanachs prophétiques où il se montrait un simple Mathieu Laensberg annonçant pluie et beau temps, tempêtes et froidures, lança ses prédications rimées, les fameuses *Centuries*, plusieurs centaines de quatrains amphigouriques où l'incompréhensible et le fantastique sont entassés pêle-mêle avec des noms et des termes mystérieux, en un fatras

SALON. — BEFFROI DE LA VILLE.

auquel on peut quelquefois, avec beaucoup de bonne volonté et quand les événements sont venus, découvrir un sens prophétique. Le métier de tireur d'horoscopes était bon au temps des Valois. Nostradamus composa très bien son personnage et sut faire son profit de la crédulité générale, qu'il partageait d'ailleurs, en bon augure qui ne riait point des présages ni des influences astrales. L'astrologue eut autant de succès que le médecin. Catherine de Médicis le vint consulter, l'enrôla dans sa troupe de sorciers et le nomma médecin du roi Charles IX.

Pour voir le portrait du mystérieux devin des *Centuries*, une vieille peinture encastrée dans son monument funèbre, il suffit de passer le boulevard qui porte son nom et de gagner l'église Saint-Laurent. Elle est dans un quartier moins serré que celui du château, tout blanc et ensoleillé, sur une place en esplanade, encadrée de vieux platanes ébranchés et amputés qui ont l'air de se tordre de douleur. C'est une église d'aspect original, à toit plat, à pignon et grands murs percés de minces fenêtres ogivales en lancettes. Au-dessus du bas côté droit s'élève une tour, romane dans sa partie inférieure et s'effilant en une petite flèche gothique. Au tympan de la porte se voit une figure de saint Laurent, patron de la paroisse, appuyé sur le gril, instrument de son martyre. L'église possède quelques antiquités ; la curiosité principale, le tombeau de Nostradamus, placé contre le mur d'une chapelle du bas côté gauche, consiste en un panneau de sculptures Renaissance encadrant avec son épitaphe le portrait du nécromancien barbu.

Le beffroi de l'hôtel de ville de Salon, sur le boulevard, est une grosse tour carrée dont les étages ont un fort retrait et qui va en diminuant comme les degrés d'une pyramide. De grandes armoiries au bas, des lions en supports d'écussons aux angles du deuxième étage, et sur la plate-forme, la cage de fer hérissée de pointes et de girouettes contenant la cloche, en font toute la décoration.

A l'ombre des platanes des boulevards près de l'hôtel de ville, une fontaine monumentale fait jaillir ses eaux au-dessous de la figure sculptée d'Adam de Craponne, né à Salon en 1519. Ce savant ingénieur a donné à boire à la Crau aride et infertile les eaux de la Durance ; malgré tous les obstacles, malgré l'opposition des campagnes routinières, il a creusé le canal qui va prendre l'onde devant Cadenet et la distribue aux terres altérées de la grande plaine d'Arles. Cela valait bien une fontaine.

Une autre des gloires de Salon, c'est le bailli de Suffren, l'héroïque marin qui dans les mers de l'Inde envoya tant de boulets aux Anglais et consola par ses victoires la France de Louis XV humiliée ailleurs. Le manoir de la famille de Suffren était à Saint-Cannat dans la montagne, non loin du château de la Barben et de Lambesc.

A Miramas, la petite ligne de Salon rejoint la grande ligne de Marseille. Une vaste nappe bleue étincelle encadrée de collines sèches, de rocs fauves surchauffés. Ce n'est pas encore la mer, mais elle est bien près ; c'est l'étang de Berre dans un grand paysage éblouissant, très accidenté, où les Romains ont laissé le vieux pont Flavien de Saint-Chamas, jeté pour la voie aurélienne sur la Touloubre, pont d'une seule arche, orné à chaque extrémité d'un petit arc de triomphe. L'étang de Berre communique avec la Méditerranée par les étangs et canaux de Martigues, petite Venise provençale, dans le golfe de Fos où débouche aussi le Rhône au bout de la Camargue. Vraie petite mer, cet étang de Berre, où de blanches voiles de pêcheurs se perdent dans le lointain miroitant. Puis voici les

LE QUAI A TOULON.

environs immédiats de Marseille, des ravins de roches rousses, des vallons avec des champs d'oliviers, d'autres roches; on s'enfonce dans la montagne pittoresque, la station du Pas des Lanciers, baroque traduction du vrai nom provençal *Pas de l'ancié*, c'est-à-dire *pas de l'anxiété*, rappelle le mauvais renom du passage d'autrefois. De tunnel en tunnel, voici tout à coup au large la Méditerranée avec les îles de la baie, la blanche aiguille de Notre-Dame de la Garde pointant sur le bleu, toute la banlieue de la grande ville en roc pelé ou en jardins débordant de feuillages, d'une verdure qui gagne et, grâce aux eaux de la Durance apportées par le canal de Marseille et versées en large abondance, reconquiert les terres jadis sèches et arides, livrées sans défense aux baisers trop brûlants du soleil; voici les vallons rafraîchis et fertilisés, les gracieux villages ombragés, la vallée des Aigalades et

PORTAIL DE L'ÉGLISE SAINT-MICHEL A SALON

des bastides de toute taille, et des villas de toute envergure, du mouvement et comme une rumeur de grande ville montant avec les fumées au fond du paysage...

Marseille! Cette reine ou cette dogaresse de la Méditerranée échappe au portrait et à la description. Elle grandit, grossit, s'élargit, elle monte, elle s'étale et s'allonge, dévorant les pointes et les criques de la côte, s'étendant par les vallons, escaladant les rochers, répandant, comme le flot d'une inondation, quartiers neufs, maisons, bâtisses, magasins, usines... Et puis, est-ce encore de la vieille France? N'est-ce pas au contraire de la France de demain ou d'après-demain, la plus triomphante manifestation du modernisme, couvrant et recouvrant de ses immenses rues rectilignes, de ses blocs gigantesques de pierres de taille toutes les traces du passé.

Ne regardons pas encore autour de nous, des allées de Meilhan aux larges boulevards plantés d'énormes platanes sous lesquels la vie circule à flots pressés, au cours Belzunce, à la Cannebière, qui nous ouvre soudain des perspectives hérissées de centaines de mâts et de vergues, — et par les quais presque effrayants de grouillement et de bousculade, gagnons tout de suite en tournant le Vieux port, en passant à travers le tohu-bohu maritime, puis à travers des bastions et des courtines aux angles aigus dont les lignes froides mettent au moins un peu de calme dans le paysage, gagnons, avant de rien voir, la colline du Pharo, cap arrangé en parc et posé en avant du port comme un balcon en face de Marseille. D'ici on embrasse mieux que de Notre-Dame de la Garde une vue d'ensemble de la ville, de Madame Massalia, étalée bien au large sur collines et vallons et faisant face à la Méditerranée, — le champ d'azur illimité qu'elle laboure de ses innombrables navires.

Et si par hasard nous sommes là par une fin de belle journée chaude, quand le soleil décline et s'en va couler dans l'or et la pourpre derrière les lignes de nuages cuivrés de l'ouest, rougissant de légers flocons de nuages dans les hauteurs du ciel, alors Marseille, vue des sentiers du Pharo, apparaît comme une cuve bouillonnante et débordante, immense chaudière d'une bouillabaisse de peuples, toute fumante dans une buée violacée, avec mille vapeurs qui montent et tournent en légères volutes dans le ciel, par-dessus le fouillis des architectures et des navires mêlés, dans un vague bourdonnement et comme un sourd bruissement de rumeurs.

La ville tout entière se développe en face, emplissant l'horizon jusqu'aux montagnes lointaines dont les rugosités accrochent quelques touches de couleurs violentes. Aux premiers plans, formant comme une tenaille enserrant le vieux port, se dressent de géantes maçonneries militaires, les forts défendant l'entrée avec leurs tours, leurs bastions et leurs différentes lignes de créneaux rougies par le soleil. Magnifique porte de mer, admirable entrée qui conserve ce bel et imposant aspect des anciennes Darses à la Joseph Vernet !

A droite, c'est le fort Saint-Nicolas, un gros bastion d'avancée bâti sur un roc trempant dans la vague et relié à de plus considérables masses campées sur la hauteur. A gauche, c'est le fort Saint-Jean, plus élégant celui-là, ayant gardé une physionomie plus moyen âge, entièrement posé sur la mer, et entouré presque au ras des flots de la ceinture crénelée d'une batterie basse.

Le fort Saint-Jean est une ancienne commanderie de chevaliers de Saint-Jean de Jérusalem établie sur ce rocher au XIIIe siècle. Peut-être reste-t-il encore quelques pierres du château des chevaliers ; la grosse tour carrée à la pointe sur le port semble appartenir au XIVe siècle, elle ressemble beaucoup avec ses mâchicoulis et ses échauguettes d'angle à la tour de Philippe le Bel qui commande le Rhône devant Avignon. A la pointe tournée vers la haute mer une demi-tour plaquée au bastion porte au-dessus d'un petit feu fixe établi sur la batterie basse, une jolie tour ronde ceinte à mi-hauteur d'une ligne de mâchicoulis, ancien phare surélevé, datant du roi René.

L'ensemble des constructions du fort Saint-Jean se dessine pittoresquement, se détachant ainsi en clair sur le fond du vieux port. En arrière s'élèvent les quartiers du vieux Marseille, le quartier de la Tourette dont les rampes indiquent le plan d'anciennes fortifications. En tournant sur la gauche, voici, posée sur un soubassement de la colline taillé en arcades au-dessus du quai de la Joliette, voici la cathédrale nouvelle, une cathédrale étrange, de style romano-byzantin, construite par MM. Vaudoyer et Espérandieu. Elle a soulevé bien des critiques quand on ne pouvait encore la juger que sur des morceaux, sur ses pierres trop neuves et sa polychromie, mais maintenant qu'à peu près achevée, elle apparaît tout entière, il faut reconnaître sa réelle beauté, son ampleur majestueuse.

Avec ses dômes petits et grands, avec ses tours-minarets, avec le bariolage de ses assises alternativement blanches et gris rose, elle prend une vague apparence de mosquée chrétienne, elle ressemble à la fois confusément à Saint-Marc de Venise, à Sainte-Sophie de Constantinople, à une mosquée du Caire. Et pourtant elle est bien elle-même et bien particulière quand on la détaille. C'est bien la cathédrale qui convient à cette étonnante Marseille, la cosmopolite et la bigarrée, en rumeur au-dessous d'elle, toute grondante du train des commerces maritimes. N'est-ce pas déjà le commencement de l'Orient ici, la pointe où prennent contact et se mélangent, poussés maintenant par des ardeurs de négoces et par le prurit de l'or, le monde franc, les gens de la vieille Europe et le monde mahométan, les peuples du Levant, et d'autres venus de plus loin, sortis récemment des mystérieuses profondeurs asiatiques et africaines...

En façade sur la mer, au-dessus des mâts de navires, ce grand et somptueux monument, avec son architecture éclectique et sa teinte d'exotisme, semble un temple ouvert à tous les dieux des peuples qui débarquent ici, une église pour toutes les religions; un édifice gothique n'eût point aussi bien fait l'affaire et l'église Saint-Vincent de Paul dont on aperçoit les deux flèches blanches là-bas semble toute dépaysée.

D'ici on la voit très bien, cette cathédrale. Elle a comme frontispice deux tours couronnées par de petites coupoles à pans et réunies par un très haut et très profond portail; en arrière s'élève un dôme central également à pans, reposant sur des frontons, flanqué aux deux bras du transept et sur le chœur de coupoles plus petites, le tout rayé horizontalement par les assises de deux couleurs qui se fondent de loin en un rose clair.

Tout à côté de cette opulente et gigantesque cathédrale, ce pauvre petit clocher qu'on distingue à peine et qui pourrait passer par le grand portail et se promener sous la nef de sa triomphante voisine, c'est la vieille église de la Major condamnée malheureusement à disparaître bientôt.

Entre les deux forts Saint-Jean et Saint-Nicolas s'ouvre l'immense bassin du Port Vieux; des bateaux de promenade revenant des îles, des barques de pêche, enfilent la passe parmi des tartanes de cabotage aux grandes voiles rougies par le soleil. Au fond, après le calme des premiers plans, on devine le grouillement et le tourbillon, l'extraordinaire entassement de navires pressés, serrés, enchevêtrés les uns dans les autres, qui remplissent les profondeurs du bassin, tous la proue ou la poupe au quai, et se fondant en une masse confuse où les coques disparaissent et où l'on ne voit plus qu'une forêt touffue de mâts avec un noir treillis de vergues et de haubans. On distingue pourtant du mouvement dans des trous plus clairs parmi le fouillis des choses indiscernables qui remuent, parmi des fumées ; on voit évoluer des points noirs qui sont des barques se détachant de la masse, puis des gabarres se poussant lentement, des bateaux de traverse de la Consigne au bassin du Carénage...

CATHÉDRALE DE MARSEILLE

Par-dessus tous ces mâts se développe l'immense ville, un fouillis de toits par-dessus le fouillis des navires, des toits à l'infini sur lesquels apparaissent bien peu de monuments. Tout cela, c'est la ville neuve, la jeune Marseille, âgée tout au plus sur certains points de cent et quelques années. Le vieux Marseille était sur les hauteurs à gauche du fort Saint-Jean, limité par la Cannebière, par la porte arc de triomphe d'Aix et par l'église de la Major.

Les archéologues ont découvert à notre Marseille, grâce à quelques reliques trouvées dans les fouilles, une plus antique aïeule que Massalia, la ville grecque : une ville Phénicienne établie à la pointe du promontoire quelques siècles avant que les Phocéens vinssent fonder Massalia.

Devenue rapidement l'une des plus riches et des plus entreprenantes républiques commerçantes de la Méditerranée, rivale de Tyr et de Carthage, alliée de Rome, couvrant les mers de ses flottes, fondant sur les côtes de Provence des comptoirs et des colonies défendues par des forteresses, Massalia, au comble de la richesse, vit un jour, pendant la guerre de Pompée, dans le parti duquel elle s'était rangée, arriver les légions de César.

Après un siège long et difficile, Marseille tomba. C'en était fait des grands jours de la puissante république marseillaise. Les Romains gardèrent la citadelle bâtie au-dessus de la porte d'Aix actuelle, Massalia resta romaine, grande et importante cité toujours, et fut, avec Narbonne, la porte par où les arts romains, les lettres et la civilisation des vainqueurs du monde s'introduisirent en Gaule, modelant si rapidement et si complètement les provinces méridionales à l'image des provinces latines.

Dans le grand écroulement du monde romain, l'antique Massalia, la riche commerçante, devint presque elle-même un tas de ruines; ce fut une belle proie pour les Wisigoths, les Burgondes, les Goths et les Francs qui se la disputèrent et se l'arrachèrent successivement.

Ces trois siècles de troubles et de dévastations eurent pour tragédie finale le sac de la ville, livrée aux Sarrasins par le duc Mauronte leur allié, la destruction des monuments, des églises et de l'abbaye de Saint-Victor fondée au v° siècle par saint Cassien et devenue une grande école de théologie et de philosophie, le massacre des moines, des prêtres et celui des religieuses de Saint-Sauveur.

Marseille, reconstituée peu à peu, se trouvait au moyen âge formée de deux villes, la ville haute, ville épiscopale, fief des évêques, et la ville basse appartenant aux vicomtes, séparées par une muraille. De plus, une troisième agglomération,

MARSEILLE. — L'ABBAYE DE SAINT-VICTOR

la ville abbatiale, existait de l'autre côté du port autour de l'abbaye de Saint-Victor. Au commencement du xiii° siècle, la ville vicomtale, ayant conquis ou acheté ses franchises, se transforma en une république gouvernée par des Potestats élus. Elle ne dura qu'une cinquantaine d'années, mais ce fut pour Marseille une période d'accroissement et de prospérités. Cette république marseillaise, ayant discuté les droits de suzeraineté des comtes de Provence, tomba en 1256 sous les coups de Charles d'Anjou.

Marseille suivit alors la fortune de la maison d'Anjou. Ce fut de son port et et sur ses galères que partirent les expéditions dirigées sur Naples, mais en 1423, à l'occasion de ces éternelles luttes pour le trône de Naples, le contre-coup des expéditions la frappa à son tour.

Pour s'en tenir, dans l'histoire très touffue de cette antique Marseille, aux grandes lignes et aux seuls événements qui se rattachent à ce qui subsiste des monuments du passé, à ce qui reste sous nos yeux du décor de cette histoire, il faut rappeler, devant ce vieux château de Saint-Jean transformé sous le roi René et sous Louis XIV, la prise du port par les Aragonais en novembre 1423, racontée par l'historien de la Provence, César de Nostredame, frère de l'astrologue. Alphonse d'Aragon, compétiteur de Louis d'Anjou, attaqua Marseille par mer; il jeta ses galères sur le port, rompit la chaîne qui, du fort Saint-Jean à une tour bâtie à côté d'une chapelle sur le rocher qu'occupe le bastion Saint-Nicolas, fermait la passe et précipita ses soldats sur la ville. Ce fut une catastrophe; au cours de la terrible bataille qui se livra sur le port, les Aragonais mirent le feu aux maisons, le vent souffla l'incendie sur la ville, des rues entières flambèrent et s'écroulèrent pendant le combat et pendant la mise à sac qui suivit le carnage.

Entrons maintenant dans le détail de la ville après ce rapide souvenir donné à l'antique Massalia, et ce coup d'œil à sa magnifique porte sur la mer.

Sur la droite du port, en terrasse au-dessus du bassin du Carénage, un quartier de hautes et tristes maisons ou bâtisses industrielles enveloppe des plus laides et des plus sombres modernités une antiquité sombre et rébarbative, mais d'un majestueux caractère, l'église de la vénérable abbaye de Saint-Victor.

Quel contraste entre ses vieilles pierres austères, entre ces rudes murailles crénelées noircies par les siècles, et ces maisons banales, ces plâtras écaillés et enfumés. La vieille abbaye, qui jadis planait au-dessus du champ de repos des premiers siècles de Marseille chrétienne, qui domina ensuite les habitations peu à peu groupées sous sa protection et formant le bourg des seigneurs abbés, l'abbaye fortifiée qui a soutenu des sièges et après chaque désastre s'est relevée plus forte, est entourée maintenant, cernée et enfermée dans ces étroites et laides circonvallations.

L'apparence n'est pas d'une église, c'est un solide pâté de hautes et rugueuses murailles plutôt noires que rousses, percées de très peu d'ouvertures et crénelées au sommet, avec deux grosses tours carrées éclairées seulement d'un étage de grandes baies sous leur crénelage. L'intérieur a peu de curiosités à montrer, une statuette de la *Vierge Noire* et des cryptes où furent enterrés les martyrs chrétiens de Massalia.

L'abbaye fondée par saint Cassien au Ve siècle subit de terribles malheurs, elle fut détruite à deux reprises par les Sarrasins et attaquée maintes fois. Pendant douze siècles les moines de Saint-Victor tinrent une place importante dans l'histoire de cette ville, dont un tiers vivait sous la juridiction de l'abbé. La Révolution trouva l'ordre sécularisé et l'abbaye devenue collégiale de chanoines nobles portant tous le titre de comte. Les logis des nobles chanoines, les bâtiments divers, tout, sauf l'église préservée parce qu'elle servait de magasin de fourrages militaires, tomba

MARSEILLE. — ÉGLISE DE LA MAJOR

sous la pioche des démolisseurs. Ces belles tours, sauvées ainsi par bonheur, ont été élevées au milieu du XIV° siècle par le très digne et très vertueux abbé de Saint-Victor Guillaume de Grimoard, qui fut ensuite un des papes d'Avignon, l'austère Urbain V.

Quelle animation sur les quais au-dessous de ce silencieux fantôme noir, et quel tohu-bohu de matelots, de portefaix et débarqueurs, de douaniers, de voitures et de charrettes, d'attelages avec la grande corne noire sur le collier qui donne aux chevaux un faux air de rhinocéros ! Quel encombrement, quelles montagnes de bois, de caisses, de tonneaux, barils et futailles, de sacs de grains, de marchandises quelconques empilées sous des bâches. Au quai, des navires se pressent goélettes, bricks, tartanes, barques de déchargement ou *chattes* pour les navires qui n'ont pu trouver place à quai. Au bout du quai de Rive neuve, dans le fond du port vieux, un canal se rencontre enveloppant un grand pâté de constructions relié au quai par une demi-douzaine de ponts qui présentent à certaines heures le tableau le plus curieux et le plus pittoresque, encombrés comme ils se trouvent de pêcheurs, de marchands et de marchandes, d'acheteurs et de flâneurs, criant et offrant, marchandant et achetant du menu poisson et des huitres, des anguilles et des coquillages, des clovisses et des oursins...

Le canal des douanes aux abords si mouvementés était l'enceinte du bagne au temps où sur l'emplacement des rues voisines du quai de la Fraternité et de la Cannebière, se trouvait l'arsenal des galères disparu à la fin du siècle dernier. Le large quai de la Fraternité, c'est le fond du port, le point central du bruit, de l'agitation et de la gaieté, du Marseille tumultueux, du Marseille grouillant de foules affairées; c'est le point de départ des excursions en rade des barques de plaisance, le lieu de passage d'innombrables tramways, c'est le centre du mouvement commercial, le débouché de la Cannebière à côté de la Bourse.

Le mot *Cannebiero* signifie *Champ de Chanvre* et, dit M. Alfred Saurel dans son travail sur Marseille si bondé de renseignements, on ignore si le chanvre était cultivé à une époque relativement récente, ou s'il y avait seulement un dépôt de cordages, sur le terrain de la célèbre rue, qui date seulement de la fin du siècle dernier. Marseille au xviiie siècle finissait ici, la vieille ville s'étageait sur les pentes de la colline au-dessus des quais nord du port. Tout ce qu'il y a de ce côté oriental du vieux port est l'œuvre du xviiie siècle et de l'époque actuelle, la rue Saint-Ferréol et tout ce quartier de rues se coupant à angles droits. De l'autre côté de la Cannebière, les allées de Meilhan et le Cours du Chapitre naissent au xviiie siècle et se développent rapidement, puis Marseille, fabuleusement grandissante, prend à notre époque un prodigieux essor et pousse de tous les côtés ses boulevards et ses rues, remplit les intervalles entre les quartiers commencés, et s'élargit, grossit et s'allonge indéfiniment...

Des quais aux allées de Meilhan, dans ce cadre de hautes maisons, d'immeubles resplendissants, sculptés et dorés sur toutes les coutures, de somptueux magasins et de cafés éblouissants, sur la Cannebière cosmopolite se presse une foule bigarrée de promeneurs, de gens affairés, une population réunissant des échantillons de tous les mondes, de tous les peuples et de toutes les classes, depuis le matelot venant de quelque port lointain du Levant ou du Couchant, de Smyrne ou d'Océanie, depuis l'aventurier international en partance pour n'importe où, le nabab faisant escale sur la route de l'Inde, le négociant levantin à fez, l'Arabe en burnous, le Grec en fustanelle, jusqu'au Cook's Touriste, donnant une couleur

LA PORTE SAINT-PAUL A HYÈRES.

originale et exotique au fond marseillais populaire ou bourgeois, négociant ou élégant. La rue de Noailles continue la Cannebière, coupée à angle droit par les belles avenues de platanes du cours Belzunce qui montent vers la porte d'Aix. Les allées de Meilhan au bout de la rue de Noailles, les allées des Capucins et le cours du Chapitre sont plantés de la même façon; de gigantesques platanes entre-croisant leurs longues branches couvrent la foule des promeneurs d'une magnifique voûte de feuillage continue.

A la fourche des allées s'élève l'église Saint-Vincent de Paul, toute blanche et encore inachevée, grand édifice gothique en style du xiiie siècle, amalgamant les diverses beautés des classiques cathédrales gothiques, triple porche, grandes rosaces sculptées, galeries à jour et hautes flèches pyramidales hérissées de clochetons.

Des boulevards s'en vont dans toutes les directions, tirés au cordeau, alignant de grandes maisons plus ou moins somptueuses. Tout est neuf ici et trop souvent un boulevard ressemble trait pour trait à un autre boulevard, une rue à une autre rue. Pas d'édifices intéressants dans cette immense ville neuve qui va de Notre-Dame de la Garde, de la promenade du Prado au Jardin des Plantes et à la grande gare. La Bourse ou la Préfecture ne sont pas pour impressionner beaucoup. Le seul monument qui fasse honneur à notre époque, c'est au bout du boulevard de Longchamps, le palais des Beaux-Arts, original par sa disposition, par sa situation élevée, par sa riche décoration et par ses colonnades en hémicycle qui, au-dessus d'un château d'eau déversant en nappe les eaux prises au canal de la Durance, relient les pavillons du musée de peinture et du Muséum d'histoire naturelle.

La partie pittoresque de Marseille s'étage sur les pentes assez fortes de la colline qui abrite le port au Nord, c'est la vieille ville limitée par le cours Belzunce et le boulevard des Dames. C'est là que la ville grecque a succédé à la ville phénicienne et la ville du moyen âge à la ville gréco-romaine. Grâce à la configuration du sol, il est resté sur les pentes, malgré toutes les transformations, des quartiers de physionomie curieuse et d'une haute saveur pittoresque. Comme elles sont loin de la Cannebière et de la rue de Noailles, les petites rues qui débouchent sur le port. Étroites, raides, dégageant de fortes odeurs de poissons et de fruits mélangées, elles grimpent et se tortillent, ces ruelles parfois en escaliers, tournent et se faufilent, avec des détours et des carrefours où elles se ramifient à d'autres couloirs non moins abrupts, à des corridors s'escarpant ou dégringolant à travers la masse compacte des bâtisses. Rues de pêcheurs avec le pittoresque et le laisser-aller maritimes, les filets accrochés aux murs et le linge séchant aux fenêtres, rues de petit commerce tout aussi encombrées et animées, sont comme autant de rigoles qui déversent sur le port chacune un peu de foule et un peu de bruit, un flot humain venant se fondre dans le grand fleuve en mouvement sur les quais.

Bien curieuses ces raides ruelles du vieux Marseille, ces places où parmi les maisons bondées d'une populace bruyante se trouvent encore quelques anciennes demeures de grande bourgeoisie, quelques vieux logis aristocratiques, comme sur la place de Lenche une maison qui fut l'hôtel Riquetti de Mirabeau, où, en plein quartier des pêcheurs, daigna loger Sa Majesté Louis XIV. Il y a là aussi la montée des Accoules, au bas de laquelle se trouve le vieux clocher des Accoules abritant à sa base un calvaire pseudo-gothique posé dans la verdure sur des blocs de rocaille arrangés en grotte.

La magnifique cours Belzunce continué par la rue d'Aix aboutit à la porte d'Aix, arc de triomphe qui n'a rien de romain ; cet arc commencé sous la Restauration et terminé sous Louis-Philippe, célèbre à la fois les victoires du duc d'Angoulême et des armées de Louis XVIII en Espagne et les victoires et conquêtes des armées républicaines et impériales. Au-dessus de cette place d'Aix, près de l'église du Carmel, l'antique Massalia avait sa citadelle. Les souvenirs de batailles ne manquent pas à ce quartier. C'est là que l'armée impériale conduite par le connétable de Bourbon vint se heurter en 1524, et le nom du *boulevard des Dames*, qui prend à la porte d'Aix et conduit à la Joliette, est une galanterie justifiée par l'héroïsme déployé sur ce point par les Marseillaises du XVIe siècle. Lansquenets, arquebusiers et canonniers trouvèrent pour leur répondre les milices bourgeoises, tandis qu'à l'artillerie de l'ennemi, ripostaient gaillardement les canons de Marseille. Cependant les impériaux poussèrent mines et tranchées jusque sous les remparts, dont leurs batteries abattaient déjà de larges pans. Mais les Marseillais derrière ces brèches creusaient des contremines, élevaient une seconde muraille, et parmi les travailleurs se distinguaient les femmes de Marseille maniant sous le feu de l'ennemi la pioche et la pelle, portant les pierres et les munitions, encourageant les combattants des brèches par leur belle attitude, tant et si bien qu'après un dernier effort et un grand assaut les impériaux repoussés durent lever le siège.

Au milieu du quai, sous les vieux quartiers, s'élève l'hôtel de ville, commencé sous Louis XIV, repris et terminé au siècle dernier, grande façade à deux pavillons chargés de sculptures, parmi lesquelles se voit l'écusson mutilé aux armes de France, sculpté par Puget. En poussant un peu plus loin on rencontre au pied du fort Saint-Jean les bâtiments de la Consigne affectés aux services de la santé si importants pour un port comme Marseille en relation directe avec les foyers asiatiques de la peste et du choléra. La Consigne est décorée extérieurement de la statue de saint Roch, patron des pestiférés et intérieurement de tableaux de David, Guérin, Gérard, etc.; consacrés tous aux souvenirs des grandes épidémies, memento sinistre mais utile pour les médecins qui ont à décider des entrées libres et des quarantaines.

Le quartier de la Tourette en terrasse au-dessus du canal de jonction des deux ports, devant le vieux château des chevaliers de Saint-Jean, fut justement

MARSEILLE. — MONTÉE DES ACCOULES

le théâtre des scènes les plus horribles de la grande peste de 1720 et comme le charnier principal des pestiférés.

Cette esplanade de la Tourette d'où l'on découvre par-dessus les ports de la Joliette et le Môle de si larges horizons sur la mer, sur les îles et sur le déroulement lointain de l'Estaque, montre à sa pointe le vieux clocher sans flèche de l'humble église Saint-Laurent, à côté de laquelle s'élevait jadis le château Babon, citadelle de l'évêque seigneur de la ville haute.

Quand la peste, apportée le 27 mai 1720 par un navire venant de la Palestine, se répandit d'une manière foudroyante par toute la ville, les cadavres s'entassèrent bientôt partout, dans les rues et sur le port, pêle-mêle avec les malades et les mourants. On mourait de faim aussi, l'approvisionnement ayant cessé. Les vieux quartiers des pêcheurs étaient particulièrement éprouvés, au point qu'une rue où la peste exerça ses plus cruels ravages fut murée aux deux bouts. En septembre le fléau étant en recrudescence, l'évêque de Marseille,

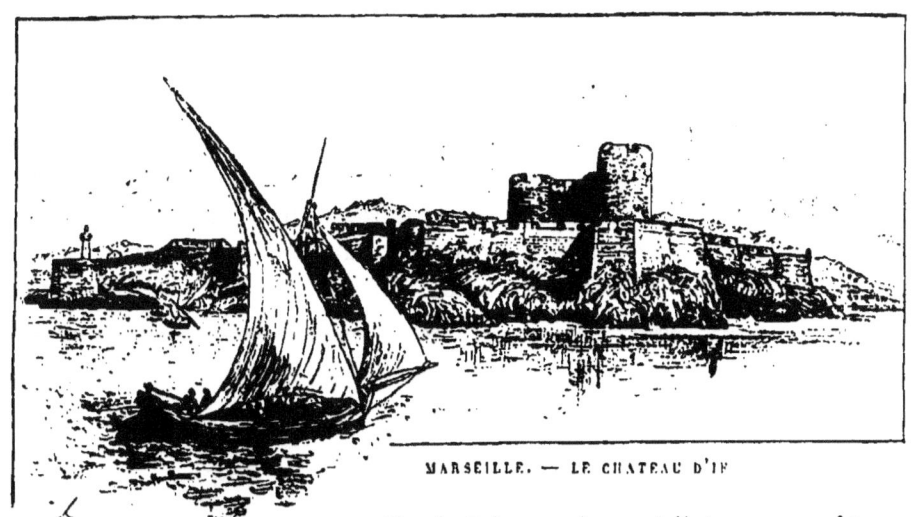

MARSEILLE. — LE CHATEAU D'IF

Mgr de Belzunce immortalisé par son dévouement, célébra pieds nus et la corde au cou, la messe du désespoir sur un autel élevé en plein air parmi morts et mourants. Alors comme deux mille cadavres pourrissaient au soleil abandonnés sur le port, formant un immense foyer d'infection, le chevalier Roze, échevin, entreprit la besogne horrible d'enlever toute cette putréfaction ; trois cents forçats, à qui l'on promit la liberté, dirigés par les échevins et le gouverneur, la figure couverte d'un masque de toile imbibé de vinaigre, traînèrent les corps dans des charniers creusés sous la Tourette, fossés ou anciennes excavations du vieux château Babon, et sur les lits de cadavres versèrent des tonneaux de chaux vive.

Maintenant sous ces terrasses de la Tourette s'étendent les bassins de la Joliette, aussi bondés de navires que le port Vieux, un autre fouillis de mâts et de cheminées, de gros vapeurs chargeurs ou de navires des différentes messageries méditerranéennes, derrière lesquels s'entrevoient les Docks et tout un développement en grandes lignes de bâtiments et de magasins, la gare maritime et encore des bassins, ensemble confus et mouvementé que domine de toute sa taille la gigantesque cathédrale.

La pauvre petite cathédrale, la Major, écrasée par la grande, mérite bien une visite. Extérieurement elle n'a pas l'air d'une église, on dirait plutôt un tas de maisons vieilles et décrépites accommodées avec des restes de remparts. Ces remparts, c'est le mur de la nef et c'est la petite et rude abside accolée à ce mur.

L'église possède une tour rugueuse et sans décoration, couronnée d'un campanile de deux étages à ciel ouvert. Le délabrement de l'extérieur fait par contraste paraître l'intérieur de la Major plus riche, presque somptueux, avec un luxe de colonnes, de sculptures et de peintures auquel on ne s'attendait pas. Un dimanche à l'heure de la messe, la Major, paroisse du vieux Marseille, remplie de populaire, forme un tableau très coloré, bien différent de celui que présentent les paroisses élégantes et fait penser à une église de bonne petite ville.

Cette cathédrale des vieux Marseillais succède sur ce point, après quatre ou cinq reconstructions, à une cathédrale païenne de Massalia, temple consacré à Diane, — ou peut-être, comme le pense M. Alfred Saurel, à une divinité protectrice des marins, — qui avait déjà pris la place d'un temple phénicien.

Sur ce sol vénéré depuis tant de siècles, l'édifice religieux va se trouver renou-

NOTRE-DAME DE LA GARDE, A MARSEILLE

velé encore une fois, la Major déjà amputée va disparaître tout à fait, remplacée par l'église byzantine aux dômes roses, aux coupoles dorées.

Quelques églises présentent encore un intérêt, non de premier ordre mais relatif, comme Saint-Laurent ancienne église des prêcheurs ou dominicains, l'église du Carmel, l'église Saint-Martin, église que le siècle pompeux de Louis XIV, le siècle de Louis XV et le nôtre se sont escrimés à enlaidir de portiques et de frontons. Mais là-bas, sur la sèche colline d'en face, notre époque a posé, comme pendant à la cathédrale, une magnifique église romano-byzantine, qui domine de son dôme et de sa haute tour surmontant un vieux fort, tout le vaste paysage, la ville et les ports étendus à ses pieds, et fait planer la statue de la Vierge sur d'immenses étendues, mer, îles, étangs, montagnes.

La montagne de la Garde, ce bloc calcaire piqueté de rares touffes d'herbes, est d'une jolie taille déjà ; elle s'escarpe au-dessus de la vieille abbaye de Saint-Victor. Les Marseillais du moyen âge avaient bâti là une tour, vedette chargée de signaler les pirates barbaresques, à laquelle tour un ermite était venu accoler une petite chapelle dédiée à Notre-Dame ; le roi François Ier, après la première invasion de la Provence, remplaça la tour par un fort qui à la deuxième apparition des Impériaux, eut l'occasion de tirer ses premiers coups de canon. Montluc en ses *Commentaires* en parle lorsqu'il raconte son entreprise pour la destruction du grand moulin d'Auriol approvisionnant les troupes de Charles-Quint.

Le fort eut pour gouverneur sous Richelieu le poète Scudéry qui se plaignait du peu d'avantages attachés à la place. Ce vieux bastion rissolé sur son roc, avec son poète matamore pour gouverneur, perdit encore de son importance quand en 1660, dans la ville de Marseille révoltée contre Mazarin, Louis XIV, entrant par une brèche pratiquée aux remparts, fit, pour mater définitivement la ville autant que pour la défendre, construire les deux forts d'entrée du port, Saint-Jean et Saint-Nicolas.

Chapelle et Bachaumont dans leur voyage en Provence ont vu alors le fort de la Garde à peu près abandonné.

> C'est Notre-Dame de la Garde,
> Gouvernement commode et beau,
> A qui suffit pour toute Garde
> Un Suisse avec sa hallebarde
> Peint sur la porte du château...
> ... Le gouverneur de cette roche
> Retournant en cour par le coche
> A, depuis environ quinze ans
> Emporté la clef dans sa poche.

Plantée très pittoresquement sur les vieux bastions du fort, en haut de ce roc aride et nu, l'église Notre-Dame de la Garde, avec sa haute et fine silhouette, ses belles lignes originales, complète magnifiquement le paysage et fait également bien, vue du côté de la mer, au-dessus des longues rampes et du grand perron qui monte à la tour, que du côté de l'abside tournée vers un vallon rocailleux. Superbe édifice à grandes arcatures sur les côtés, aux transepts et au chevet, l'église élève sur ce chevet une coupole à lanterne octogonale et, de plus, au-dessus de la façade, une tour haute de 45 mètres, élégante et fine, terminée, sur un beau piédestal en lanternon aveugle, par une colossale statue de la Vierge. Son architecte, M. Espérandieu, l'a faite aussi riche à l'intérieur, avec ses colonnes et ses marbres de couleurs différentes.

Création nouvelle aussi, la route de la Corniche, qui, partant du Pharo où le château offert jadis à Napoléon III par la municipalité vient d'être affecté à l'Ecole de Médecine, suit le bord de la mer au-dessus des criques rocheuses et des plages, longeant l'anse des Catalans maintenant bordée de maisons de rapport et de cabines de bains, l'anse des Auffes et bien d'autres pittoresques infractuosités.

La route de la Corniche rencontre la promenade du Prado au château Borely. C'est dans cette villa d'un riche Marseillais du siècle dernier que se trouvent les collections complémentaires du palais des beaux-arts, le musée des antiquités grecques, romaines et phéniciennes.

La mer bleue étincelle au large des îles derrière les montagnes pelées de l'île Pomègue et les bastions de l'île d'If. Le château d'If, cette vieille défense de la rade, est comme le fort de la Garde une construction de François Iᵉʳ ; c'est un vaste tas de pierres posées sur le roc, à pic au-dessus des flots ; au centre des bastions qui suivent tous les ressauts du rocher, s'élèvent de grosses tours rondes de mine assez rébarbative. On connaît la légende du château d'If. Il était prison d'Etat en même temps que forteresse et bien des gens y furent logés qui ne devaient pas apprécier beaucoup le panorama qu'on embrasse de ses plates-formes, ou le pittoresque de sa cour intérieure. L'homme au Masque de fer y resta quelque temps ; Mirabeau aussi, sur la réquisition de son père, y fut enfermé pour essayer de calmer ses fougues de jeunesse.

LA CIOTAT

LA COLLINE D'HYÈRES

XIII

TOULON. — HYÈRES

ROCS, FORTS ET BATTERIES. — FAÇADE SUR LA MER
LE QUAI DE LA VIEILLE DARSE. — LES CARIATIDES DE PUGET
LE SIÈGE DE 93 — LA TERRASSE DE L'ÉGLISE SAINT-PAUL
LA PRESQU'ILE DE GIENS ET LES ILES D'OR

La côte d'Azur commence ici, cette resplendissante bordure de mer qui des rochers marseillais aux caps prestigieux de Menton couverts d'orangers et de palmiers, va de merveille en merveille, encadrant la vaste nappe de la Méditerranée bleue d'un long déroulement de féeries.

Devant cette mer qui a reflété au loin de si belles côtes et qui vient à elle souriante et caressante, il semble que la terre provençale ait voulu se mettre en frais de coquetteries; l'Alpe, austère ailleurs, s'est faite séduisante, et le vieux roc lui-même s'est vêtu de verdure exubérante et de fleurs.

De cap en cap ce ne sont que superbes tableaux défilant, l'un suivant de près

VUE GÉNÉRALE DE CANNES.

l'autre, se présentant avec la plus grande variété de formes, de couleur et de caractère; c'est une dentelure de pointes rocheuses poussant de pittoresques éperons vers le large comme pour rejoindre des îles admirablement découpées qui semblent danser dans le soleil, bercées par le flot bleu. Les baies largement ouvertes en conques enfermées dans les montagnes boisées, succèdent aux anses gracieuses ourlées de sable jaune comme de petites cornes d'or, aux calanques, comme on appelle sur la Méditerranée les criques encadrées de belles roches, d'un dessin si classique parfois qu'on s'attendrait à y voir des trirèmes antiques couper la ligne d'horizon ou le navire d'Ulysse lui-même échoué sur le sable.

Jusqu'à Toulon d'abord, il y a derrière les montagnes de la Gardiole et le mont Puget, derrière les hautes chaînes pelées, l'apparition de Cassis tout à coup, un petit port de cabotage et de pêche au pied de montagnes brûlées par le soleil, puis la Ciotat, port plus important sous d'autres montagnes bizarrement découpées finissant en cap dans la mer.

Sous les masses rocheuses, avec la pointe du *Bec d'Aigle* en avant, la Ciotat allonge son môle, ses chantiers maritimes et ses maisons blanches à l'entrée du petit golfe des Lèques où des tartanes, cinglant vers la haute mer, découpent leurs grandes voiles comme des ailes blanches immenses sur le fond sombre de l'île Verte. Ensuite un cap à tourner et c'est Bandol, un autre golfe plus petit, une côte plus déchiquetée en pointes et en îlots, avec de hautes montagnes toujours dans le fond, des flots de verdure partout et un vieux fort sur un roc au-dessus du port. Dans ces montagnes au profil si bien découpé, où dans l'aridité du roc tout sec s'encadrent des coins de végétation admirable, il y a la ville d'Ollioules gardant l'entrée de ses fameuses gorges, du sauvage défilé qui jadis avait si mauvaise réputation. Puis la presqu'île du cap Sicié déploie ses hauteurs et ses rochers, projetant en mer d'autres protubérances, pointant d'autres promontoires, allongeant d'autres presqu'îles pour former la rade de Toulon, et relier ses pointes et ses îlots aux pointes et aux îlots de Giens et d'Hyères.

Au fond de ce petit golfe fermé presque comme un lac, dominé de partout par un cercle de rudes montagnes, d'abrupts rochers portant des redoutes ou des forts, Toulon apparaît. Autour de la ville, en avant et au-dessus, chaque cime se termine en batterie, chaque ressaut se découpe en fortin, des lignes régulières de bastions se dessinent et dans les cassures du roc zigzaguent des chemins militaires. Ce sont les forts du mont Faron surplombant la ville, le fort la Malgue, le fort Malbousquet, l'ancien fort du Caire dont les Anglais au siège de 93 avaient fait le Petit Gibraltar, que battait la *batterie des hommes sans peur* et que prit le petit commandant d'artillerie Bonaparte...

Toulon, sous ces montagnes percées d'embrasures allongeant des gueules de canons, sous cette accumulation de batteries, est une ville toute rose et toute blanche, très serrée, très à l'étroit dans son corset bastionné, mais d'aspect gai, avec autant de verdure que possible aux endroits où elle peut se mettre un peu plus au large, et une façade sur la mer tout à fait charmante.

Toulon, en réalité, c'est seulement cette superbe façade maritime, si curieuse et si animée, ce trottoir sur la Méditerranée avec sa file de grandes maisons, ses tentes couvrant passants et matelots, son ponton et ses bateaux à quai devant les cafés. Le port si remuant, découpé par des môles, la Darse vieille et la Darse neuve d'un côté, le port marchand et l'Arsenal du Mourillon de l'autre, c'est pour ainsi dire toute la ville, le reste n'est rien ou peu de choses. Des monuments il ne s'en trouve guère dans la vieille ville ou dans la nouvelle. Au nord il y a la ville neuve construite après la démolition d'une partie de l'ancienne enceinte reportée beaucoup plus loin, ville distribuée en larges rectangles réguliers, de chaque côté d'une grande place d'armes brûlée par le soleil.

Ce ne sont pas les cases de ce damier ni les édifices élevés sur son grand boulevard, — lycée, théâtre ou hôpital, — qui intéresseront passionnément. La vieille ville est toute différente. A part les quelques rues importantes, les rues de commerce, celles qui mènent au port ou bien les grandes transversales, ce sont rues étroites aux grandes et hautes maisons où se tasse une nombreuse population, vieilles rues et maisons anciennes par endroits, mais avec tant de badigeon sur les vieux murs et tant de lumière tombant du ciel que cette vieillerie passée à la chaux et habillée de rayons de soleil garde encore quelque coquetterie. Des voies commerçantes très animées des quartiers de l'arsenal, des quartiers bourgeois de la nouvelle ville, des rues populaires de l'ancienne, tout le mouvement aboutit au port, à cette façade de la ville sur la vieille Darse.

De l'arsenal jusqu'au port marchand s'étend une longue ligne de hautes maisons dont les rez-de-chaussée, en magasins, bazars et cafés, sont abrités sur toute la largeur du quai par une tente continue, par des toiles tendues sur des tringles fixées à des fûts de bronze. C'est un défilé perpétuel, sous cette longue tente, de toutes les classes de la population toulonnaise, terrienne ou flottante, d'ouvriers du port et de négociants, de matelots et de soldats d'infanterie, de jeunes midshipmen et de fonctionnaires de la marine à plus ou moins de galons, d'élégantes compagnes d'officiers et de femmes de pêcheurs. On y voit même des Bretonnes en coiffes à larges ailes au bras de quartiers-maîtres de la flotte. Cette promenade le long de laquelle clapote l'eau bleue, ou devant les terrasses des cafés abordent directement les embarcations de la flotte, est comme un pont de navire à l'ancre et réunit sur un très petit espace, tout comme un pont de ces cuirassés qui passent en rade, des échantillons de gens de mer de toutes les côtes.

Dans les mains des gens attablés devant les cafés, n'aperçoit-on pas des journaux de bien loin d'ici, la *Vigie de Cherbourg* ou des feuilles de Brest? Il n'y a cependant pas à se tromper de port de guerre; à la couleur du ciel et de l'eau, à l'éclat de la lumière, au ton vif des maisons, aux grandes voiles latines des barques on se sent bien à Toulon.

Comme perspective à ces terrasses de cafés, à ces terrasses de restaurants, on a, juste devant et à quelques mètres seulement, les embarcadères des petits vapeurs qui font le service de la rade et, autre note plus pittoresque, le ponton l'*Amiral*, vieille frégate démâtée, peinturlurée de blanc, recouverte d'un toit de planches et placée la poupe au quai, avec l'escalier de bois montant à bord relié au sol par une passerelle gardée par un factionnaire.

Sur la gauche du quai sont amarrées des barques de commerce, des tartanes élevant leurs longues vergues en antennes au-dessus de leurs ponts abrités par les voiles contre les ardeurs du soleil, et formant un joli groupe aux gréements embrouillés s'effilant sur des fonds éclatants de maisons jaunes.

Autres perspectives à l'autre bout du quai. Par là, toute la partie ouest

TOULON. — LE GÉNIE DE LA NAVIGATION

de la ville et de la rade est prise par l'arsenal, qui s'ouvre près de l'ancienne place d'Armes par un portique monumental à colonnes doriques décoré de trophées et de statues.

Des môles bastionnés et des batteries encadrent le bassin de la Darse neuve, qui se continue par des bassins et des bâtiments en lignes immenses.

En arrière des pontons-casernes ou écoles, dans la forêt confuse des mâtures se distinguent de grosses masses et des carapaces étranges de monstres marins modernes, puis les longs bâtiments des corderies, des machines à mâter, des toits de magasins et d'ateliers de la marine. Des embarcations passent rapides, enlevées par des bras vigoureux de rameurs nageant avec ensemble, canots de corvées ou canots d'officiers croisant des chaloupes à vapeur. En avant de l'arsenal et de ce tableau mouvementé, entre la Darse neuve de Vauban et la Darse vieille d'Henri IV, ces longs bâtiments là-bas regardant le quai si amusant et si gai, abritaient et gardaient, il y a vingt ans à peine, une vilaine population, c'est l'ancien bagne abandonné pour la Nouvelle-Calédonie.

Juste au milieu du quai de la ville, devant un terre-plein formant encoche sur le port, s'élève le principal édifice de Toulon, l'hôtel de ville, remarquable surtout par sa belle entrée Louis XIV décorée par Puget. C'est une porte cintrée dont l'imposte est garnie de beaux ornements de fer repoussé rayonnant autour d'un soleil central. De chaque côté de la porte, sur les pieds droits décorés de coquillages, se tordent les deux célèbres cariatides du Puget : deux hommes d'une vérité de mouvement, d'une intensité d'expression extraordinaires, supportant accablés sous le poids le balcon du premier étage, deux admirables figures d'esclaves dont les modèles ont dû être fournis par les chiourmes des galères du roi, à l'ancre dans la Darse. Entre les deux, à la clef de l'arcade, se replie sous le balcon, un cartouche de forme originale avec une tête de faune au centre encadrant les armes de la ville.

TOULON. — MAISON DE PUGET

Le grand sculpteur Puget avait sa maison tout à côté de l'hôtel de ville, à l'angle de la rue de la République parallèle au quai ; la façade a perdu quelques-uns de ses ornements, mais elle est restée remarquable par sa porte où Puget a sculpté un mascaron et placé de belles ferronneries, par ses balustrades et par ses grillages de fenêtres au rez-de-chaussée.

Une loggia à double arcature s'ouvrait autrefois au premier étage au-dessus du grand arc de la porte, elle a été supprimée et remplacée par une simple fenêtre. — Sous le vestibule d'entrée, on peut encore admirer la superbe rampe de fer forgé. Quant à la distribution intérieure de la maison, elle a subi des changements aussi, et les peintures exécutées par Puget pour la décoration de quelques plafonds ou panneaux ont disparu dans les terribles catastrophes qui fondirent sur Toulon en 93.

Il y a sur le terre-plein du quai, devant les cariatides de Puget, une autre belle chose, une statue moderne qui est bien à sa place ici et dit bien ce qu'elle veut dire. C'est le *Génie de la navigation*, du sculpteur toulonnais Daumas, une belle figure d'homme nu, une rame à la main, en mouvement vers la mer et montrant du doigt les espaces illimités.

En continuant le quai, on arrive au port marchand et aux bassins du Mourillon, faubourg encadré par des bastions, qui s'en va vers la pointe de la petite rade et le fort La Malgue. Le Mourillon est un second arsenal moins important et moins intéressant que celui de l'autre côté. Que chercher encore à l'intérieur de la ville derrière ce quai si amusant? Le cours Lafayette qui donne sur le port, à deux pas du Génie de la mer et forme un agréable tableau avec ses rangées de

TOULON. — LES CARIATIDES DE PUGET A L'HÔTEL DE VILLE

platanes et son animation; l'ancienne cathédrale Sainte-Marie Majeure, vieille église romane refaite ou si considérablement agrandie au XVIIe siècle, qu'il ne reste plus à peu près rien de l'ancien édifice sous les somptuosités à la Louis XIV. Puget et ses élèves ont travaillé à sa décoration. Extérieurement, la façade est un grand portique à colonnes corinthiennes entièrement peint en blanc, éblouissant sous le soleil, à côté d'une haute tour carrée portant les cloches sous une armature de fer.

Il y a bien des raisons pour que Toulon n'ait rien de bien ancien à montrer.

La ville d'abord était de peu d'importance au moyen âge et elle a été si souvent alors ravagée par les descentes des barbaresques. Les Sarrasins, même après qu'ils furent chassés de leur repaire du Fraxinet, vinrent plusieurs fois piller et dévaster la pauvre petite ville ; en 1178, comme revanche des croisades, ils prirent encore Toulon relevé de ses ruines, abattirent tout ce qu'ils purent abattre et emmenèrent en esclavage les habitants échappés au massacre ; en 1196, quelque temps après la croisade de Philippe-Auguste, Toulon les revit encore et succomba de même.

Ce sont les Valois qui songèrent à faire de ce port, si admirablement disposé par la nature, un poste important pour leur marine. La Grosse Tour, à la pointe de la petite rade, est un reste des fortifications de François Iᵉʳ. A cette époque, Toulon tomba entre les mains de Charles-Quint et peu après fut encore assailli par ses vieux ennemis sarrasins ; c'étaient des forbans algériens, qui de nouveau pillèrent, massacrèrent et saccagèrent, emmenant au départ, comme esclaves, autant de gens qu'ils en pouvaient charger sur leurs navires. Ce qui n'empêcha pas les navires barbaresques de revenir dix ou douze ans plus tard hiverner dans le port de Toulon, Barberousse, le dey d'Alger, étant devenu l'allié de la France contre Charles-Quint.

Avec Henri IV qui construisit les môles de la vieille Darse, des bastions et des forts, — avec Richelieu qui continua les travaux et fit de l'arsenal naissant une base d'opérations pour ses flottes, le poste de ses galères, le port d'attache de la flotte du Levant, — avec Louis XIV qui, sur les plans de Vauban, creusa la nouvelle Darse, donna à l'Arsenal, à ses chantiers, magasins et bâtiments, un développement considérable et, pour mieux protéger le tout, construisit de nouveaux forts et de nouvelles batteries, Toulon supplanta définitivement Marseille comme port militaire. Ces défenses de Vauban eurent l'occasion de montrer leur valeur à la fin du règne de Louis XIV. En 1707, attaqué du côté de terre par le prince Eugène et le duc de Savoie, du côté de la mer par les flottes anglaise et hollandaise réunies, Toulon, défendu par le gouverneur de Provence, le vieux comte de Grignan, gendre de Mᵐᵉ de Sévigné, admirablement secondé par la population, força l'ennemi à se retirer, après trois semaines de siège et un bombardement de trois jours.

Mais le grand drame de l'histoire de Toulon, c'est le siège de 1793 qui déchaîna sur la ville les plus effroyables catastrophes, faillit amener sa démolition décrétée par la Convention et lui fit perdre un instant jusqu'à son nom. C'est le port livré aux Anglo-Espagnols, c'est le siège par l'armée de la Convention avec Bonaparte commandant l'artillerie, foudroyant et enlevant l'un après l'autre les forts petit Gibraltar, Malbousquet, l'Aiguillette ; ce sont les scènes terribles de la fin, les Anglais avant de quitter la ville détruisant l'arsenal, leurs brûlots courant les bassins, vingt frégates françaises flambant ou sautant dans le port, puis l'embarquement des Toulonnais compromis interrompu par l'entrée des troupes républicaines avec les représentants du peuple, — et comme couronnement à ces effroyables scènes, Robespierre jeune, Fréron et Fouché dans l'horreur du désastre, dans le tourbillon des fumées de l'incendie, faisant mitrailler les malheureux Toulonnais qui n'avaient pu trouver place dans les chaloupes anglaises ou espagnoles !

Hyères ! une admirable végétation, des citronniers, des orangers, des champs de roses que surmonte çà et là le panache d'un palmier ; un beau fond de montagnes superbement découpées, une côte radieuse. Au pied d'un hérissement de rochers pointus une ville neuve, ville de plaisance en luxueuses constructions, des boulevards où se balancent des palmiers en longues files ; puis, étagée sur les pentes, une vieille ville extrêmement pittoresque, d'antiques constructions serrées que couronnent enfin les ruines d'une forteresse éparpillées dans la verdure, voici qui contraste fort avec Toulon, très moderne ville de guerre, entassement de bastions sur un roc chauve.

HYÈRES. — TOUR DE L'HÔTEL DE VILLE

On comprend la séduction de cette ville à l'atmosphère de fleurs d'oranger, de ce merveilleux paysage à grandes lignes mouvementées. Ces chauds parfums de fleurs, cette odeur des orangers, c'est une sensation d'Espagne que je retrouve, cela me rappelle l'entrée en Andalousie, l'odeur de la campagne de Cordoue à la descente des rudes montagnes de la Sierra Morena, plus âpres encore que celles de Toulon.

Du tertre sur lequel la vieille ville est posée, émergeant de la superbe verdure des jardins, elle voit filer de tous côtés des lignes de montagnes vertes et bleues : tout près d'elle les collines boisées qui vont border la mer au-dessus de la presqu'île de Giens, laissant entre elles des vallées charmantes ; vers l'Ouest les montagnes des environs de Toulon grises et sèches, aux crêtes vives, aux flancs dénudés, dominées par le Coulon, haut soulèvement rocheux qui se dresse au-dessus des forêts de pins ; vers l'Est enfin, les dentelures de la chaîne des Maures et le vert sombre des premières forêts de ce massif épais et compliqué qui s'étend d'Hyères à Fréjus, repaire il y a huit siècles des derniers Sarrasins.

En avant du rocher d'Hyères s'étend une belle plaine, une très riche campagne en culture de fleurs et de primeurs, données avec exubérance et prodigalité par un sol généreux. Deux cours d'eau, le Gapeau aux rives charmantes et le Béal, dérivation qui file sous le mont Fenouillet, arrosent et fertilisent merveilleusement cette belle vallée. Une douceur de climat proverbiale, un ciel toujours pur, quarante ondées par an à peine. Pas d'hiver ici. Peut-on appeler hiver quelques journées de ciel maussade et de pluie un peu froide, sur ce coin de terre privilégié admirablement abrité par un paravent de montagnes. Aussi fraises et roses viennent-elles avec petits pois et autres légumes, bouquets de fleurs et verdures tendres, alors que janvier nous recouvre encore de son suaire de neige.

Il manque la mer à ce coin de paradis, elle est au fond du tableau, à quelques kilomètres au bout de cette plaine et derrière les collines de l'Ermitage et de Costebelle, où deux flèches de sable, perpendiculaires au rivage, rattachent à la côte la presqu'île de Giens, devant les belles îles d'Hyères, Porquerolles, Port-Cros, Titan égrenées en rade.

Dans la ville neuve ce ne sont que villas magnifiques et coquettes architectures, de grands hôtels internationaux parmi des massifs de plantes tropicales sur des avenues d'aspect véritablement africain, de longues rangées de palmiers hauts de dix à douze mètres, au boulevard des Iles d'or, au boulevard des Palmiers où voici parmi les villas une église à vendre ou à louer, une église de style gothique anglais, ayant appartenu au culte évangélique. Il y a des plantations récentes comme le boulevard Godillot où les palmiers ne balancent pas encore très haut leur éventail, mais poussent vigoureusement et se hausseront un jour à la taille de leurs congénères géants de la place des Palmiers. Cette place des Palmiers, ouvrant sur la longue rue qui tourne au bas de la ville haute, est le centre de la ville neuve. Sept magnifiques palmiers dattiers y encadrent un petit obélisque devant un kiosque à musique, devant de hautes et somptueuses maisons ou villas. On ne se douterait pas que derrière ces demeures élégantes et élégantissimes,

DRAGUIGNAN.

immédiatement derrière, se cache une vieille petite cité très moyen âge, très serrée, très défilée du soleil, aux ruelles en cascade bordées d'antiques bâtisses d'une sombre coloration, de bâtiments ruinés et de vieux murs romans. On pénètre encore par des portes gothiques un peu abîmées dans l'agglomération de vieux logis qui fut l'Hyères des siècles passés, soigneusement enfermée et verrouillée derrière ses remparts pour se défendre, comme elle en eut souvent l'occasion, contre les descentes des écumeurs barbaresques de la Méditerranée.

Dans ce quartier de la ville haute on trouve à mi-côte une place pittoresque, quelque peu gâtée il est vrai par un marché couvert moderne. Au milieu des vieilles maisons trône une grosse tour ronde flanquant d'anciens bâtiments aux rudes pierres brunies, devenues couleur terre de Sienne, percées de fenêtres cintrées, c'est l'hôtel de ville établi dans une ancienne commanderie de Templiers. Bien entendu, la tour porte la cloche municipale sous son armature de fer. Sous la tour, à côté de la place Massillon, — le grand orateur chrétien du *Petit Carême* est né à Hyères dans une maison voisine de la place, — se glisse une rue qui grimpe à l'église Saint-Paul dans l'ombre des vieux murs de l'hôtel de ville, plus sombres encore de ce côté. Sous d'antiques façades vermoulues, des ruelles couloirs s'enfoncent à droite et à gauche, par des rampes ou des escaliers, dans le fouillis des maisons jetées sur les pentes en un désordre complet. Chacune de ces ruelles, chacun de ces corridors donne lieu à chaque tournant aux plus agréables surprises, fournit à chaque pas des aspects curieux, des motifs du plus savoureux pittoresque. Ici une cour, là une impasse, ailleurs des zigzags de ruelle tournant et montant vers des ruines envahies par la végétation, entre de vieux murs surmontés d'agaves aux pointes aiguës, tandis qu'en tournant la tête d'un autre côté on plonge tout à coup sur quelque coin de jardin en terrasse, par-dessus des toits que domine un svelte palmier.

Et elles sont très mouvementées, ces ruelles; des jeunes filles, des cruches de terre verte à la main, vont à la fontaine, des femmes reviennent des champs avec des charges de verdure, des bandes d'enfants dégringolent les escaliers, des gens tiennent des clubs en travers de l'étroite et sinueuse voie publique, l'obstruant avec chaises, tables ou paniers, bavardant, jouant, criant presque comme dans une rue napolitaine.

Au coucher du soleil la terrasse de Saint-Paul est admirable. C'est un balcon au-dessus de la ville, en avant d'une église très antique, très sombre et très rébarbative. L'architecture de Saint-Paul n'a rien de remarquable; c'est sa situation sur un rocher posé sur le toit des maisons qui fait toute sa beauté; ses hautes murailles écorchées et brunies cramponnées au roc, percées de quelques fenêtres ogivales, s'arrangent si bien avec tout le reste du décor. Ce qui fait particulièrement bien sur la terrasse, c'est la porte Saint-Paul au pied de l'église;

cette porte est maintenant transformée en villa, portée en partie par une voûte
en arc surbaissé débouchant sur la place en terrasse, et ouverte aussi de côté
au-dessous d'une fine tourelle en encorbellement sur l'angle. Le regard embrasse,
de cette terrasse en avant de l'église, une large étendue de terre, de mer et de
ciel au-dessus de la dégringolade des toits étagés de la vieille ville, des vieux
toits à grosses tuiles rondes et rousses, entre lesquels se creusent comme de

VIEILLES MAISONS, A HYÈRES

sombres ravins quelques rues bientôt perdues dans la masse, où la vieille commanderie de Templiers fait une tache plus sombre. Au loin après les coquetteries de
la ville neuve et les villas blanches enfoncées dans le vert des jardins, la mer
étincelle et dans le papillotement de la lumière on distingue les dentelures de
la côte, les bois de pins et les salines de la plage, les belles collines de l'Ermitage
avec les îles au loin. Toujours sur cette esplanade, sur le côté de l'église, en
tournant le dos à ce panorama, ce sont d'autres motifs pittoresques. Près d'un
calvaire élevé à l'angle de la terrasse une ruelle descend sous l'abside de l'église,
à travers de très vieilles maisons, et de là, par-dessus la plongée de cette rue,

s'entrevoit un coin des ruines qui couvrent la colline, un autre décor, avec des palmiers, quelques façades blanches dans la verdure et tout en haut de la pente, émergeant de la végétation exubérante, des restes de remparts et de tours.

Du vieux château qui protégeait la ville il est resté sur la colline des murailles escaladées par le feuillage, quelques tours de formes diverses, des ruines hérissant à souhait pour le plaisir des touristes et des hivernants d'aujourd'hui les crêtes du rocher. Dans les sentiers tournant sur les pentes, dans les ruelles extravagantes et sur les coins des rues en escaliers, parmi de beaux groupes de logis moyen âge, il s'en trouve encore d'autres, des ruines ou quasi-ruines, de vieilles maisons romanes très misérables, changées en écuries ou en taudis, trouées, déjetées et toutes rafistolées, dont les ouvertures cintrées, murées ou non, laissent deviner d'anciennes dispositions de façades assez jolies.

HYÈRES. — SUR LA TERRASSE DE SAINT-PAUL

Au bas de la ville haute, après une ancienne porte serrée entre les maisons, Hyères possède un autre vieil édifice romano-gothique, l'église Saint-Louis, sur la place Royale ornée, à quelques pas de l'église, d'une statue du fondateur de la branche angevine des comtes de Provence, Charles d'Anjou, qui enleva à ses seigneurs naturels la très importante seigneurie d'Hyères, et le château non moins important pour la domination ou la défense du littoral.

Au retour de sa malheureuse expédition d'Égypte, après sa captivité et un séjour de cinq années en Orient, saint Louis débarqua en rade d'Hyères sous le castel de son frère, en juillet 1254, ayant navigué depuis la fin d'avril et plus d'une fois cru voir couler dans la tempête, la nef avariée qui le portait avec la reine, les jeunes princes et nombreuse chevalerie.

Les corsaires barbaresques, la grande terreur des côtes de Provence, plus d'une fois apparurent en vue d'Hyères, se précipitant sur les villages, pillant, incendiant, et regagnant bien vite leurs légères balancelles mouillées dans quelque crique.

Du temps de l'alliance franco-turque au XVIe siècle, la rade d'Hyères vit deux fois ces mêmes Algériens, avec Barberousse, venir en amis qu'il fallait surveiller de très près pour les empêcher de pirater comme d'habitude.

La période la plus désastreuse pour la ville fut la période des guerres de religion, les différents partis s'y combattirent si longtemps et si rudement, tant dans la ville que dans le château, qu'à l'avènement d'Henri IV, le tout semblait une vaste ruine; il fut même quelque temps question de transporter la ville à plusieurs kilomètres en avant de son emplacement, sur la plage du Ceinturon, où des travaux furent entrepris pour creuser un port; mais pendant qu'on étudiait les projets de ville nouvelle, les habitants réparaient à peu près leurs ruines et se réinstallaient dans l'ancienne cité, continuant à regarder de loin la rade lumineuse et le chapelet des îles d'or, égrené au large dans le double azur des flots et du ciel.

La rade d'Hyères forme un immense bassin que la côte enserre dans un demi-cercle presque régulier, dont les pointes extrêmes sont la presqu'île de Giens d'un côté et le fort Bregançon de l'autre. La zone littorale n'a pas les exubérantes végétations des jardins de la plaine : sables, marécages, salines et bois de pins caractérisent le paysage.

Giens, île avant notre ère, presqu'île aujourd'hui, se rattache au rivage au-dessous des riantes collines où de grands hôtels anglais et des villas, taches blanches dans la verdure, planent sur la plaine et la mer, au-dessous de l'Ermitage, de Saint-Pierre d'Almanare, du val de Costebelle, promenades chères aux Anglais des pensions et aux touristes de cette ville à l'éternel printemps, tout près des ruines de la ville gallo-romaine de Pomponiana, débris et substructions d'une petite Pompéi retrouvée sous le sable et qui témoigne avec beaucoup de ruines romaines éparses tout le long de la côte, de l'ancienne prospérité de cette région méditerranéenne.

Giens est tenu par deux isthmes, par deux bandes de sable longues de plusieurs kilomètres enfermant au milieu l'étang des Peschiers, marais salants appelés les Salins-Neufs, par opposition aux Vieux-Salins près du Gapeau, sur la plage du Ceinturon. Le sel ici ne se met pas en mulons comme en Bretagne, on en fait sur le bord du marais des espèces de maisons que l'on recouvre d'un toit en tuiles qui achève de leur donner l'apparence d'habitations. Il y a peu de choses à Giens, quelques ruines d'un ancien château et un hôpital pour les enfants de Lyon, mais le paysage après les Peschiers redevient beau, le sol accidenté se hérisse de bouquets de pins et de chênes, encadrant des horizons de mer ou des vues sur le développement de la côte montagneuse de Carqueiranne. Le

MAISONS ROMANES, A HYÈRES

passage pour les îles est à la Tour-Fendue, petit fortin construit sur un îlot rocheux et relié par un petit isthme et un pont à la terre ferme. C'est là que la barque de Porquerolles vient chaque jour chercher le voyageur et la correspondance, quand il y en a. En face, à quelques kilomètres, se déploie en mer à côté de l'îlot du Grand-Roubaud, la première et la plus grande des îles d'Hyères, Porquerolles, découpant finement dans un bleu léger ses montagnes assombries à la base par un grand manteau de verdures; Porquerolles aux sites charmants et pittoresques, est habitée, il y a un village et de nombreux fortins et batteries veillant depuis des siècles pour protéger une côte trop exposée aux insultes des ennemis quelconques sillonnant la mer.

Port-Cros, Bagaud et l'île du Titan ou du Levant, rocheuses et boisées, continuent vers le large le chapelet d'îles émergeant en face des montagnes des Maures. Inhabitées aujourd'hui ou à peu près, elles furent autrefois des Thébaïdes succursales du couvent de Saint-Honorat des îles Lérins ; c'est dans un de ces monastères à Porquerolles, qu'au xive siècle vivait et écrivait le *Monge des îles d'or*, un moine historien et trouvère. Les Sarrasins aussi occupèrent longtemps cet archipel, et quand ils furent chassés de leur petite Kabylie d'en face, des montagnes du Fraxinet, ils purent encore se maintenir obstinément dans ces criques, guettant de là les nefs qui passaient, ou faisant de rapides descentes sur la côte.

Quand on les eut bien purgées de pirates, des forts y furent construits et l'ensemble des îles fut érigé par François Ier en seigneurie sous le titre poétique de Marquisat des îles d'or.

LA TOUR FENDUE ET L'ÎLE DE PORQUEROLLES

LE DONJON DE SAINT-HONORAT

XIV

FRÉJUS. — CANNES

AU PIED DE LA CHAINE DES MAURES ET SOUS L'ESTEREL
SAINT-TROPEZ. — SAINT-RAPHAEL. — LES RUINES DE FORUM-JULII
DRAGUIGNAN. — LE VIEUX CHATEAU DE CANNES. — LES ILES LÉRINS
ANTIBES. — GRASSE

La chaîne des Maures, ce massif montagneux très nettement séparé des chaînes voisines, qui borde la mer depuis Hyères jusqu'à Fréjus sur une longueur de douze ou quinze lieues, diffère beaucoup de caractère et d'aspect des escarpements brûlés et dénudés, des rocs aux dures cassures qui se dressent au-dessus de Toulon et des petits ports de la région. La forêt couvre montagnes et vallons, ouate les rugosités du granit d'un épais mamelonnement de verdure. Les grands pins parasols étendent leur dôme d'un vert sombre sur les croupes des collines, les forêts de chênes-lièges aux troncs déshabillés de leur écorce succèdent aux pinèdes sur les pentes où le genêt pousse dru en buissons d'or, tandis qu'en des vallées particulièrement abritées, la végétation redevient africaine avec les bouquets de palmiers surgissant du milieu des citronniers et des orangers.

Ces montagnes ont conservé le nom et le souvenir des Sarrasins qui, rejetés hors de la terre gauloise, se cramponnèrent à ces rochers défendus par la forêt profonde et se maintinrent longtemps dans cette région redevenue solitude sauvage. On y peut chercher aujourd'hui, comme sur toute la côte, parmi les débris romains semés au fond des baies, les traces des stations antiques signalées par les vieux géographes, des villes perdues et oubliées. Les Maures, en communication par la mer avec les pays sarrasins, faisaient le désert autour de leurs montagnes, repaire redoutable et presque inattaquable d'où ils se lançaient en quête de bourgs à surprendre ou de châteaux à piller. Leur principale forteresse, où captifs et butin étaient entassés au retour des fructueuses expéditions, était le château de Fraxinet, aujourd'hui la Garde-Freinet, dont la célébrité fut telle, que les tours et les fortins élevés un peu partout par les Arabes, tous les nids d'oiseaux de proie sarrasins perchés sur les crêtes de la montagne, s'appelèrent des Fraxinets.

Pour déloger les Maures de ces montagnes et du redoutable Castel, il fallut du temps, plusieurs attaques et enfin, en 975, une réunion de forces nombreuses, dirigées par le Génois Grimaldi, par le comte de Provence Guillaume, et par un seigneur nommé Beuvon qui venait de reconquérir sur eux un château qu'ils tenaient en d'autres montagnes, vers Sisteron.

Le massif des Maures est contourné au nord par le chemin de fer de Nice, tandis que sur le revers sud, la petite ligne d'Hyères à Fréjus suit le littoral de baie en baie, longeant au plus près le rivage dentelé et coupant de temps en temps les indentations trop aiguës, les caps qui pointent superbement en avant des golfes largement ouverts, ou les calanques étroites d'un si grand charme pittoresque.

On ne perd aucun des enchantements de cette côte avec ce petit train tranquille qui s'en va tout doucement, mettant longuement en panne aux stations placées aux bons endroits.

Parmi ces plages lumineuses à l'atmosphère limpide et parfumée, parmi ces criques solitaires enchâssées dans la verdure, où de beaux éperons de montagnes viennent encadrer de bleus morceaux de Méditerranée piqués de voiles blanches au large, l'œil charmé garde le souvenir de Lavandou, au-dessous des montagnes de Bormes et de la baie de Cavalaire, que garde un vieux château sur un roc, en avant d'épaisses forêts de chênes-lièges tapissant de leur verdure escarpements et vallons, ou de bataillons irréguliers et clairsemés de grands pins sombres se détachant vigoureusement sur la vague étincelante.

Au fond d'un golfe enfonçant sa pointe dans les terres, à quelques kilomètres de la côte est le bourg féodal de Grimaud, fief de Grimaldi l'un de ceux qui écrasèrent les Arabes dans leur alcazar du Fraxinet de la Garde, situé un peu plus haut dans la montagne ; Grimaud a conservé une apparence antique avec ses rues à arcades gothiques, ses vieilles maisons serrées et étagées sur une raide colline couronnée par les ruines de son château.

NICE, VUE DE MONTBORON.

Puis voici Saint-Tropez, sur un cap en avant du golfe, charmante apparition de ville blanche et claire, aux maisons alignées sur un port au-dessus d'un joli pêle-mêle de barques et de tartanes à grandes voiles, une de ces petites villes de la Méditerranée campées au bout d'un cap, le pied dans la vague, comme prêtes à cingler elles-mêmes vers le large. Un vieux fort bastionné, des tours moyen âge, rappellent le passé militaire de la ville, ses glorieuses défenses contre le connétable de Bourbon, Charles-Quint, les Barbaresques et les Espagnols, bien faites pour la consoler de ses infortunes précédentes au temps des Arabes.

C'est le golfe de Fréjus qui se déploie ensuite, moins profond que celui de Saint-Tropez et dévoré peu à peu par les alluvions apportées par l'Argens, qui depuis les temps où Fréjus recevait les flottes romaines sous ses murailles, a comblé le port et repoussé le rivage à quelques kilomètres en avant.

La vallée de l'Argens s'ouvre entre les montagnes vaporeuses des Maures et de l'Estérel, devant les gradins successifs de cet Estérel couvert de forêts qui étend son échine principale de Draguignan à Cannes. Les villes d'hiver vont se succéder maintenant le long de la côte radieuse, dans les anses qu'aime et choie le soleil, que le flot caresse mollement, sur les rochers contournés ou escaladés par la route de la Corniche. Quand sur le nord s'étend le linceul des neiges ou le manteau de nuées, qui pèsent, hélas, si longuement et si lourdement, il y a là sur ce littoral à demi africain, dans une atmosphère où tous les parfums se combinent, orangers et mimosas, roses et citronniers, des nids tout prêts sous les figuiers et les palmiers, pour les favorisés de la fortune, pour la tribu de plus en plus nombreuse de cosmopolites, nomades à la façon des frileuses hirondelles, errant, suivant la saison, des plages de Bretagne, des fiords de Norvège aux doux rivages de la Méditerranée.

Saint-Raphaël, le pays d'Alphonse Karr, est un de ces nids, tout à côté de Fréjus et touchant à Valescure, autre station en formation dans un magnifique bois de grands pins campés sur les rochers, et faisant comme un petit Fontainebleau en vue de la mer bleue. Saint-Raphaël, plage d'été et ville d'hiver, élève ses blanches constructions, villas et hôtels, église neuve et casino sur le sable même, devant ses deux rochers rouges, le *Lion de terre* et le *Lion de mer*, allongés à un kilomètre en mer. Le village primitif est en arrière du port, groupé sous une vieille église à tour grise et abside ronde sous un toit plat.

Le vieux Forum Julii des Romains, séparé maintenant de la mer par un kilomètre et demi de plaine cultivée, couvre de ses maisons une colline peu élevée au-dessus des atterrissements de l'Argens. De Saint-Raphaël on peut se figurer au-dessous de Fréjus, à la place des terrains en culture semés de petits cubes blancs, la mer venant battre les murs de la ville romaine et le port creusé entre les deux môles dans les atterrissements déjà menaçants, et l'on a le droit, avec un peu d'imagination, de faire naviguer les galères des empereurs à travers les champs et jardins actuels.

Ce serait trop de demander à la ville de Fréjus, cet ex-port de mer tué par sa rivière, un aspect très vivant; elle est petite et inanimée, assez grise d'aspect à l'intérieur. Le cadavre de la ville antique étendu à travers champs sur la colline occupe un bien plus grand espace que le Fréjus actuel, qui s'est logé dans un petit coin sous la butte Saint-Antoine, où se campait jadis la citadelle défendant le port. Deux ou trois grandes rues, quelques petites rues ou ruelles courant à travers de grandes vieilles maisons souvent d'un beau caractère, forment toute la ville, rues silencieuses et tranquilles, où les passants sont rares, ruelles ombreuses tout à fait solitaires se perdant sous les vieux murs et aboutissant aux terres vagues où des tas de pierres antiques achèvent de s'ébouler, débris d'édifices inconnus.

RUE AUX ANDRES, A FRÉJUS

Au centre de ces vieilles rues s'élève la cathédrale Saint-Étienne, édifice sombre et sévère, dont le portail flanqué d'une tour carrée à courte flèche est rude et nu, sans la moindre décoration.

L'intérieur est moins dépourvu; outre le baptistère, utilisant des colonnes antiques, il se rencontre parmi quelques morceaux curieux, des tombeaux de prélats à moustaches de mousquetaires représentés agenouillés. Sur le côté de la cathédrale se trouve un cloître du XIIIe siècle aux arcades en partie bouchées. La cathédrale du XIe siècle, date de la période de reconstruction de la ville commencée par l'évêque Riculfe, après la destruction des hordes sarrasines du Fraxinet. Fréjus avait eu, plus que nulle autre ville, à souffrir de ces terribles voisins; ils avaient, après différents pillages, complètement dévasté la ville en 940 et emmené en esclavage ceux des habitants que le massacre avait épargnés. Fréjus resta ainsi à l'état de ruine déserte jusqu'à la reprise du Fraxinet. Alors la ville se repeupla peu à peu, l'évêque Riculfe s'y réinstalla et commença, sur les débris de l'ancien édifice, une nouvelle cathédrale. Parmi les bâtiments du palais épiscopal, il en est un sur la petite place Riculfe, très particulièrement pittoresque et imposant avec ses ouvertures romanes et sa masse carrée aux grosses pierres rugueuses et rougeâtres.

Fréjus logé dans l'angle sud-ouest de l'enceinte romaine n'occupe qu'un quart à peu près de la superficie de la ville antique. Cette enceinte se retrouve encore sur la plus grande partie de son développement le long des pentes, avec des tours ou des fragments de tours de loin en loin, de même que les remparts du XVIe siècle enfermant le Fréjus moderne dans son petit coin.

L'enceinte romaine s'appuyait du côté du port à deux ouvrages importants, l'un que l'on appelle aujourd'hui la butte Saint-Antoine à l'angle sud, et l'autre la Plate-forme au nord. Des quatre portes de la ville antique, trois subsistent, sur lesquelles deux à l'état de débris. La troisième,

BATIMENT DE L'ÉVÊCHÉ, PLACE RICULFE, A FRÉJUS

la porte des Gaules, s'ouvre au bout de la principale rue de Fréjus, dans un demi-cercle rentrant flanqué de deux tours rondes, et voit avec étonnement passer les locomotives à ses pieds.

En dehors de cette porte des Gaules, sur la cime de la colline, près d'une tuilerie, gît l'Amphithéâtre si ruiné qui n'a plus rien de bien imposant. Il était un peu moins vaste que ceux d'Arles ou de Nîmes et moins élevé. C'est aujourd'hui une couronne édentée posée sur l'herbe des champs, une ellipse d'arcades avec de larges brèches, des arcades branlantes et d'autres tombées, des piliers debout sur des tas de pierres, des voûtes noires ouvrant dans les talus herbeux. Un chemin traverse l'arène dans le sens du grand axe et sur les débris éboulés des chèvres tondent les broussailles.

Au-dessous d'une tour du moyen âge, sur la face de la ville qui regardait le port, un autre débris célèbre s'élève dans un jardin, parmi des substructions

LA PORTE DORÉE, A FRÉJUS

qu'agrémentent ou recouvrent des verdures de légumes. Ce n'est qu'une simple arcade toute rongée et crevassée, aux assises régulières de pierres et de briques, débris de la *Porte Dorée*, qui ouvrait au milieu du quai, entre les deux môles. L'appelait-on Porte Dorée pour un motif de décoration, ou parce qu'elle servait d'entrée aux denrées de négoce ou bien Porte d'Orée, ainsi que le dit M. Ch. Lenthéric, parce qu'elle ouvrait sur le bord même du rivage, on ne sait. Les atterrissements, limon de l'Argens, ou poussière tombée du sablier du temps, ont comblé le port militaire créé par Jules César, achevé par Auguste, de Forum Julii, colonie de la huitième légion, reliée à la métropole par la voie Aurélienne, cette grande route stratégique du littoral qui de Fréjus se dirigeait sur Arles, Vienne et Lyon. La mer battait ici le quai, ici était le port d'Agrippa creusé lorsque l'Argens eut ensablé le port de César; ici dans ces terrains traversés par le chemin de fer, dans ces jardins où restent, entre autres vestiges des môles, la petite tour hexagonale aux pierres couleur de rouille appelée la lanterne d'Auguste, improprement, car on pense qu'elle fut tout simplement un *amer* indiquant la passe entre les môles. Le phare bien plus important était situé sur un angle de la citadelle et s'est écroulé tout à fait de nos jours.

La locomotive siffle et court où s'amarrèrent avec leurs prises les galères d'Auguste qui venaient de gagner la bataille d'Actium, la mer est maintenant à seize cents mètres. Fréjus conserva cependant son port jusqu'à la fin du xviie siècle, mais à grand'peine, en luttant constamment contre l'envahissement, en creusant, recreusant et prolongeant le chenal, jusqu'au jour où la communication se boucha définitivement, laissant le port devenir un marécage que l'on a solidifié et assaini peu à peu.

La nature a tué le port d'Auguste; c'est aux Sarrasins qu'il faut attribuer la destruction de la ville romaine, aux Sarrasins du Fraxinet et aux corsaires barbaresques descendus si souvent jusque vers la fin du xve siècle.

On donnait à Forum Julii vingt-cinq ou trente mille habitants, c'est-à-dire huit fois la population d'aujourd'hui, le chiffre n'étonne pas quand on parcourt les espaces vides compris dans l'enceinte romaine et qu'on s'en va en sortant de la ville moderne, près de l'hôpital, du côté des restes de la Porta Romana. Les substructions d'un théâtre, des tas de pierres dessinant dans l'herbe le plan des monuments, de longs pans de murs, parsèment les champs, s'éparpillant en nombreux débris jusqu'à l'angle Est de l'enceinte formé par la butte de la Plate-forme. Par-dessus tout cela, par-dessus les oliviers gris, dans les champs, au bout desquels on aperçoit çà et là aussi quelque tour romaine veillant encore

LES ARÈNES DE FRÉJUS

sur la croupe du coteau désert, le long de la route poudreuse, s'aligne la file d'arcades coupées et ruinées de l'aqueduc qui amenait de très loin, trente ou quarante kilomètres, les eaux de la Siagne. Et dans le silence des champs ces arcades grises et rousses, ces groupes d'arcs quelquefois doubles, égrenés plus loin en piles isolées et se perdant ensuite dans la verdure, émiettent lentement leurs pierres parmi les broussailles.

Draguignan, le chef-lieu du Var, au bout du petit embranchement des Arcs, ne peut passer pour une cité coquette ; la vieille ville aux ruelles serrées est noire, ce qui est rare dans ce pays de soleil et de nuances claires ; elle est triste et sans mouvement, ce qui est non moins rare, surtout si près de ces jolies cités du littoral. Il n'y a point dans ces hautes et sombres maisons d'autre édifice qu'une église neuve. Quant à la nouvelle ville, ce qu'elle a de bien, ce sont des promenades avec de beaux arbres, comme partout dans le Midi où l'ombre est précieuse.

Dans ce vieux Draguignan, il y a cependant tout en haut de la ville, dans la partie la plus vieille, un ensemble intéressant formé par un mamelon rocheux entouré de grandes constructions, maisons anciennes, débris de couvents, et surmonté par la Tour de l'horloge coiffée de son campanile en fer. Sur ce rocher jadis s'élevait, comme une citadelle parmi des fortifications dont il reste des traces, une grosse tour, espèce de donjon de l'enceinte de Draguignan, théâtre des luttes d'antan et démolie sous Louis XIV.

La grande ligne de Nice qui rejoint le littoral à Fréjus côtoie ensuite la mer pour éviter le massif sauvage de l'Esterel couvert de forêts. Après Saint-Raphaël, les belles échancrures se succèdent, trouées dans le roc rougeâtre, blocs de porphyre frangés d'écume, pentes couronnées de pins majestueux. C'est la petite rade d'Agay, rochers, bois et sables, avec la vieille tour de Dramont s'élevant sur son piton par-dessus les arbres; puis le cap Roux passé, c'est le golfe de la Napoule qui s'offre à la vue, une magnifique échancrure avec Cannes dans le fond, des collines bleuâtres en arrière encadrant de leurs bois de pins le golfe Jouan, et dans la mer, à peu de distance de ces côtes superbes, les belles îles Lérins, Sainte-Marguerite et Saint-Honorat.

La ville de Cannes est-elle bien ville de France? n'est-elle pas plutôt colonie anglaise et avec ses aloès et ses palmiers, avec les exubérances des verdures exotiques débordant des parcs, quelque chose comme une luxueuse villégiature asiatique des nababs de l'Inde. On pourrait le croire aux premières promenades sur les interminables boulevards de la ville neuve qui a poussé en cinquante ans, tout le long de la rive du golfe Jouan à la Napoule et sur les pentes de la montagne.

Cannes est double : il y a, étouffé sur une langue de terre pointant en mer et rejeté, à ce qu'il semble, dans la vague par les bâtisses neuves, le vieux Cannes découvert en 1831 par lord Brougham, tout petit, serré sous les vieilles tours du château et de l'église couronnant le rocher, et ensuite la ville nouvelle, l'immense agglomération de villas, d'hôtels, de longues rues à richissimes façades et de grands boulevards plantés de palmiers, se poursuivant par d'autres villas, d'autres castels aux étincelantes architectures plantés sur tous les ressauts des collines et brillant au loin enchâssés dans la verdure.

A l'origine de l'histoire, petite bourgade de pêcheurs celto-ligures, enlevée par les Romains et donnée par eux aux Massaliotes leurs alliés qui construisirent un fort au sommet de la pointe rocheuse, « le château des Marseillais », devenu au moyen âge propriété des moines de Lérins, Cannes n'a dans ses annales que les mêmes souvenirs, les mêmes malheurs que les autres petites villes du littoral, des passages sanglants de Sarrasins, d'Espagnols et d'Impériaux. Le site est merveilleux contemplé du boulevard en bordure sur la plage, où de gros dattiers

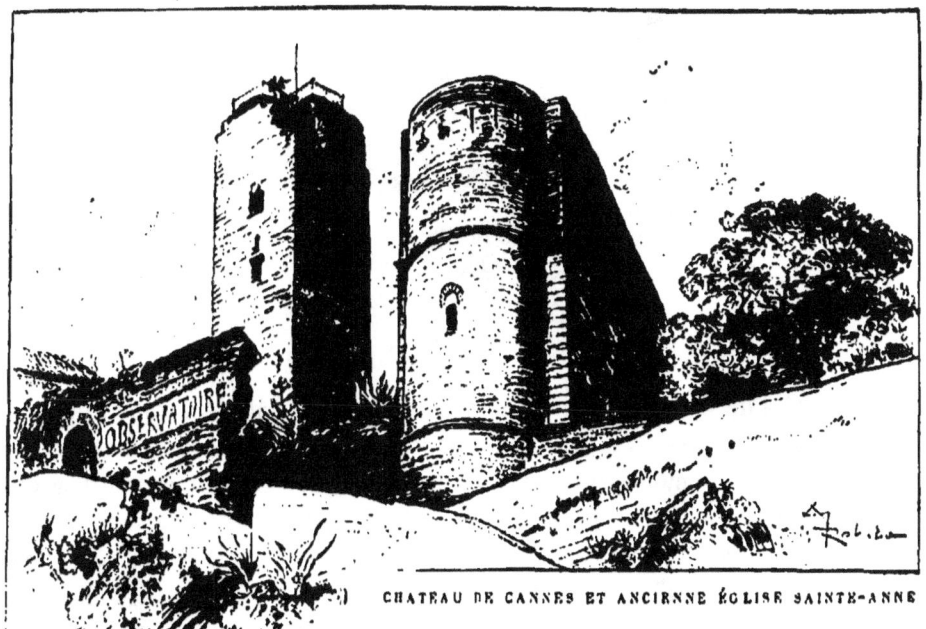

CHATEAU DE CANNES ET ANCIENNE ÉGLISE SAINTE-ANNE

poussent à quelques mètres de la dernière vague. Le mont Chevalier formant un petit cap s'avance en mer et ferme le port avec la jetée qui le prolonge. Cette pointe en avant du Cannes international, c'est la partie curieuse, vivante de la ville, avec le port, les quelques navires au mouillage et les barques, la partie intéressante par ses vieux édifices. Il ne restera bientôt plus grand'chose du Cannes préhistorique d'il y a cinquante ans, disparaissant sous l'opulente et envahissante cité des hôteliers et des riches hibernants; le luxe gagne, jette bas les ruelles antiques ou les transforme, mais le sommet du mont Chevalier, du vieux Castrum marseillais, demeure toujours pittoresque enlevant ses tours sur le bleu du ciel, en avant des découpures vaporeuses de l'Esterel.

A la pointe du plateau du côté de terre s'élève l'église Notre-Dame d'Espérance qui date du xviie siècle. Une petite esplanade précède l'entrée protégée par une espèce de barbacane dont le balcon de crénelage domine agréablement les vieux quartiers sur la pente. Au grand pignon de l'église ombragé par de vieux arbres s'accole un haut clocher pittoresque dont la base fortement talutée est percée d'une arcade. De là des rampes au-dessus du port conduisent à ce qui reste du château des seigneurs abbés de Lérins, la tour carrée qui se voit de si loin,

LA RADE D'AGAY

dressée à côté de l'ancienne église Sainte-Anne, grand bâtiment roman, d'une tournure guerrière aussi avec son abside ronde en forme de demi-tour. Du sommet de la tour carrée, donjon seigneurial des moines, accessible par un escalier de bois grimpant à l'extérieur jusqu'à une porte ouverte à quelques mètres, on plane sur un vaste paysage, sur les îles de la rade, sur l'Esterel et sur l'immense Cannes tout neuf qui se développe en demi-cercle depuis la Napoule jusqu'au cap de la Croisette.

En 1831, Cannes n'était donc à peu près rien qu'un nid de pêcheurs, lorsque lord Brougham, se rendant en Italie et trouvant la frontière fermée par crainte du choléra, fut forcé de s'arrêter et dans cet arrêt imprévu, s'éprit de cette bourgade à un tel point qu'il ne poussa pas plus loin son voyage. Fixé à Cannes par la beauté des paysages, par la splendeur d'une côte qui ne le cède pas en magnificence aux rivages de la baie de Naples, par la douceur et l'égalité du climat, lord Brougham attira bientôt bon nombre de membres de l'aristocratie anglaise et lança la ville comme résidence d'hiver. C'est le grand fait de l'histoire locale moderne, lord Brougham a été l'initiateur. A son défaut, la naissance de la ville nouvelle n'eût été que retardée; avec de tels avantages de situation et de climat, la transformation devait venir quand même, dans le mouvement qui bouleverse villes et villages du littoral, fait surgir des villes où il n'y avait rien, ressuscite des pays défunts depuis quinze siècles, et, comme tout recommence qui a eu sa raison d'être, refait aujourd'hui de la côte provençale, le pays enchanté des cités

VILLEFRANCHE - SUR - MER.

de commerce et de plaisance et des villas somptueuses qu'elle fut au temps de la grande prospérité de l'empire romain. Cannes entrant dans la voie des modernisations fit rapidement peau neuve, dépouillant ses pittoresques haillons de misère, faisant la toilette de ses végétations désordonnées et devint une grande hôtellerie. On la dota bientôt d'un vrai port par la construction d'un môle et chaque année vit s'élever des files de nouvelles villas et s'allonger rues nouvelles et boulevards. Aux alentours se continue la même poussée de blanches constructions, la même transformation des hameaux du val ou de la montagne, endormis sur la verdure, en petits nids de villégiature accrochés aux grands pins parasols : Vallauris et sa fabrique de poteries, Saint-Cassien et le Cannet, etc.

Les moines de Lérins dont le castel ruiné fait une jolie tache là-bas à l'extrémité de l'île Saint-Honorat, les abbés seigneurs de la ville jusqu'en 1788 ne reconnaîtraient pas leur fief si démesurément grandi.

Les îles Lérins, se développant en face du vieux château, ne sont pas à plus de deux kilomètres du cap de la Croisette ; la première et la plus grande est l'île de Sainte-Marguerite, elle est aussi d'un relief plus montueux. En avant de la forêt de pins qui lui fait un grand manteau sombre se campent sur le rocher les fortes murailles d'une citadelle commencée par Richelieu, enlevée par les Espagnols en 1635 et terminée par ceux-ci. Repris après un siège, le fort Sainte-Marguerite devint prison d'État, ses vieilles pierres possèdent seules maintenant le secret de

ANTIBES

l'*Homme au masque de fer* qui pendant quelques années vécut et souffrit ici sous la garde de son geôlier Saint-Mars. Combien de solutions proposées à l'énigme, combien de noms trouvés en fouillant l'histoire secrète du règne du grand roi et appliqués sur cette sombre et lamentable figure ! qui saura jamais ?

Sainte-Marguerite a tenu jusqu'à notre époque son rôle de prison d'État. Bazaine, l'homme de Metz, y passa quelque temps, beaucoup moins que l'homme au masque et, comme il n'avait pas de Saint-Mars, il s'évada bientôt. L'autre île, Saint-Honorat a pour elle le prestige de ses ruines. Le monastère, fondé au ve siècle par Saint-Honorat dans cette île d'où rayonna le christianisme par la Gaule, devint aux siècles suivants une grande abbaye illustrée par les vertus et les travaux d'une population de plusieurs milliers de moines, pépinière où l'Église venait chercher des évêques et des abbés pour les innombrables abbayes qui naissaient alors partout. Des catastrophes fondirent sur elle, les Sarrasins en 725 ravagèrent l'île et massacrèrent l'abbé saint Porchaire avec plus de cinq cents moines. Les descentes se renouvelèrent si souvent, l'abbaye se trouvait si exposée par sa situation, que les moines durent la fortifier et construire au xie siècle le château fort qui fait une si belle ruine à l'extrémité de l'île. L'abbaye après des siècles d'illustration tomba dans les désordres et devint comme une ferme entre les mains d'abbés commendataires ; il y avait loin des milliers de moines de sa grande époque aux quatre religieux que, dans le monastère endormi, trouva la bulle de suppression en 1787.

ÉGLISE DE GRASSE

Les ruines de l'abbaye ont été récemment dénaturées par l'installation d'un couvent de Bernardins qui, tout en respectant certaines parties, ont opéré des démolitions et des reconstructions regrettables. Heureusement il reste le château fort élevé naguère pour protéger le couvent, c'est-à-dire quelques bâtiments éventrés et un gros donjon, magnifique ruine dressée dans le bleu, presque en mer, sur la limite du flot qui vient doucement battre les vieilles pierres et les belles roches du voisinage.

En face de l'île Sainte-Marguerite, de l'autre côté de la pointe de la Croisette, s'infléchit la côte du golfe Jouan où, sous les grands pins tordus et les vieux oliviers, des villas et des villas contemplent la rade. Une colonne y marque la place du bivouac où Napoléon marchant à la tête de ses grenadiers heureux de rentrer dans la fournaise, passa la nuit du débarquement de l'île d'Elbe, — le premier pas vers Waterloo, couronnement de la longue boucherie.

Que dire de la ville d'Antibes qui s'encadre si bien entre la pointe de la Garoupe et la pointe du fort Carré ? Le rivage continue à se dérouler admirable, à demi africain par sa végétation et découpant pittoresquement toutes ses échanerures et tous ses petits caps, mais la ville elle-même ne donne pas à l'intérieur tout ce que semble promettre sa jolie physionomie de citadelle ensoleillée posée comme un fond de tableau à la Joseph Vernet sur une langue de terre bastionnée.

Dedans cette ceinture bastionnée, on trouve une ville de garnison sans monuments ni curiosités, des rues assez banales, sauf la rue Masséna plus gaie et plus colorée d'aspect avec ses grands arbres, une place d'armes entourée de cafés et une église peu monumentale, bâtie sur l'emplacement occupé jadis par un temple de Diane, au point culminant de la ville. Faute de mieux, on peut regarder deux vieilles tours très anciennes fondées sur une base romaine. C'est tout ce qu'Antipolis, ville phocéenne puis romaine, peut montrer de nos jours; ses monuments antiques ont disparu, détruits pour l'érection des remparts de la place de la guerre ou rappelés seulement par des débris, des pierres, utilisés dans les constructions et des inscriptions dont une célèbre, celle de l'enfant qui « dansa et plut ».

La place de guerre a des états de services assez chargés et les bastions d'Henri IV et de Vauban ont eu à supporter maintes fois la grêle des boulets et des bombes; le dernier siège date de 1815, la belle défense des habitants contre les Autrichiens est commémorée par une colonne érigée sur la place d'Armes.

Une petite ligne ferrée s'embranche à Cannes et conduit à Grasse, l'ancienne

VIEILLES MAISONS, A GRASSE

ville importante de la région, évêché d'autrefois, aujourd'hui ville industrielle distillant les essences et les parfums des fleurs de la Provence. « Grasse est une ville bâtie en espalier », a dit Élisée Reclus. Rien de plus juste, elle s'étage sur les gradins d'une colline qu'on ne peut escalader que par des rues en lacets ou par des escaliers. L'aspect est assez joli, de cette montagne chargée de maisons dans une nature superbe, respirant l'atmosphère de fleurs d'orangers soufflée par les nombreuses fabriques de parfumerie.

Dans la partie ancienne de la ville, les rues sont assez pittoresques, grimpant, grimpant toujours ; il y a une jolie place à arcades, la place aux Aires, et çà et là quelques voûtes, mais Grasse ayant été ruinée plusieurs fois, notamment lors de l'invasion de Charles-Quint, ne possède guère d'autre monument que l'ancienne cathédrale aux gros piliers drapés de rouge, qui s'élève au-dessus de cryptes creusées dans le roc ; la façade très peu monumentale se raccorde avec l'ancien palais épiscopal, que flanque une grosse tour carrée fort ancienne. Le charme de Grasse, ce sont les horizons de ses montagnes qu'on voit se dérouler au loin en escarpements superposés, au plus profond desquels jaillissent des *foux* dans les rochers et bondissent des torrents dans des gorges percées de grottes.

L'ÉGLISE DE CANNES

GRASSE

XV

NICE. — MONACO. — MENTON

MODERNITÉS TRIOMPHANTES ET VIEUX QUARTIERS SOUS LE CHATEAU
LE PAILLON. — VILLEFRANCHE-SUR-MER. — DE ROC EN ROC
LE PALAIS DES GRIMALDI. — EZA. — LA TURBIE. — AU PAYS DES CITRONNIERS
LES RUES DE MENTON

Du phare d'Antibes sur les hauteurs de la Garoupe, on voit après les plages basses formées par les alluvions du Var se profiler au loin les belles côtes niçoises, dentelées et nettement découpées sur la mer, une série de promontoires rocheux enfermant des baies merveilleuses, que surmontent des croupes de montagnes superbement dessinées, des crêtes bleuâtres, dominées elles-mêmes à l'arrière-plan par des cimes vaporeuses, par des Alpes où la neige étincelle dans l'immense azur.

Passé Cagnes, curieuse petite ville dont les maisons grimpent une colline couronnée par un vieux château, passé le Var, rivière torrentueuse déchaînée par les déboisements et qu'on s'efforce de rebrider, apparaît Nice, la triomphante reine du littoral, couchée au pied de son ancienne acropole, nonchalamment étendue sur un lit fait de toutes les fleurs des cinq parties du monde, poussant avec une profusion folle et chargeant l'air de tous les parfums combinés.

Croissance étonnante, Nice grandit toujours, s'allonge toujours, s'étale de plus en plus, pousse de tous les côtés ses quartiers neufs, élargit sa ceinture de villas.

Les horizons sont vastes, les montagnes au fond du tableau décrivent un large cercle laissant une ample marge de rivage plat que peu à peu remplissent les constructions serrées et les villas éparpillées. Deux accidents principaux coupent les ondulations de la plaine, une dépression et un abrupt soulèvement rocheux : le lit tortueux du Paillon et le monticule du château.

Le Paillon, ou plutôt le large ravin presque toujours à sec qui sert de lit à cette rivière intermittente, coupe la plaine en diagonale et s'en vient déboucher en mer devant la promenade des Anglais.

Le monticule du château, bloc allongé complètement isolé et perpendiculaire à la mer, sépare la vieille ville et les quartiers élégants, du port creusé dans la plaine de Lympia au pied du mont Boron qui s'avance en cap dentelé entre la baie de Nice et le petit fiord de Villefranche.

Le rocher du château est le noyau auquel vint s'agglomérer la ville primitive; ce fut probablement l'oppidum des tribus ligures, et, lorsque les Phocéens se furent installés sur la côte, l'acropole de la ville marchande rapidement prospère qu'ils fondèrent. Aux remparts de la forteresse élevée au temps des invasions barbares, aux tours du formidable château du moyen âge, aux bastions du XVIe siècle, d'autres remparts et d'autres bastions succédèrent, ruinés successivement par des sièges terribles. Sur les pentes se pressent les maisons de la vieille ville serrée entre le rocher et le Paillon, devant la plage des Ponchettes, ancien mouillage des galères phocéennes. Tout autour de l'antique rocher et de la ville ancienne groupée sous sa protection, se développent les immenses quartiers de la ville moderne et internationale débordant de tous les côtés, gagnant à l'ouest l'embouchure du Magnan au bout de la promenade des Anglais, remontant à l'Est sur la route de Villefranche, ou sur les hauteurs vers Carabacel, vers Cimiez qui fut ville romaine favorisée par les empereurs aux dépens de Nice et qui garde entre autres marques de son importance ancienne, un petit amphithéâtre écroulé.

Le rocher du château ressemble vaguement à un animal monstrueux allongé sur la rive et en train de s'abreuver à la Méditerranée. Il ne porte plus aujourd'hui que de vagues débris de l'ancienne forteresse; un jardin public, une superbe promenade, l'a remplacé et couvre la croupe du rocher, l'échine de l'animal allongé, d'une épaisse toison de verdure. C'est un balcon admirable planant sur l'horizon sans limites de la mer, où filent de minuscules voiles blanches.

Les exubérances de la végétation, africaine çà et là par ses palmiers et ses cactus, se détachant sur les neiges lointaines, il semble que l'on va rencontrer dans les buissons les tours de l'Alhambra s'enlevant en rose sur la blanche Sierra Nevada de Grenade.

Les forteresses successivement élevées sur ce rocher pour la garde de la cité française aujourd'hui, italienne hier, mais qui fut provençale au temps des comtes de Provence, ont subi tant d'assauts que leur disparition à peu près complète n'est pas surprenante. Songe-t-on, dans les allées de ce beau jardin tranquille, que plus d'une fois jadis de véritables trombes de boulets et de bombes se sont abattues sur ce point, et que la montagne elle-même a tressauté sous les explosions

LE LIT DU PAILLON, A NICE

qui projetaient les tours en débris vers les nuages! Le château devenu citadelle des comtes de Savoie depuis le xve siècle, vit en 1543 s'avancer contre la ville les troupes de François Ier et les Turcs de Barberousse, dey d'Alger. Nice supporta dans ce siège des épreuves terribles. Ecrasée sous les bombes, ses remparts ouverts par de larges brèches sur lesquelles Turcs et Français allaient s'élancer dans un assaut définitif, la ville dut se rendre, mais l'inexpugnable château continua malgré tout à tenir bon.

Le temps et les munitions manquaient aux alliés pour en venir à bout, force leur fut de lever le siège, le farouche Barberousse s'en vengea en pillant la ville et en courant faire des razzias d'esclaves sur les côtes toscanes.

Les Français revinrent plusieurs fois pendant le cours du xviie siècle, et avec Catinat en 1691 firent subir à la forteresse un siège non moins terrible que celui de 1543. Le château bombardé violemment, écrasé et ruiné par l'explosion de ses poudrières, dut succomber enfin. La guerre recommençant quelques années après, cet obstiné château qui renaissait toujours, à peine sorti blanc et neuf des mains des ingénieurs du duc de Savoie, fut encore une fois écrasé sous la grêle des projectiles, puis définitivement démantelé et rasé. Que de guerres encore après, que de sang versé sur cette terre niçoise où notre siècle a vu se développer une si merveilleuse prospérité et dont il a fait quelque chose comme un grand jardin d'hiver international, rendez-vous cosmopolite de toutes les aristocraties.

Dans l'espace triangulaire compris entre le Paillon et le château, jusque sur les premiers escarpements, s'étend le réseau tortueux des rues de la Nice niçoise, la vieille ville, vieille relativement car les maisons pour la plupart datent du siècle dernier, des derniers malheurs de la ville. L'aspect est assez italien de ces rues dallées, aux grandes maisons peintes de couleurs claires, de ces places éclatantes de soleil ou abritées par des toiles, de ces ruelles étroites se faufilant comme pour chercher l'ombre, grimpant à la colline par de raides pentes ou des escaliers.

RUE DE LA PRÉFECTURE, A NICE

Là s'est réfugiée la couleur locale et le pittoresque bannis de la Nice internationale, anglaise, russe ou américaine ; les hautes maisons peintes sont amusantes à regarder, avec leurs innombrables fenêtres, leurs persiennes ouvertes par un châssis mobile, avec les étalages du rez-de-chaussée envahissant la voie publique. Et le grouillement bruyant de la population dans les ruelles étroites, avec les violents partis pris d'ombre et de lumière, les coups de soleil sur les carrefours, les vêtements de nuances vives des femmes, tout amuse dans ces vieux quartiers niçois. Quelques rues peuvent être citées particulièrement pour leur mouvement et leur coloris, comme la rue de la Préfecture, la rue de l'Abbaye, la rue des Boucheries.

Le vieux Nice a un Corso, le Cours, parallèle à la mer, champ de bataille du carnaval. Entre le cours et la plage, une rangée de maisons basses porte une promenade en terrasses qui donne une physionomie caractéristique à cette rive de la vieille ville sous la pointe du château, marquée par les restes de remparts que l'on dit provenir de la forteresse du Ve siècle, au tournant de Rauba-Capeou derrière lequel la statue de Charles-Félix regarde l'entrée du port.

Les monuments n'ont rien de majestueux, les églises sont nombreuses, la nouvelle ville naturellement, outre ses églises catholiques, compte des temples de

LE CHATEAU DE MONACO.

toutes les confessions et de tous les cultes; quant aux églises de la partie ancienne, elles sont du xviie siècle et dans le goût italien, avec des pignons à frontons et colonnes, de blanches tours carrées décorées de pilastres.

Derrière le rocher du château, à l'est, c'est une autre ville, la Nice maritime entourant le port creusé au siècle dernier dans la plaine de Lympia ainsi nommée de ses sources d'eau limpide. Des bassins pleins de navires s'encadrent dans de

RUE SOUS ARCADES, A VILLEFRANCHE

grandes maisons blanches, au-dessus desquelles monte la belle route de Villefranche se perdant parmi les villas et les jardins étagés. Garibaldi est né là, près du port, et il y a sa statue par Déloye, très remarquable monument tout récemment inauguré. La rue Ségurane qui longe à l'est les escarpements du château, allant de la place Garibaldi au port, rappelle la Segurana, une héroïne surnommée *la mauvaise face*, qui combattit vaillamment sur les brèches aux assauts du siège de 1543.

Le Paillon coulant sous tant de ponts, en un si large lit, est la plus fantaisiste des rivières; sous ces ponts, dans ce lit de cailloux, il n'y a que des blanchisseuses qui ont bien du mal à trouver de minces rigoles d'eau entre les cailloux. Tout ce linge étendu sur le gravier ou flottant sur des cordes dans le fond de la rivière, c'est l'originalité du Paillon. Il y a pourtant quelquefois, mais bien rarement, des jours où ce Paillon invisible apparaît brusquement en torrent fougueux, roulant des ondes sérieuses à la place où la veille les lavandières niçoises faisaient paisiblement sécher leur linge. Il court de jolis quais le long de cette rivière, particulièrement au boulevard de Pont-Vieux, ombragé de platanes, et laissant entrevoir au bout du ravin caillouteux, les belles collines verdoyantes où tant de villas hument le bon soleil, les montagnes voisines, le Vinaigrier, le mont Gros et les sommets lointains s'estompant au-dessus.

Il ne faut pas demander des aspects originaux à la ville moderne qui enveloppe la Nice d'autrefois, de l'autre côté du Paillon, et s'étend au loin à perte de vue en long et en large; c'est un immense caravansérail d'étrangers, aux larges rues ou avenues régulières, débordant de luxe, étalant sur des kilomètres les somptuosités de ses magasins, de ses hôtelleries, de ses villas, une réunion de toutes les industries qui vivent de l'étranger opulent. Le trait d'union entre Nice jeune et vieille, c'est le Pont-Neuf qui va de la grande place Charles-Albert à la place Masséna, centre du mouvement et du bruit, devant l'avenue de la Gare, grande artère de la cité cosmopolite. Sur le rivage, après le jardin public voisin de la jetée-promenade, s'allonge comme à Cannes un grand boulevard planté de palmiers, la promenade des Anglais, universellement célèbre, rendez-vous des élégances internationales à certaines heures.

UNE RUE A VILLEFRANCHE

En arrière de la promenade des Anglais s'étend le faubourg de la Croix-de-Marbre, ainsi nommée d'un monument élevé à l'entrée de la ville par la rue de France, en souvenir de l'entrevue que Charles-Quint et François I*er* eurent à cet endroit en 1538, pour traiter d'une trêve qui ne devait guère durer.

Mais la reine des stations d'hiver de la Méditerranée, abandonnée à la poussière tourbillonnante pendant les mois d'été, c'est pendant sa saison qu'il faut la voir, pendant les six mois d'hiver, alors que la vie élégante bat son plein, que tous les hôtels regorgent, que toutes les villas sont occupées; c'est particulièrement pendant le carnaval, alors qu'elle prend un autre caractère et devient comme une ville de féerie folle, un grandissime décor de la Comédie italienne, le dernier refuge de messire Carnaval, ce joyeux compère pourchassé de partout, proscrit de nos pays embrumés. Alors, capitale de la joie pour huit jours, Nice est archicomble; tous les jours ce sont divertissements nouveaux, inventions fantaisistes:

UNE RUE, A VILLEFRANCHE

Entrée de Carnaval dans sa bonne ville, bataille de fleurs à la promenade des Anglais, défilés de masques, avec concours pour chars, masques en cavalcades, masques isolés et enfin et surtout, grande et universelle bataille de confetti, attaque des Loges, du Corso, des tribunes, des chars, mêlée générale, commençant sur un coup de canon tiré du château et enfarinant en un clin d'œil toute la ville sous la fine mitraille de plâtre...

Tout près de la grande Nice, derrière le promontoire du mont Boron, cette pointe où tant de villas s'étagent sous les bois d'oliviers, et se posent pour contempler la mer sur des caps en miniature cernés par la vague, se cache le petit port de Villefranche, abrité dans une échancrure profonde, petite baie ravissante où de tous côtés c'est fête et régal pour les yeux. De toutes ces baies charmantes, de ces anses idéales aux eaux d'émeraude, la rade de Villefranche est peut-être la plus superbement découpée ; de même, de toutes les petites villes marines accrochées aux rochers, aux blanches maisons suspendues dans la verdure au-dessus du flot, Villefranche semble celle qui réunit plus que nulle autre tous les éléments de la beauté pittoresque, avec la grâce et le charme, avec la poésie de la situation et du cadre.

Tout ce qu'on vient d'admirer ailleurs, attraits particuliers, détails caractéristiques, tout ce qui a séduit en d'autres villes, on le retrouve là, rassemblé dans un bien petit espace et avec quelque chose de mieux ou de plus complet. Vieilles fortifications de la Darse, jolies maisons bariolées étincelant au soleil, feuillages luxuriants tombant des rochers au-dessus du flot, rues en escaliers, ruelles étranges, tout est admirablement posé, tout s'arrange, se complète, la bâtisse avec le roc, l'église blanche avec le bastion, les noirs passages voûtés ouvrant dans les façades étincelantes, débouchant sur le bleu de la mer ou dans le bleu du ciel, les toits rouges, les débordements de verdures des terrasses, le flot qui déferle doucement, les vieux arbres qui se tordent sur les pentes...

L'ÉGLISE DE VILLEFRANCHE.

La route qui mène à Villefranche par le col sous le mont Boron, passe à la sortie de Nice tout le long de villas dont les terrasses laissent pendre et se balancer comme des lianes d'énormes bouquets embaumés, avec des treillages de roses et des fleurs grimpant aux troncs des palmiers. C'est superbe, cette nature de haut luxe, mais combien plus jolie se présente Villefranche, du chemin de fer qui d'un long souterrain débouche tout à coup à mi-côte au-dessus de la mer, au fond de la petite rade. C'est un éblouissant coup de théâtre. Sur la pente de la montagne, la petite ville étage en une masse serrée ses maisons blanches ou bariolées, posées sur une étroite marge de rocher, ou trempant tout à fait dans l'eau. Au premier plan, au-dessus d'une eau verte comme une coulée d'émeraude et transparente à laisser voir tous les cailloux du fond, une grande bâtisse arcboutée sur le roc jaune, fait de l'entrée de la ville, sous les vieilles terrasses, un tableau d'un pittoresque merveilleux. Au fond, les dentelures de la côte opposée, les hauteurs du cap Saint-Hospice couronnées de bois d'oliviers s'allongeant jusqu'au goulet, enferment la rade étroite et longue où bien souvent viennent s'embosser les cuirassés de l'escadre et les torpilleurs apportant un peu d'animation à la vieille Darse.

Entre les terrasses et la grande bâtisse aux tons éclatants se coule, en passant

LA RADE DE VILLEFRANCHE

plusieurs fois sous des voûtes, la rue principale de Villefranche, sinuant à mi-côte parallèlement à la mer et rencontrant bientôt une rue perpendiculaire en escaliers venant de l'église et tombant sur le quai. Ce carrefour est extraordinaire, d'un côté la rue grimpe par des degrés cailloteux, au milieu desquels court un chemin de briques, entre les hautes maisons blanches aux persiennes closes, s'arrangeant comme un décor avec un clocher à l'italienne tout blanc en haut des degrés. De l'autre côté, c'est la descente, avec un marché sur la pente, sous les mêmes maisons blanches encadrant une mince tranche de la rade bleue où sommeillent quelques barques ou navires.

C'est décidément un rêve, une merveille que ce petit pays accroché au roc parmi les cactus, aussi beau que Sorrente dans le golfe de Naples. Toute la ville

LE VILLAGE D'EZA

semble une grande aquarelle avec ces maisons peintes en blanc ou en jaune, ces éclaircies dans les ruelles et ces femmes en jupes roses, jaunes ou vert tendre au milieu desquelles des douaniers ou des chasseurs alpins mettent une note sombre.

Les autres rues sont pour la plupart de simples passages voûtés circulant à travers la masse des constructions, grimpant aux jardins d'en haut ou descendant à la rive, avec de très curieux détours, de bizarres entrées de maisons et des effets de lumière soudains, de brusques flamboiements de soleil sur des coins de façades après de noirs circuits sous des arcades.

Sur le coteau au sud de la ville un vieux fort se campe au-dessus du port militaire enfermé par un môle, et complète avec ses bastions et ses échauguettes d'angle, un autre et non moins merveilleux décor au fond duquel les montagnes aux pointes fortement découpées cachant Monaco et Menton, miroitent dans une lumière radieuse.

Maintenant, à cette extrémité des côtes françaises, c'est à chaque pas qu'il faut s'arrêter pour les beautés semées le long du rivage avec une profusion à fatiguer l'admiration, chaque pas découvre une merveille, une anfractuosité de la grève plus jolie que la crique voisine, un promontoire plus gracieusement ou plus hardiment projeté en mer.

Le tableau le plus resplendissant de la magnifique féerie, celui qui réunit toutes les séductions de la terre provençale portées à leur maximum, le voici au sortir de ces tunnels que l'on dirait ménagés par un impresario soucieux de ses effets. Le grand décor devient de plus en plus magnifique, tous les mouvements du rivage, les conques vertes des criques où bat doucement un flot caressant, les découpures rocheuses des pointes, se dessinent avec une grâce idéale faite de pittoresque et d'harmonie; les villas somptueuses, taches blanches éblouissantes dans la luxuriance africaine de la végétation, s'étendent de plus en plus nombreuses en longs alignements sur le sable, en grimpades sur les escarpements parfois assez raides.

Après Beaulieu, Monaco, sur un long rocher en presqu'île, montre au-dessus de l'isthme étroit son front de vieille forteresse, ceint de gros bastions et de tours qui débordent aujourd'hui de vigoureuses verdures. La physionomie du vieux rocher malgré les transformations de la côte est restée féodale et l'on voit tout de suite quelle devait être jadis la force de cet abrupt promontoire d'accès si difficile, abritant dans une échancrure au pied de ses falaises, le port d'Hercule, à qui, sur ce rocher, un temple était dédié, au-dessus du mouillage des navires des marchands phéniciens, grecs ou romains.

Quel changement sur ce rivage où, de La Condamine jusqu'au delà de Monte-Carlo, une ville toute neuve a surgi, à la place de l'ancienne calanque paisible,

MONACO

une ville agitée et bruyante, couronnée par un autre temple où se célèbrent les mystères, les pompes et les triomphes du Veau d'or, par le palais de Monte-Carlo étincelant dans la splendeur de ses jardins babyloniens.

Partant du milieu des hôtels et des restaurants de la Condamine, faubourg tout battant neuf rempli de la rumeur des sectateurs de la roulette et du trente et quarante, une rampe monte à l'escalade de la vieille ville de Monaco, calme et sereine là-haut, enveloppée dans les fleurs. On passe sous des tours pleines de superbe, sous des portes fortifiées dressant gaiement en guise de plumets militaires des hampes d'agaves ou des palmiers, et après quelques détours sous les remparts on débouche au sommet du plateau sur une place immense, devant de hautes tours crénelées en queue d'aronde à la Gibeline.

C'est le palais du prince qui remplit tout le fond de la grande place, faisant face à la ville. Ce grand palais jaune a bonne mine, ainsi flanqué de hautes tours carrées, sur la plus haute desquelles flotte un gigantesque étendard armorié, indiquant la présence du souverain dans ses Etats. Il prête à philosopher, le contraste entre cette dernière apparence de féodalité et de particularisme, entre ce vestige du passé survivant sur ce rocher par un singulier concours de circonstances, conservé comme une pièce de musée, et le château d'en face, Monte-Carlo, fastueux édifice d'une si intense modernité, rendez-vous de tous les cosmopolitismes de la richesse.

Ce décor de forteresse est soigné jusqu'en ses détails; sur la terrasse regardant la baie des Spélugues et Monte-Carlo, des canons sont braqués, à côté desquels s'alignent des piles de boulets et de bombes, — canons et boulets offerts jadis aux princes de Monaco par Louis XIV, avec qui la principauté, comme le disait jadis à Addison un fonctionnaire du palais, daigna vivre en bonne intelligence alors que toute l'Europe se coalisait contre lui. Les carabiniers du prince ont leur caserne en face du palais, une caserne décorée d'emblèmes militaires, de têtes de Bellone farouches et de trophées d'armes. Le passé guerrier de Monaco n'est cependant pas une plaisanterie, ces carabiniers dont la caserne laisse échapper par ses fenêtres un bruit de batterie de cuisine avec des fumets alléchants, ont eu des prédécesseurs dont le rôle fut moins pacifique. Le fondateur de la maison princière de Monaco fut ce Grimaldi qui chassa au Xe siècle les Sarrasins de leurs divers Fraxinets et qui, sans doute, les balaya aussi du rocher de Monaco, devenu un redoutable nid de forbans comme tous les points saillants de cette côte. Les Grimaldi ayant un pied en Provence et l'autre en Italie furent pendant quelques siècles une des familles les plus importantes de l'aristocratie génoise, donnant des amiraux et des consuls à la République et prenant part à toutes les luttes.

A travers querelles et dissensions diverses, la forteresse construite sur le rocher d'Hercule passa et repassa maintes fois des mains des Génois, Gibelins ou Guelfes, aux mains des Grimaldi reprenant possession de leur domaine. Au milieu de ces guerres incessantes, des attaques, des descentes de flottes diverses, des combats livrés sur la mer ou sur le roc, les Monégasques devinrent de parfaits pirates et dominant du haut de leur aire nefs et galères sur la mer bleue, ils ne distingué-

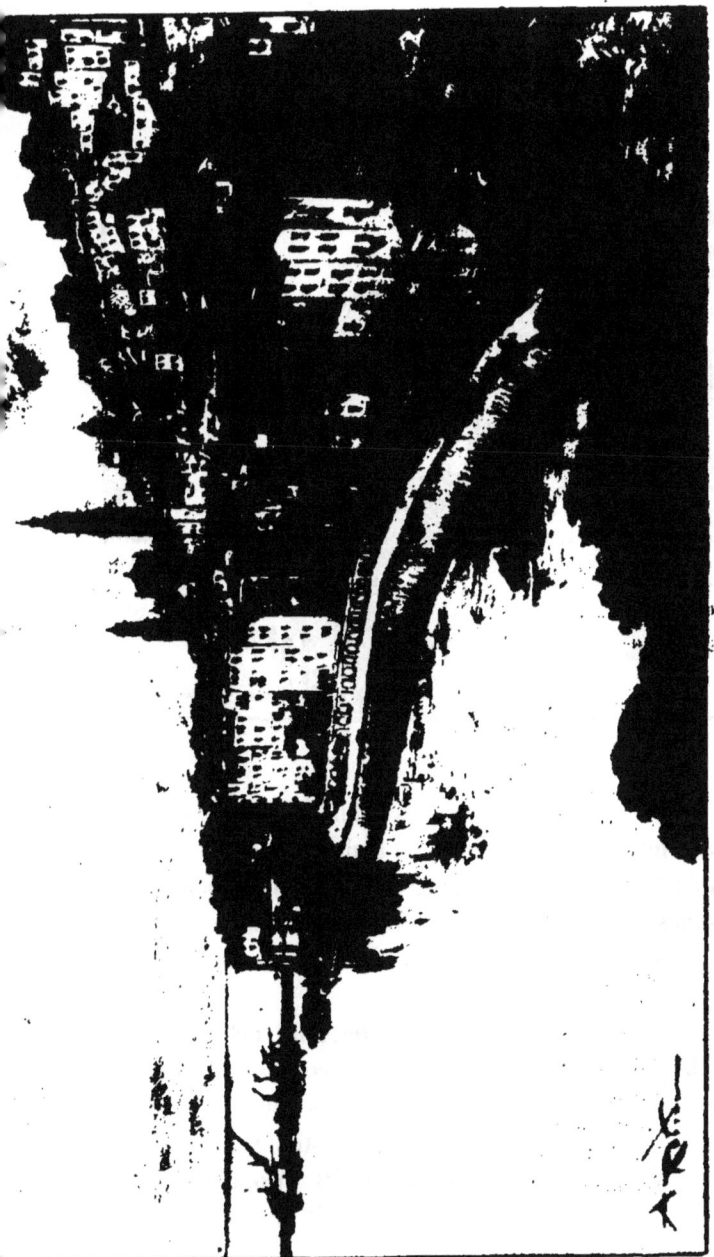

VUE GÉNÉRALE DE MENTON.

rent plus bientôt les amis des ennemis et traitèrent en vrais barbaresques tout ce qui passait à leur portée. Un vieux dicton du pays le rappelle : « Je suis Monaco sur un écueil — Je ne sème ni ne recueille — Et pourtant je veux vivre ! »

Les Grimaldi cependant continuèrent à passer de la suzeraineté de Gênes à celle du roi de France, il y eut un Grimaldi dans la chevalerie française vaincue

ENTRÉE DE MONACO

à Crécy. Pendant de longs siècles aussi, les différentes branches de la famille, de même que les puissants suzerains, la France, Gênes, ou l'empereur Charles-Quint, se disputèrent la principauté : les guerres, les surprises et les égorgements entre frères succédaient aux attaques étrangères. Cela ne finit guère qu'au XVIIe siècle, lorsque Richelieu chassa les Espagnols et fit reconnaître définitivement la suzeraineté de la France.

Cette minuscule principauté qui comprenait, outre le territoire actuel, Roquebrune dans la montagne et le port de Menton, fut pourtant, comme une curiosité archéologique bien complète, dans l'Europe libérale de nos jours, gouvernée par un régime absolutiste, avec une oppression fiscale fantastique, et ce régime ne tomba qu'après des émeutes et des révolutions en 48. Alors Menton et

Roquebrune se détachèrent violemment et se donnèrent au Piémont pour passer en 1859 à la France avec Nice. Devenu principauté de la roulette, royaume de plaisance, l'État de Monaco vit tranquille et prospère, allongé au soleil au-dessus des flots, laissant l'or étranger tinter et rouler en cascades, et la fiscalité à outrance d'Honoré V a été, pour les heureux habitants, remplacée par une franchise absolue de toute charge et de tout impôt quelconque.

Ce château, à qui ne manquent donc pas les souvenirs tragiques, est un amalgame de constructions de tous les siècles. Une belle porte Renaissance surmontée de l'écusson des Grimaldi, ayant pour supports deux moines l'épée à la main, conduit à la cour d'honneur, de laquelle on monte aux somptueux appartements par un très magnifique escalier double à évolutions compliquées, débouchant sous une galerie dite d'Hercule, en arcades voûtées ornées de peintures relatives à l'histoire du fabuleux fondateur de Monaco.

La ville de Monaco sur son plateau se compose de deux ou trois rues longitudinales coupées de quelques ruelles transversales, ville propre, luisante, avec l'air d'un petit Versailles méridional; il y a çà et là quelques aspects curieux et des détails Renaissance à certaines façades. Autour du rocher, sur les bastions où se construit en ce moment une grande église de style roman, sur les terrasses s'épanouissent les verdures d'un jardin continu, splendide corbeille de fleurs dans laquelle, à cent mètres au-dessus des flots, ce Monaco d'une si jolie couleur niche ses maisons et ses vieilles tours. Des angles de ce balcon, quand, ébloui par la mer, on se retourne vers la côte, ville et castel, blancs et jaunes tous deux, se détachent sur les belles montagnes de roches grises escaladées par les bois et les jardins. Directement au-dessus de la presqu'île monégasque en avant de la croupe allongée des montagnes, le beau saillant de la Tête de Chien, dont la crête a six cents mètres, se hérisse en falaise à pic, percée de grottes. Là-haut zigzague de cap en golfe, accrochée entre ciel et mer, montant et descendant, la belle route de la Corniche, la vieille route d'Italie, où la pioche des soldats de Napoléon retrouva la trace du pic des légionnaires romains qui ouvrirent la voie Aurélienne. Elle vient de passer sous Eza, type particulièrement réussi de ces villages juchés sur des rochers presque inaccessibles et qui, par leur situation seule, montrent bien à quel point les habitants de cette terre si favorisée par la nature devaient se garder jadis du danger perpétuel, du pirate musulman rôdant sur les flots. Ce nid d'aigle fortifié, ce tas de maisons enchevêtrées, serrées les unes sur les autres, sous lesquelles et à travers lesquelles circulent quelques ruelles, fut aussi l'un des repaires des Sarrasins d'antan, qui revinrent cinq cents ans après, avec Barberousse, au temps du siège de Nice et détruisirent le château couronnant aujourd'hui de ses ruines l'escarpement de roc et de bâtisses.

Les crêtes se mamelonnant à droite de la Tête de Chien portent les maisons de la Turbie et les restes de la Tour d'Auguste, trophée de ses victoires; cet illustre débris d'un monument qui a servi de carrière pour tous les édifices et maisons d'alentour et que les guerres ont ébranlé sans le détruire, domine un immense horizon sur deux pays, « ici, la Gaule, là-bas l'Italie ».

Plus loin est Roquebrune, campé sur et parmi de hauts blocs de rochers tombés de la montagne, autre bourg désordonné de ruelles sous arcades entremêlées de fortifications et de ruines, et enfin derrière le cap Martin se découvre, dégringolant de la montagne à la mer, dans un fouillis de verdure, Menton, dernière ville de France, le pays des jardins piqués de taches d'or, oranges et citrons, le pays des oliviers gigantesques et vénérables crispant sur les pentes leurs troncs fantastiques et tordant leurs longues branches.

Comme à toutes ces merveilleuses stations d'hiver, petits morceaux de paradis nichés au bon soleil dans le creux des rochers, fleuris de toutes les fleurs de la création, trois kilomètres de villas et d'hôtels précèdent la ville primitive qui jouissait béatement de tous ces biens depuis des siècles, sans se douter qu'il y avait pour d'autres des hivers, de la neige et des brouillards. Mais au tournant d'une petite pointe apparaissent le port et la vieille cité étagée sur la pente et formant, suivant le système de toute la côte, un bloc de maisons agglomérées au rocher, faisant corps avec lui.

Ce bloc a une très curieuse façade sur la mer au-dessus du port; à mi-côte comme à Villefranche, circule une rue qui lance des escaliers et de tortueux passages, d'un côté pour descendre au port et de l'autre pour escalader la colline.

PETITE RUE A MENTON

Le promontoire, couvert de maisons, a d'un côté la plage devant la ville neuve et de l'autre le port peu mouvementé. C'est du bout du môle que l'on juge bien de la situation particulièrement pittoresque de Menton, serré sur les flancs abrupts de sa colline avec de hautes montagnes derrière. Toute la ville a l'air de glisser de la colline dans le port, avec ses lignes de toits rouges, ses maisons se hissant les unes par-dessus les autres, égayées par un bariolage à l'italienne, par les coups de soleil qui, par-dessus les trous d'ombre, frappent le haut des façades et plongent aux ruelles circulant dans le bloc comme des galeries de fourmilière. Des églises aux tours carrées, peinturlurées aussi, pointent dans la masse, sans y mettre une note d'art, car elles sont d'un goût bien pauvre avec leurs façades à frontons et leurs campaniles superposés. Ces églises Saint-Michel et la Conception forment un groupe à mi-côte et font cependant assez bien de loin.

Tout en haut de la ville, occupant la place d'un ancien castel bastionné et dominant le déroulement des côtes italiennes, vers Bordighera et San-Remo, est le cimetière sous les terrasses duquel on retrouve des restes de murailles d'enceinte et une vieille porte de ville. La façade sur le port, le quai Bonaparte est d'aspect curieux par ses hautes façades coupées de balcons et de loggias et tout le tohu-bohu des constructions surajoutées, arrivant à l'extrémité du port à un tas de maisons plus mouvementées encore qui trempent tout à fait dans la mer. Mais l'intérieur du bloc mentonais réserve aussi de nombreuses joies pittoresques dans la rue Longue qui parcourt toute la masse, lançant quelques rameaux à droite et à gauche : carrefours assez sombres aux vieilles maisons soutenues par des arcs à différentes hauteurs, ruelles en escaliers fort étroites tournant et revenant sur elles-mêmes, terrasses ensoleillées dont les maisons jaunes et roses s'appuient aux églises roses et jaunes, avec des ouvertures de ruelles diversement étagées grimpant à des quartiers plus haut, ou plongeant sous des voûtes pour descendre au plus profond des pâtés de maisons.

MENTON. — UNE TRAVERSE.

Ces ruelles perpendiculaires sont des *traverses* qui font communiquer les rues d'en haut et d'en bas, et se faufilent le plus souvent comme de simples corridors. Elles sont étonnantes d'imprévu et de couleur, on dirait parfois, en quittant les carrefours bariolés, des puits noirs se perdant au fond des plus sombres constructions ; elles plongent dans des cours ténébreuses, passent sur des ponts, descendent sous des passages voûtés qui semblent conduire au fond des plus étranges souterrains et qui tout à coup débouchent dans quelque rue animée par le va-et-vient des pêcheurs et des marchandes, par le caquetage des bonnes femmes assises en groupes devant les portes. Les jolis motifs

MENTON. — UN CARREFOUR

d'aquarelle dans les cours où l'on surprend des petits coins de vie intime, sur les paliers de ces rues à degrés, sur des carrefours larges ou étroits, où les hautes façades égayées par des fleurs ou par le flottement de rideaux multicolores sont épaulées contre les tremblements de terre par des arches reliant les maisons en travers de la rue.

Et l'odeur du citron qui règne par tout Menton, particulièrement aux environs du marché ou du port encombrés de paniers et de caisses, du citron, richesse de Menton, qui mûrit en toute saison et que les belles collines des environs, les jardins prestigieux sur les pentes, laissent rouler comme une inondation par millions sur la ville!

MENTON. — UNE RUE DEVANT L'ÉGLISE

CHATEAU DE VALBELLES

UN COIN DE RUE, A SAINT-MAXIMIN

XVI

SAINT-MAXIMIN. — AIX

L'ÉGLISE DE SAINT-MAXIMIN
LA SAINTE-BAUME. — ROQUEFAVOUR
LES EAUX DE SEXTIUS. — AVENUES ET
FONTAINES. — SAINT-SAUVEUR
ET SAINT-JEAN DE MALTE. — LE CLOITRE
UNE ÉPITAPHE ORIGINALE
ET UN MONUMENT BIZARRE

De la grande ligne de Nice, une ligne se détache à Carnoules et s'en va sur Aix, en desservant un pays accidenté des plus pittoresques, par Brignoles et Saint-Maximin. De grandes lignes de montagnes courent à droite et à gauche encadrant des vallées pleines de détours où sinuent des petits cours d'eau ; avant Saint-Maximin se rencontrent les belles ruines du château de Valbelles aux tours éventrées, admirablement campées sur un monticule et détachant leurs masses grises et vertes sur un joli fond de ravins abrupts escaladés par des bouquets de bois.

Saint-Maximin n'est qu'un gros bourg dépendant jadis d'une ancienne abbaye fondée sur les tombeaux de saint Maximin et de sainte Marie-Madeleine, évangélisateurs de la Provence, débarqués de Judée aux Saintes-Maries-de-la-Mer.

Une magnifique église subsiste de cette abbaye, monument très important commencé au XIII° siècle par Charles d'Anjou, frère de saint Louis, dans le style et avec l'ampleur des cathédrales gothiques du Nord. De la ville elle-même il y a peu à dire, elle a, près d'une grande place campagnarde où le soir chevaux et mulets viennent boire à la fontaine, un beffroi, la tour de

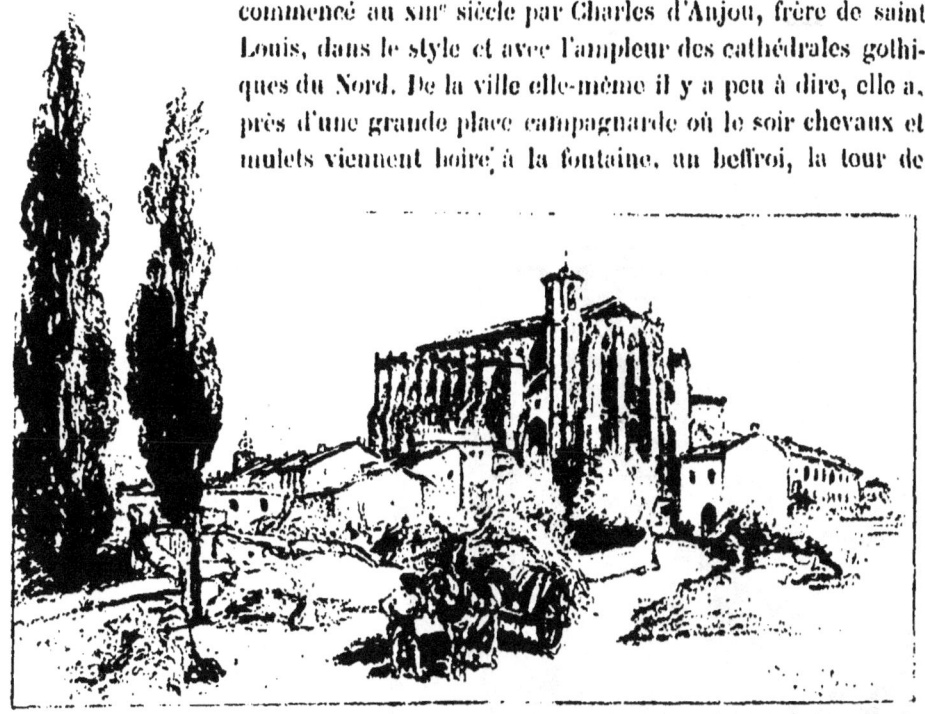

SAINT-MAXIMIN

l'horloge traditionnelle, une maison à jolie tourelle en encorbellement sur un carrefour, et un couvent de dominicains établi dans ce qui reste des bâtiments abbatiaux. Mais dans le calme des champs, par-dessus les toits plats des vieilles maisons, s'élève le vaisseau de la vaste église arcbouté sur ses gros contreforts. Le côté de l'abside est surtout joli, le portail étant par malheur fort mutilé. L'intérieur avait autrefois ceci de remarquable, paraît-il, que les fenêtres des bas côtés partaient du sol, ouvrant l'église à la lumière jusqu'au pavé. Sous le chœur se creuse une crypte renfermant parmi des sarcophages antiques, celui, croit-on, de Marie-Madeleine.

La grotte où vécut la pénitente Marie-Madeleine, la Sainte-Baume, gardée par les dominicains de Saint-Maximin, est dans les montagnes à quelques lieues au sud, à un millier de mètres d'altitude en haut d'escarpements de rocs roussâtres

31 LE CLOITRE DE LA CATHÉDRALE A AIX.

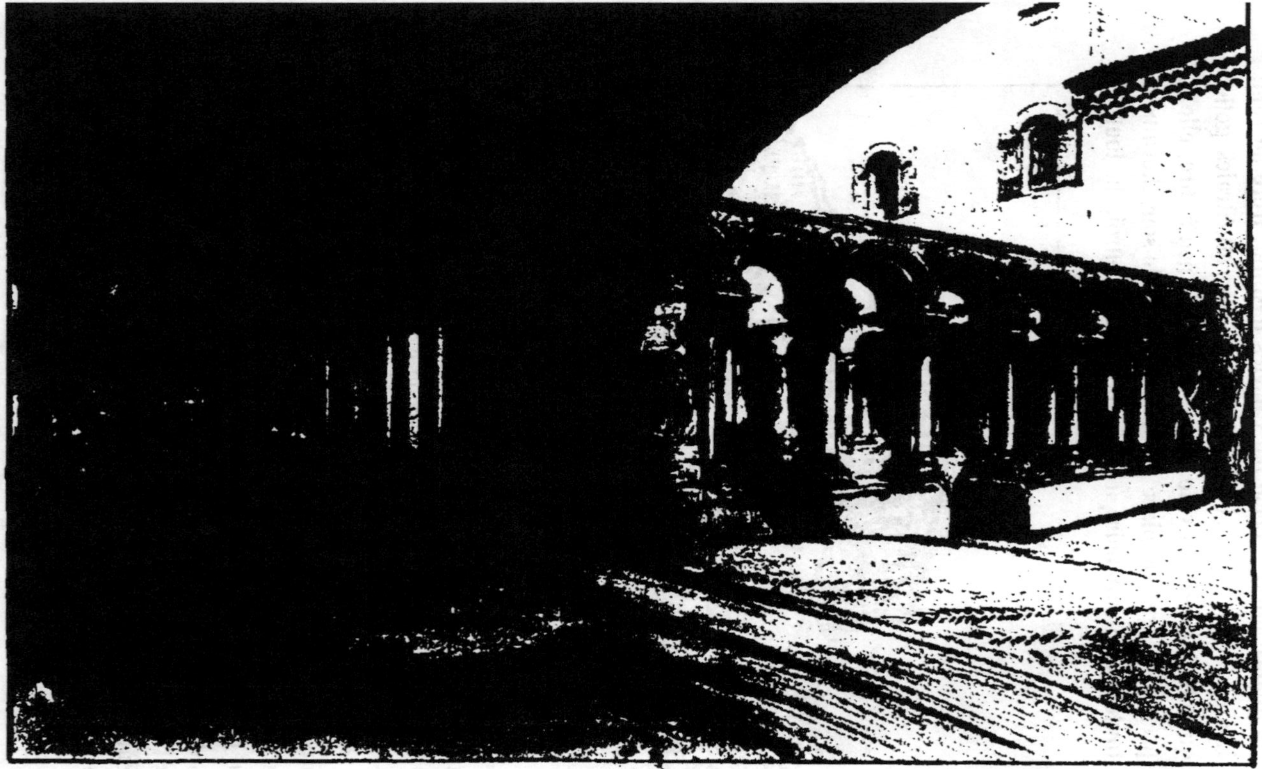

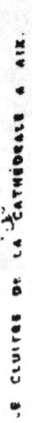

émergeant d'une épaisse et magnifique forêt. Lieu de pèlerinage célèbre en Provence, la Sainte-Baume voit escalader sa montagne chaque année par des milliers de pèlerins, depuis les siècles du moyen âge qui lui envoyèrent parmi les visiteurs illustres des papes, des rois et des reines, et nombre de grands personnages.

Les sites de la vallée de l'Arc après Saint-Maximin sont un des grands paysages de l'histoire, c'est le champ de bataille de Marius. Ici Marius écrasa la grande émigration des Teutons, qui après avoir détruit six armées romaines envoyées à leur rencontre, se préparaient à passer en Italie pour opérer leur jonction avec les Cimbres. C'est ici que se déroulèrent les différentes scènes du grand drame, la terrible bataille suivie d'une longue tuerie sans pitié à travers montagnes et ravins, puis les barbares morts, la défense désespérée du camp par les femmes et par les molosses.

Les champs de Pourrières ont tiré leur nom des cent mille cadavres enfouis après cette bataille, dont le souvenir est consacré, ici par un arc de triomphe ruiné et là-haut par une croix, la *Croix de Provence*, planant à 600 mètres d'altitude, à la pointe tournée vers Aix des montagnes dites d'abord de la Victoire, puis de sainte Victoire, longue chaîne à plusieurs étages d'escarpements au-dessus de Pourrières et de Trets.

Sur un territoire accidenté en rocs gris et taches vertes, en vallons semés de bastidons, entre la chaîne de Sainte-Victoire et d'autres escarpements à travers lesquels coule l'Arc, franchi au défilé de Roquefavour par un aqueduc moderne, frère cadet du Pont du Gard des Romains, la ville d'Aix s'entoure majestueusement d'une ceinture de boulevards aux magnifiques platanes, larges avenues un peu solennelles qui conviennent à sa gravité de vieille cité parlementaire, d'ancienne métropole administrative de la Provence.

Elle se présente vraiment bien, la ville des *Eaux de Sextius*; après l'immense place de la Rotonde et son immense fontaine monumentale à groupes allégoriques, lions et dauphins, le cours Mirabeau immensément large avec ses quatre rangées de platanes formant voûtes de feuillage continues, avec ses vieux hôtels, lui fait une entrée grandiose. Des boulevards ombragés, des fontaines monumentales, des hôtels d'architecture solennelle parfois un peu compassée, voilà bien la caractéristique de la très noble cité d'Aix en Provence.

L'intérieur de l'ancienne capitale des parlementaires est assez compliqué. Depuis le temps où le consul Sextius Calvinus, après avoir enlevé l'oppidum des Salyens et soumis leurs tribus, fondait ici une colonie et faisait rapidement de la ville des *Eaux de Sextius*, premier établissement de Rome en Provence, une cité opulente, pourvue des indispensables monuments, temples, thermes, amphithéâtre, une ville d'eaux pour les riches Romains ou Grecs de la côte, Aix a eu le loisir et l'occasion de profondément modifier son assiette, et de renouveler ses monuments.

La ville romaine disparut d'ailleurs dans la tourmente des invasions arabes, les Sarrasins en 737 la saccagèrent complètement et ne laissèrent, aux quelques habitants échappés au massacre et à l'esclavage, qu'un amas de ruines gardé par des tours éventrées. Un siècle s'écoula et la cité commença peu à peu à renaître avec les comtes de Provence. Sur les ruines du modeste temple chrétien élevé par saint Maximin, compagnon des saintes Maries dans la barque partie de Judée avec l'Evangile, une église s'éleva qui fut remplacée plus tard par la cathédrale Saint-Sauveur, basilique métropolitaine. Plusieurs agglomérations nées chacune autour d'un noyau particulier, se sont confondues peu à peu pour former la ville d'Aix actuelle. C'était surtout la ville Comtale et le bourg Saint-Sauveur. La ville Comtale vivait sous la protection du palais des Comtes démoli de nos jours et remplacé par le palais de justice actuel dont la façade à péristyle grec ne peut que faire regretter l'édifice du moyen âge, accolé à des tours romaines jetées bas avec lui ; le bourg Saint-Sauveur se forma en dehors de la porte de l'Horloge autour de l'église Saint-Sauveur, cathédrale plus tard, élevée dans le style roman à la fin du xie siècle sur les ruines de l'oratoire de Saint-Maximin et transformée au xiiie siècle en grande église gothique.

De ses princes du moyen âge, comtes de Provence-Barcelone et comtes de la maison d'Anjou, Aix a surtout conservé le souvenir de la reine Jeanne, poétisée par toutes les tragiques légendes de sa vie, et de René, le bon roi René, qui se fit chérir des Provençaux et passa ses dernières années vouées aux lettres et aux arts, dans Aix, capitale de ses anciens Etats, qu'il se plut à embellir, à favoriser et aussi à réjouir par l'institution de fêtes et cérémonies. Le bon roi René de ses jardins d'Aix légua par un parchemin calligraphié et enluminé de sa main, sa Provence à Louis XI, laissant l'usufruit à son neveu Charles III, qui ne devait le garder que peu de mois, et fut le dernier comte souverain.

Le Cours aux superbes ombrages aboutit à la place des Carmélites où la ville d'Aix a élevé à René d'Anjou une statue due au ciseau de David d'Angers. Aix est toujours la ville des Eaux ; outre ses thermes, reconstruits en 1705 sur les ruines romaines, les fontaines sont nombreuses, elles ne versent pas des eaux bien abondantes, chaudes ou froides, mais quelques-unes de ces fontaines sont vraiment artistiques et décoratives.

La rue qui s'ouvre devant la statue de René est l'entrée de la vieille ville, elle mène en quelques pas à la place des Prêcheurs et tout de suite à la place de l'Hôtel-de-Ville, au vieux beffroi et à la cathédrale, le cœur de la cité, le quartier aux souvenirs historiques.

La cathédrale, édifice du plus haut intérêt, conserve enveloppés dans le grand vaisseau gothique de précieux morceaux des édifices qui se sont succédé à cette place depuis l'établissement du christianisme. Le portail, œuvre élégante du XVᵉ siècle déploie une riche décoration terminée en haut de la fenêtre supérieure par une belle figure de saint Michel ; il est flanqué à gauche d'une tour dont le couronnement octogonal semble un peu grêle de structure et de détails, et à droite par le mur de la partie romane de la cathédrale, reste de la vieille église construite quand la ville saccagée par les Sarrasins se releva de ses ruines à la fin du VIIIᵉ siècle, édifice reconstruit à peu près complètement au XIᵉ.

AIX. — LA CATHÉDRALE

La nef fort belle avec sa juxtaposition de styles, abonde en parties d'architectures intéressantes et en monuments ou curiosités de toute sorte. Aux premières travées à droite, dans cette nef romane flanquant la nef gothique, c'est encore comme une autre église qui s'ouvre, plus âgée encore et impressionnante dans sa majesté. Ceci est un baptistère des premiers siècles chrétiens, restauré à la Renaissance, ayant la forme d'une rotonde à dôme octogonal porté par des colonnes romaines enlevées à un temple d'Apollon.

De magnifiques tapisseries d'Arras, provenant de Saint-Paul de Londres, forment avec de grands triptyques une riche décoration à la grande nef et au chœur de la cathédrale ; au-dessus des stalles, un de ces triptyques dont il faut se faire ouvrir les volets par le sacristain, est dit *triptyque du roi René*. La scène principale, *le buisson ardent*, offre parmi de belles figures de saints et saintes les remarquables portraits du roi René et de Jeanne de Laval, sa seconde femme, représentés à genoux en *donataires*. Outre quelques tombeaux, notamment celui d'Olivier de Penafort, des sculptures, il faut citer un retable à grandes figures sculptées enfermées sous une arcade et représentant la Vierge entre sainte Marthe sur la Tarasque et saint Michel en chevalier du XVᵉ siècle ; quelques épitaphes aussi sont intéressantes à déchiffrer, la plus curieuse est celle de la femme d'un avocat au Parlement, qui exprima sa douleur en une longue et bizarre apostrophe rimée dont il suffit de reproduire quelques vers, pour faire saisir son originalité.

1597. AV DIEV LE TRINVN

*a très vertueuse et très exemplaire dame Suzanne Casaneufve
sa fidèle et très chère consorte, messire Pierre Laugier
avocat au Parlement, très regretteux et très marry mari, a érigé ce monument ;
... Des oreilles, des yeux, du nés, palais et mains
Nature eust à desseing de parfaire son ouvrage,
et adextre adouba ses cinq outils formels...
Les fleurs son flair flairait, flairantes sur sa fleur.....*

AIX. — TOUR DE L'HORLOGE

Parmi les morceaux d'art de la cathédrale, il ne faut pas oublier les portes qui sont un véritable chef-d'œuvre de sculpture sur bois. De doubles vantaux les recouvrent qu'il faut se faire ouvrir par le sacristain comme pour les triptyques. Grâce à cette précaution, ces portes nous sont venues en admirable état, avec toute l'intacte richesse de leur décoration de la fin du style gothique. Deux panneaux dans la partie inférieure et six plus petits dans la partie supérieure de chacun des vantaux encadrent dans leurs ornements très fouillés de belles figures de prophètes et de sybilles.

La cathédrale romane du XIe siècle qui forme la partie droite de Saint-Sauveur a conservé son cloître, un très beau préau entouré sur chaque face de huit arcades décorées diversement, avec des chapiteaux rappelant ceux de Saint-Trophyme. Ces galeries constituent un petit musée où l'on a recueilli des débris de sculptures, des statues, des tombeaux et des épitaphes nombreuses provenant de l'église.

On retrouve la place de l'Hôtel-de-Ville au bas de la rue de la Grande-Horloge. Trois édifices, l'hôtel de ville, la halle aux grains et la tour de l'Horloge encadrent joliment cette place aux vieux platanes branchus, au milieu de laquelle se dresse sur une fontaine une colonne provenant de la ville romaine. L'hôtel de ville est un édifice du xvii° siècle à façade majestueuse plaquée de colonnades ; la halle aux grains xviii° siècle ne possède guère l'apparence d'une halle, mais elle a dans son fronton un fort beau groupe mouvementé du sculpteur aixois Chastel, représentant un fleuve à côté d'une plantureuse Cybèle, allégorie du Rhône et de la Provence. L'édifice qui donne à cette place sa physionomie particulière c'est la tour de l'Horloge qu'en un accès de vandalisme on

UN RETABLE DE LA CATHÉDRALE D'AIX

voulut pourtant démolir il y a quelques années. Grosse tour carrée construite en 1505 sur une voûte qui est une ancienne porte de la ville Comtale, le beffroi est décoré de quelques sculptures, de fenêtres gothiques et d'une grande niche Renaissance contenant une urne funéraire à la place d'une statue de Louis XIII enlevée en 93.

La place des Prêcheurs n'est pas moins bien garnie et décorée que celle de l'Hôtel-de-Ville. C'était jadis la prairie du château, elle a pris son nom des *Prêcheurs* du couvent des Dominicains supprimé en 93 ; l'église des Dominicains, édifice xvii° siècle, devenue église paroissiale de la Madeleine, élève sur la place une façade moderne très importante, d'un style Renaissance qui donne à l'entrée plutôt l'air d'une fastueuse porte de palais que d'un portail d'église. En face de ces colonnades, une autre fontaine monumentale réussit à rendre joli et gracieux l'arrangement d'un obélisque sur un piédestal ; il est vrai que c'est le xviii° siècle, le siècle gracieux par excellence, qui a réussi le problème. L'auteur est le sculpteur Chastel. Il a placé l'obélisque sur le dos de quatre lions, a décoré la base de médaillons et sur la pointe il a posé un bel aigle aux ailes éployées.

Les médaillons surmontant des inscriptions latines encadrent les effigies du proconsul Sextius Calvinus fondateur de la ville romaine, de Charles, neveu du roi René, qui porta le dernier le titre de comte de Provence au moment de la réunion à la France, du roi régnant Louis XV et enfin de Louis XVIII, comte de Provence, au moment de l'érection du monument.

AIX. — ÉGLISE SAINT-JEAN DE MALTE

Le palais de Comtes était ici. Pour la construction d'un froid Palais de Justice, a disparu l'antique édifice qui avait traversé tant de siècles, porté sur une base romaine, sur des substructions et des tours provenant du palais du prétoire accommodé en castel moyen âge. Des souvenirs romains, à part les vestiges des thermes et les sculptures recueillies au musée, il n'en reste guère à Aix, les Sarrasins d'abord et les démolisseurs ensuite en ont eu raison ; de même les souvenirs du moyen âge, en dehors de Saint-Sauveur et de Saint-Jean, se sont évanouis aussi.

Que d'événements de l'histoire d'Aix si mouvementée pendant le xvi° siècle ont eu pour théâtre cette place des Prêcheurs avoisinant le château. Le xvi° siècle fut pour la ville l'époque des plus terribles bouleversements, des plus cruels malheurs. Cela commença par des pestes qui devaient revenir souvent, et par l'invasion du connétable de Bourbon, auquel un consul livra la ville, ce qui lui valut d'être décapité sur la place des Prêcheurs à l'arrivée de François I°°. En 1536, Aix tomba au pouvoir de l'armée impériale, conduite par Charles-Quint qui rétablit le royaume d'Arles et se fit couronner à Saint-Sauveur. Après le départ des Impériaux la pauvre ville démantelée et dévastée se repose de ses malheurs. Aix goûte alors une tranquillité d'une vingtaine d'années, mais c'est pour tomber violemment ensuite dans les dissensions religieuses les plus aiguës, dans la plus furieuse anarchie. Successivement protestants, catholiques, ligueurs vont se livrer les uns sur les autres à tous les excès, se pendre, s'arquebuser ou se décapiter par représailles, chaque fois que la ville passera de l'un à l'autre par surprise ou autrement.

En cette période terrible d'excès de toute nature et de secousses violentes, on vit un archevêque d'Aix, Jean de Saint-Chamond, monter en chaire à Saint-Sauveur, briser sa crosse et sa mitre et passer aux calvinistes. Les troubles, les massacres continuèrent jusqu'au dernier soupir de la Ligue. Celle-ci, maîtresse de la ville, — avec une femme, la comtesse de Sault, comme chef du parti pendant quelque temps, — soutint contre l'armée royale, commandée par d'Epernon, un siège pendant lequel consuls et gens du parlement combattirent bravement aux remparts. Du canon avait été hissé sur la tour de Saint-Sauveur, matelassée de balles de laine pour amortir l'effet des boulets royaux. Enfin la fatigue venant des deux côtés, après des trêves diverses et des reprises d'hostilités, cette période de malheurs prit fin avec la reconnaissance de l'autorité royale.

AIX. — LA PLACE DES PRÊCHEURS

Les temps étant devenus plus réguliers, Aix, ville de noblesse et de magistrature, siège du parlement de Provence, se transforma et s'agrandit. C'est alors, sous Louis XIII et Louis XIV, que se construisirent les grands hôtels qui se rencontrent en si grand nombre par la ville et donnent à certains quartiers un caractère aristocratique ou une allure grave sentant encore son Parlement. On en rencontre un peu partout, sous les grands arbres du Cours, dans les rues étroites, de ces nobles demeures remarquables par leur aspect général et par des détails de sculptures, par des balcons de fer forgé, par des portes d'aspect important à beaux marteaux ciselés.

Le quartier Saint-Jean-de-Malte est un petit faubourg Saint-Germain aixois, tout en rues à grands hôtels aux façades un peu froides. On y peut signaler la jolie fontaine des Quatre Dauphins, datant de 1667, devant la rue Cardinale. L'église Saint-Jean de Malte, bel édifice gothique construit au XIIIᵉ siècle par les chevaliers de Malte, élève à côté des bâtiments affectés au musée de la ville adjacents à son pignon, une très belle façade composée d'un portail étroit, mais d'une composition simple et belle, et d'un clocher original de lignes surmonté par une petite flèche sortant de gâbles percés de fenêtres triangulaires. Le tombeau des Bérengers, comte de Provence, que l'on voit dans le transept n'est qu'une reproduction, dans le style gothique de la Restauration, du tombeau véritable détruit en 93.

Il y a encore d'autres églises à Aix, mais elles sont du XVIIe siècle, époque de très médiocre architecture religieuse, elles n'ont guère d'intérêt que par les œuvres d'art qu'elles renferment. Il ne faut pas oublier à Aix une curiosité du genre bizarre, le tombeau que s'est élevé de son vivant un riche négociant d'Aix nommé Sec, qui devait avoir eu l'esprit quelque peu troublé par les événements du commencement de la Révolution. Ce singulier monument visible sur un mur de jardin près du boulevard Notre-Dame, se compose d'une superposition de bas-reliefs allégoriques et amphigouriques réunissant *Moïse écrivant les tables de la Loi*, la *Justice* implorée par des figures à gestes emphatiques avec différentes inscriptions :

Venez, habitants de la Terre! Nations, écoutez la Loi!

L'an de la liberté 1792. Monument dédié à la municipalité de cette ville, observatrice de la loi, par Joseph Sec.....

NÎMES. — LA MAISON CARRÉE

PLACE AUX HERBES, A UZÈS.

LE PONT DU GARD

XVII

NIMES. — UZÈS

**GRANDES RUINES ROMAINES : DEUX PORTES DE VILLE
LA MAISON CARRÉE, LES ARÈNES. — LA NYMPHÉE DE DIANE ET LA TOUR MAGNE
LA CATHÉDRALE DE SAINT-CASTOR. — LE PONT DU GARD
SUR LA GRANDE PLACE D'UZÈS. — LE DUCHÉ. — LA TOUR FENESTRELLE**

De l'autre côté du Rhône dans un paysage moins beau de lignes que sur la rive gauche, très sec, en champs d'oliviers et rochers, avec des cyprès autour des mas ou mazets, Nîmes, ville antique aussi, a mieux conservé ses souvenirs des siècles romains, entourés, il est vrai, de quartiers tout ce qu'il y a de plus modernes.

Il n'y a que deux époques à Nîmes, l'époque romaine et la contemporaine ; des temps intermédiaires il est resté bien peu de choses et ce double caractère romain et moderne se montre fortement imprimé dès l'entrée, aux avenues ombragées et ornées de fontaines, aux boulevards développant de régulières façades de maisons de rapport, élégantes et riches, larges voies menant aux Arènes, à la Maison Carrée, à la Nymphe de la fontaine.

Ville de plaine assise au pied des basses collines qui portent la *Tour Magne*, Nîmes est assez régulière. Au centre de la vaste agglomération, la vieille ville qui garde encore deux de ses portes romaines, — de simples débris, — forme une espèce de triangle entouré de boulevards, la pointe tournée aux Arènes et à l'Esplanade. Tous les monuments sont compris dans ce triangle, sauf les restes romains du mont Cavalier couronné par la tour Magne. Les quartiers en dehors sont des faubourgs ou des quadrillages de rues neuves, régulières et ennuyeuses.

La place de l'Esplanade avec sa fontaine à statues de Pradier et son entourage d'édifices modernes, le Palais de Justice et la Préfecture voisine, forme une entrée de ville d'une modernité fastueuse, après laquelle on se trouve soudain jeté devant le superbe et colossal monument, gloire de la Nîmes romaine d'il y a dix-huit siècles, qui fait encore la principale beauté de celle d'aujourd'hui, — devant les majestueux portiques des Arènes, absolument dégagées et isolées sur une vaste place.

LES ARÈNES DE NÎMES

L'état de conservation des Arènes de l'antique *Nemausus* est étonnant, l'édifice tout entier est là, sans brèche, dans toute l'étendue de son ellipse et dans toute sa hauteur, avec ses deux étages de portiques d'ordre dorique, avec ses quatre portes légèrement en avant-corps, complètes, n'ayant, sauf une, perdu que les frontons du portique supérieur. L'attique a même conservé une grande partie des consoles trouées par lesquelles passaient des poteaux dont l'extrémité portait sur la corniche, et destinés à supporter le vélarium tendu les jours de soleil au-dessus des gradins.

L'épiderme seul du monument a souffert, mais c'est peu sur cette masse que ces égratignures pour tant de siècles et aussi pour tant de secousses, car les Arènes, devenues château fort depuis le temps des invasions jusqu'au moyen âge et devenues ensuite comme une ville particulière fermée, ont par miracle survécu sans blessures trop grandes et sans amputations à de terribles orages, et résisté victorieusement à bien des causes de destruction.

Nemausus, colonie fondée par Auguste, devenue rapidement grande et importante cité, embellie par des édifices magnifiques, vécut quatre siècles d'une existence brillante, quatre siècles de prospérité auxquels succédèrent des siècles de ravage et de destruction. Vandales, Wisigoths, Sarrasins et Francs se ruèrent tour à tour sur la superbe cité gallo-romaine, pillant ses richesses et saccageant ses monuments. Les destructeurs de Nemausus furent surtout les Vandales et les Francs. Les Arènes naturellement, par la force de leurs murailles, devinrent tout de suite une citadelle où les uns et les autres se retranchèrent pour assurer leur domination, citadelle qui soutint bien des sièges. Quand les Francs, dans la grande expédition de Karl Martel en Septimanie, à la poursuite des débris de l'invasion musulmane vaincue à Poitiers, échouèrent contre les murailles de Narbonne Sarrasine, ils détruisirent toutes les cités pouvant servir d'appui aux musulmans, rasèrent les murs d'Agde, de Béziers, comblèrent le port de Maguelonne. Ils prirent aussi Nimes, démantelèrent les remparts et mirent le feu au château des Arènes.

NIMES. — LE TEMPLE DE DIANE

Mais que pouvait le feu contre ces murailles ? Les noircir : cela n'empêcha pas les Arènes de redevenir une forteresse que l'on voit, peu de siècles après, occupée par les *Chevaliers des Arènes*, une sorte d'association militaire, la noblesse de la ville, chargée de sa défense, vivant dans cette citadelle, à part et à côté des bourgeois de la cité, ayant son administration distincte et ses consuls particuliers qui ne se réunissaient aux consuls de la ville, que pour discuter les intérêts communs.

Le vieil esprit du municipe romain avait survécu aux bouleversements et s'était retrouvé quand la ville avait pu arracher ses franchises au comte de Toulouse son suzerain. Quand le Languedoc devint terre royale, les consuls du château des Arènes et de la cité continuèrent à administrer côte à côte, ayant fort à faire, pendant les longs troubles du moyen âge, pour défendre contre les exigences du suzerain et les exactions de ses représentants la ville souvent en révolte ouverte, pour la préserver des excès et des pillages au passage des armées, pendant les guerres des XIVe et XVe siècles.

Lorsque les Arènes ne furent plus le domaine particulier des chevaliers, elles formèrent comme celles d'Arles, une petite ville avec ses maisons serrées dans l'enceinte et sa chapelle Saint-Martin dont la trace est restée, et cette ville qui contenait deux mille habitants dura jusqu'en 1809. Alors les Arènes furent dégagées et nettoyées, les constructions parasites disparurent, les tours de défense furent abattues. L'archéologie y a gagné, peut-être le pittoresque y a-t-il perdu, car il

NÎMES. — LA TOUR MAGNE

faut l'avouer, les Arènes réparées, froides et vides ne donnent pas tout à fait l'impression poétique de celles d'Arles fortement touchées par la ruine, largement éventrées par endroits, mais dressant encore sur leurs portes les hautes tours sarrasines.

Rentrons dans les temps modernes par le boulevard Saint-Antoine à l'angle duquel, en face des Arènes, le lycée tout neuf profile un beau pavillon à campanile d'architecture originale. A l'autre bout du boulevard, les Romains se retrouvent; c'est là, faisant pendant au théâtre, que se rencontre la fameuse Maison Carrée.

Joyau d'architecture romaine, ce petit temple, ornement du forum de Nemausus, est un rectangle plein précédé d'un péristyle à colonnes corinthiennes et flanqué de colonnes engagées supportant un riche entablement. Mais ce charmant édifice d'une conservation extraordinaire a été loué d'une façon hyperbolique au temps où l'on ne voyait qu'erreur et mauvais goût barbare en dehors de l'art antique. Il est parfait tant que l'on voudra, ce temple romain, mais en somme c'est ici de l'art d'importation né ailleurs que sur notre sol et nous nous sentons remués davantage devant un monument vraiment national où nous apparaissent pleinement l'âme et la main de nos pères. De ce très délicat coffret on a très justement fait un reliquaire des débris de Nemausus.

Ce monument qui, dans le cours des siècles, eut la chance d'échapper aux destructions violentes, bien qu'assez mal traité et englobé dans les bâtisses ajoutées, a eu toutes les destinations possibles. Avant de recevoir à notre époque une soigneuse restauration, il fut maison des consuls, auberge, magasin, et ensuite église des Augustins...

NIMES. — LA CATHÉDRALE SAINT-CASTOR

La ville du moyen âge ne tenait qu'une partie de l'étendue occupée jadis par la cité romaine ; s'il est resté peu d'édifices de ces temps dans cette partie centrale au dedans des boulevards, la faute en est sans doute principalement aux guerres religieuses qui ont sévi avec une intensité particulière ici, dans cette Nîmes ardente et exaltée, incendiant les âmes avant que dans le déchirement des passions, les bûchers s'allumassent. Cette ville intérieure n'a pas grand'chose de caractéristique dans son réseau de rues étroites bordées de hautes maisons; il y a quelques anciennes façades, le plus souvent bien modifiées, quelques jolies petites places comme celle de la Salamandre, — où, par parenthèse, on brûlait les protestants quand les catholiques avaient le dessus en ville, ce qui était rare, car le calvinisme, sauf pendant quelques passagères éclipses, régna souverainement à Nîmes pendant toute la période des guerres et les catholiques surtout virent de terribles quarts d'heure : collisions sanglantes, massacres de prêtres, de magistrats ou de notables, mises à sac d'églises et de couvents, destruction de l'évêché, etc...

De ces années d'horrible anarchie, des ravages du calvinisme iconoclaste, vient sans doute la pénurie de monuments du moyen âge, et de souvenirs artistiques des temps intermédiaires entre l'époque romaine et l'ère actuelle. Sauf la cathédrale, il n'y a plus d'églises anciennes, Saint-Paul roman, et Saint-Baudile, gothique, Sainte-Perpétue, etc., sont de beaux édifices modernes. De longs siècles,

LES ARCADES A UZÈS

au contraire, pèsent sur la cathédrale Saint-Castor, qui montre dans sa façade des morceaux romans et même romains, et qui probablement est fondée sur des substructions d'un temple de la ville romaine.

Cette façade, appuyée d'un côté à l'évêché, s'élève sur une étroite place encadrée de vieilles maisons, très vieilles même, car on voit à l'une d'elles des traces d'ouvertures romanes. C'est un curieux mélange de fragments d'architectures diverses amalgamant bizarrement tous les styles : un fronton à la romaine, où se voient des traces d'arcatures romanes, à une grosse tour romane en bas, gothique en haut, ceinte aux deux tiers de la hauteur d'une galerie de mâchicoulis. Quelques bas-reliefs romains sont encastrés au-dessus de la porte et plus haut, sous le fronton, règne une frise romane compliquée, à petits personnages ; l'ensemble de la façade forme, avec la place et les petites rues perdues dans l'ombre de la tour, un très pittoresque tableau.

Deux portes de l'enceinte romaine sont parvenues bien abîmées jusqu'à nous, l'une à la pointe sud de la ville, la porte de France, simple arcade sous laquelle, entre deux tours disparues, passait la voie Domitienne, la grande route du littoral, allant des Pyrénées au Rhône, et l'autre porte à l'extrémité du boulevard des Calquières, la *porte d'Auguste*, plus importante, comprenant, en contre-bas du sol actuel, deux grandes arcades et deux petites, découvertes il y a seulement une centaine d'années, noyées dans des remparts moyen âge.

Bien plus considérables sont les fragments romains restés à l'état de ruines ou restaurés, mariés par l'art français du xviiie siècle avec des architectures pseudo-romaines, pour décorer, sur les pentes du mont Cavalier, la magnifique promenade dite du Jardin de la Fontaine.

Cette nymphe de la fontaine, qui rafraîchit Nîmes l'altérée, les Romains, ainsi qu'ils le faisaient partout, divinisant toutes les sources bienfaisantes, lui avaient consacré un édifice encore en partie debout et appelé aujourd'hui le temple de Diane, et ils l'avaient avoisiné de thermes et de bassins, subsistant encore en partie aussi. Le xviiie siècle trouva tout cela dévasté et sans doute bien abandonné ; relevant les ruines des bassins, les encadrant de balustrades ornées de statues et de vases, il arrangea autour de la nymphée romaine les superbes jardins qui sont la gloire et le charme de Nîmes moderne.

VIEIL HÔTEL, A UZÈS

L'ensemble de cette promenade, ces bassins dus à la collaboration de l'antiquité et du xviiie siècle, tout est charmant. Le bassin dit des Bains de Diane, où l'eau sous des nénuphars et des fleurs aquatiques, file mystérieusement sous la colonnade antique des bains romains supportant les balustrades, entoure un terre-plein rectangulaire au milieu duquel, sur un gracieux piédestal, une statue représente la Nymphe penchant son urne.

Le temple de Diane est tout près, à demi caché sous les beaux ombrages. C'est une salle rectangulaire fort jolie avec ses voûtes écroulées laissant voir le ciel, avec les trous noirs des couloirs du fond et les niches décorées aujourd'hui de débris antiques, de sculptures mutilées, recueillies dans ses ruines ou dans celles qui l'entourent. Ce temple de Diane, pendant le moyen âge, servit d'église aux nonnes de l'abbaye de Saint-Sauveur de la Fontaine ; dévasté comme les autres églises par les protestants, le temple-monastère fut de plus, au cours des guerres religieuses, trouvé gênant pour la défense de la ville, et, en conséquence, éventré et ruiné.

Tout en haut du mont Cavalier, sur les dernières pentes plantées de pins, s'élève un autre débris romain, la fameuse Tour Magne, gros massif de maçonnerie aux parements écorchés, décorés cependant encore de pilastres dans le haut. Qu'était-ce que cette Tour Magne ? Bien des conjectures ont été émises ; c'était soit un mausolée, soit une tour à signaux ; cette dernière supposition semble la plus probable en raison de la situation au point culminant des collines, de cette tour jadis haute d'une quarantaine de mètres et dominant un immense cercle qui s'étend des *Garrigues*, les sèches collines ondulant aux premiers plans, jusqu'aux lointaines montagnes. D'ailleurs autrefois reliée à l'enceinte romaine, la Tour Magne, par sa forte position, ne pouvait manquer d'être utilisée également comme forteresse au moyen âge.

Sous Louis XIV, au temps douloureux de la guerre des Camisards après la révocation de l'Édit de Nantes, la colline voisine de la Tour Magne fut couronnée d'autres fortifications, d'une citadelle construite pour tenir en bride Nîmes frémissante au spectacle des Dragonnades, pour garder de toute velléité de révolte la vieille cité protestante, qui voyait passer dans ses murs les malheureux religionnaires destinés à la potence, à la roue ou aux galères.

A quelques lieues de Nîmes, à moitié chemin d'Avignon, près de Rémoulins, un autre souvenir des Romains, dans un paysage où la roche se montre constamment à travers les verdures, fait de sa masse élégante et forte un trait d'union entre les deux lignes de collines, par-dessus le val encaissé au fond duquel coule le Gardon. C'est le Pont du Gard, très merveilleux spécimen d'un genre de monuments où l'architecture romaine proclame, mieux que n'importe quels livres, la grandeur et la majesté de l'Empire. Dix-neuf siècles ont passé sur ce monument grandiose, qui détache toujours sur le ciel deux étages de grandes arches surmontées d'une ligne de trente-cinq arcades plus petites, sur lesquelles court l'aqueduc qui conduisait à travers les plaines ou sous les coteaux, par les vallons et les gorges, au château d'eau de Nîmes romaine, les eaux prises sous Uzès. Oublié longtemps, par bonheur pour lui, entamé au xvie siècle au pied de ses arches du deuxième étage pour pratiquer un passage de mulets, réparé d'abord

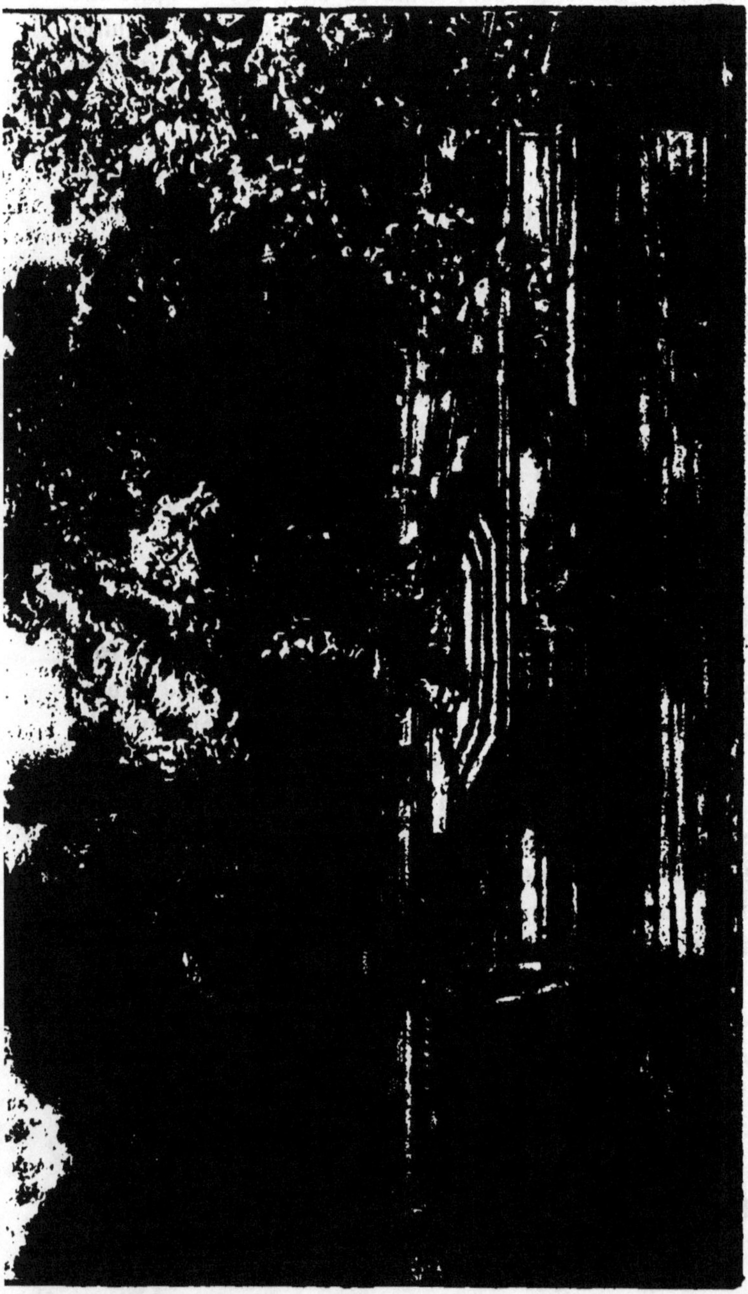

LE JARDIN DE LA FONTAINE, A NIMES.

au XVIII° siècle et appuyé par un pont du côté d'aval, il est parvenu jusqu'à nous sain et solide, dans l'intégrité de sa masse, avec son caractère d'élégance unie à la puissance. Sur cette même rivière du Gardon, qui est le Gard formé des torrentueux et divers Gardons descendus des montagnes par ravins et défilés pittoresques, parfois à sec, et parfois roulant sur les rochers des eaux tumultueuses, il se trouve aussi, à quelques lieues à peine du Pont du Gard, à Saint-Nicolas de Campagnac, près de gorges sauvages, un vieux pont du moyen âge, construit par les hospitaliers pontifes du XIII° siècle, successeurs et émules des constructeurs romains.

Au pont du Gard passe la route de Beaucaire à Uzès. C'est une curieuse ville qu'Uzès et d'une originalité qui frappe davantage au sortir de Nîmes si moderne malgré ses monuments antiques. Elle est restée ville ancienne et ville seigneuriale avec un certain air de gravité, à ce qu'il semble, ancienne par ses vieilles rues, ses monuments, ses grands hôtels, par sa grande place aux énormes façades portées sur arcades profondes, seigneuriale par le château de ses anciens ducs, dressant ses tours au milieu des maisons serrées comme jadis au pied de ses murailles.

Cette grande place sur laquelle on tombe tout à coup, au débouché d'une étroite rue, forme un immense carré admirablement disposé, entouré de hautes maisons, blanches et gaies ici, sévères et grises sur un

TOUR FENESTRELLE, A UZÈS

autre point, embellies sur cet angle par une tourelle Renaissance, avec des coins plus sombres, des ouvertures de rues, des ruelles s'insinuant sous des arceaux. Tout le rez-de-chaussée de ces maisons est en arcades profondes formant une galerie sombre et ininterrompue, large comme une rue, sous laquelle ouvrent les boutiques et où les petits marchands font leurs étalages.

Par-dessus la ligne mouvementée des toits se dressent de hautes tours grises, la Tour de l'Horloge, gros donjon carré surmonté d'une tourelle campanile, la Tour de la prison, plus sombre encore et la grosse tour du château, autre donjon carré fort ancien, agrémenté sur les angles de tourelles en encorbellement, postérieures de quelques siècles à la tour elle-même. Tout ceci constitue un fort beau décor qui laisse deviner par les petites voies ouvrant sur les côtés comme des coulisses, d'autres aspects pittoresques. En effet, tout le quartier autour de cette place et sous le Duché, comme on appelle le château en cette seigneuriale cité, a gardé une physionomie moyen âge très prononcée, avec d'antiques bâtisses solidement campées encore, de formidables arcades en ogives sur des carrefours et des ruelles tournant sous de vieux hôtels du xvi° siècle, en longeant la base des sombres tours qui regardent par-dessus les toits de la grande place.

Le Duché est un très important ensemble de bâtiments de toutes les époques, donjon, tours et logis gothiques et Renaissance, en avant desquels, parmi les arbres qui ombragent l'entrée moderne, s'élève une vieille tour ruinée, tranchée dans toute sa hauteur et escaladée par le lierre jusqu'à ses mâchicoulis, à côté du bâtiment de la chapelle qu'on a restauré de nos jours dans un style gothique grêle, mais qui a cette originalité de porter les armoiries gigantesques des ducs d'Uzès figurées en tuiles de couleur sur le toit.

Uzès, que les prouesses de ses seigneurs sur les champs de bataille firent ériger par Philippe le Bel en vicomté, passa au xv° siècle comme duché entre les mains d'une seconde branche de la famille, les de Crussol d'Uzès. La ville avait pour co-seigneurs ses ducs et ses évêques se partageant la juridiction. Ce fut au moyen âge une cité de quelque importance, bien défendue par sa situation, par son château et par de bonnes murailles, mais les guerres religieuses du xvi° siècle, terribles dans la région, portèrent une atteinte cruelle à sa prospérité. Huguenots et catholiques vécurent côte à côte pendant quarante terribles années, l'arquebuse au poing, se terrorisant les uns les autres, s'imposant la messe ou le prêche, selon la religion de ceux qui se trouvaient momentanément les plus forts. Les Huguenots, grâce à l'appui de Nîmes, restèrent longtemps les maîtres de la ville. De temps en temps, dans le délire des haines, on se massacrait au temple ou à l'église. Toutes les églises furent dévastées ou détruites. Uzès avait une antique cathédrale, Saint-Théodorit, laquelle, à en juger par sa superbe tour romane encore debout pour l'ornement de la cité, devait être magnifique. Elle avait échappé aux destructions de la période chaude des guerres de la Réforme ; elle périt lors d'un dernier et tardif accès des fureurs huguenotes, dans les premières années du xvii° siècle. C'est en cette occasion que, pour désarmer une ville où les passions étaient si vives et si promptes aux explosions, les fortifications d'Uzès furent démantelées.

La tour de Saint-Théodorit, dite tour *Fenestrelle*, seule survivante du désastre, est une très originale construction du xii° siècle, une tour cylindrique élevant six étages un peu en retrait l'un sur l'autre, entièrement composée de larges arcatures romanes encadrant des fenêtres jumelles en arcatures plus petites, séparées par de fines colonnettes. L'église elle-même a été reconstruite, sa pauvre architecture, ses murailles garnies de lignes de lourds balustres, ne peuvent que faire regretter l'ancien édifice.

Devant cette belle tour Fenestrelle, si bien nommée, s'étend une grande place

LE DUCHÉ, A UZÈS

en terrasse ombragée qui domine de vastes étendues de campagnes très mouvementées, des collines rocheuses, tout un côté de la ville descendant vers la vallée où l'Alzon coule à travers des sites pittoresques, où s'épanche la source d'Eure que les Romains avaient captée et conduite à Nîmes par l'aqueduc dont il reste, entre autres fragments, l'admirable Pont du Gard.

Saint-Étienne, la seconde église d'Uzès, est de ce triste style jésuite si lourd et si laid. On trouve encore cependant par les rues quelques restes des vieilles églises d'autrefois, victimes des discordes, soit du siècle de la Réforme, soit du temps de la Révolution, pauvres débris servant aujourd'hui de remises ou d'écuries.

Parmi les énormes maisons portées sur des arceaux formidables qui témoignent de l'importance d'Uzès aux jours d'autrefois, il se rencontre quelques bâtiments plus remarquables, quelques hôtels aux vastes proportions, aux façades revêtues de quelque décoration. Sur la grande place même il y a la maison à fine tourelle portée sur des trompes; dans une de ces rues voisines entièrement bordées de vieilles façades, de sombres murailles dominées par les masses carrées plus sombres et plus vieilles de la Tour de l'Horloge et de la Tour des Prisons, il faut noter un vieux morceau de logis seigneurial du XVIe siècle, une tour d'escalier flanquant un pan de façade à grandes fenêtres ornées de sculptures au-dessus d'un rez-de-chaussée en humble boutique. Ailleurs, c'est un ancien hôtel, resté complet celui-là, lequel dans un angle rentrant élève une mince tourelle au-dessus d'une grande porte tout à fait curieuse, construite sur plan concave à trois pans, porte monumentale d'ailleurs, en bossages, avec sculptures à son fronton ondulé. Un autre vieil édifice gris et triste, dans un coin de petite place mélancolique et grise, est à citer pour sa bizarrerie ; on l'appelle l'hôtel du baron de Castille, du nom d'un de ses anciens propriétaires, amateur forcené de colonnades, car il n'a composé sa façade que de colonnes empilées sur colonnes.

VIEIL HÔTEL, A LÉES

SUR LE PEYROU, A MONTPELLIER

XVIII

MONTPELLIER

LES MALHEURS DE MAGUELONNE. — LE GRAND DÉCOR DU PEYROU
MODERNITÉS. — LA TOUR DES PINS. — LE PORCHE DE SAINT-PIERRE
FRONTIGNAN ET LUNEL. — CETTE. — LE PORT D'AGDE
ET LA CATHÉDRALE-DONJON

Ancienne cité aussi, la ville de la très antique Université, de l'École de Médecine, dont la renommée était si universelle au moyen âge que les étudiants lui venaient des confins de l'Europe, Montpellier la docte a fait toilette comme la voisine Nîmes, et elle est devenue ville extrêmement moderne. Elle a si bien rejeté sa parure ancienne, les monuments qu'elle a pu avoir, que, sans la vieille cathédrale qui élève toujours ses clochers et son porche bizarre à côté de l'Université logée dans l'ancien palais épiscopal, on pourrait la prendre pour une ville toute neuve, fraîchement décorée d'édifices à la dernière mode, sur des rues ou avenues nouvellement tracées.

Le mot d'ancienne, appliqué à cette ville, est une façon de parler, à côté de Nîmes, Montpellier est jeune; comme ville, elle ne compte guère plus de douze cents ans d'âge, ce qui est une jeunesse relative. Les villages de Montpellier et Montpelliéret, assis sur la colline aujourd'hui chargée de grandes maisons, s'agglomérèrent, formèrent un bourg, héritier de quelques cités voisines, d'abord de la romaine Sextantio, dont les débris gisent sous le village de Castelnau, à quelques kilomètres, puis, pour achever de donner l'essor à sa fortune naissante, héritier de l'infortunée ville de Maguelonne, après sa première destruction par Charles-Martel.

Aujourd'hui, à quelques lieues de la florissante et gaie Montpellier, les lamentables ruines de Maguelonne, quelques tas de pierres, vestiges de nombreuses églises, de couvents disparus, et une église fortifiée, cathédrale abandonnée, dorment en une solitude de sables et d'étangs fiévreux, dans un lourd silence de désolation. Triste sort que celui de cette malheureuse Maguelonne. Lorsque Karl Martel l'eût arrachée aux Sarrasins, il fit abattre ses remparts, raser ses édifices et combler son port. Le petit Montpellier où s'étaient fixés les réfugiés de Maguelonne, de village passa au rang de ville et devint, vers le temps des croisades, une cité commerçante pendant que l'ancien *Port sarrasin*, Maguelonne, tuée une première fois, mais qui n'était pas tout à fait morte, ressuscitait, relevait ses églises, et reprenait les chemins de la mer, retrouvant, sinon la prospérité, du moins la vie, pour quelques siècles encore, jusqu'au jour de sa deuxième exécution par les mains de Richelieu.

Ville de commerce, Montpellier sans être sur la mer avait plusieurs ports à son service : Lattes presque au pied de sa colline sur l'étang de Pérols, à mi-chemin de Palavas des flots, la plage de bains de la moderne Montpellier, Maguelonne tout près aussi, Agde et Aigues-Mortes un peu plus loin. Des Juifs en grand nombre l'habitaient, en grand négoce avec les musulmans d'Espagne, avec les marchands d'Italie, avec l'Orient. Dès le xie siècle, l'École de médecine, qui devait si rapidement devenir célèbre, était fondée à Montpellier par des Juifs d'Espagne, et peu après s'organisait également une École de droit. La ville était passée, par mariage, à Pédro, roi d'Aragon, qui périt à Muret en combattant pour les pays de Langue d'oc contre les croisés de Simon de Montfort ; elle resta pendant un siècle et demi entre les mains des rois d'Aragon, mais l'évêque de Maguelonne ayant cédé ses droits féodaux sur la ville à Philippe le Bel, les rois de France en devinrent les seigneurs directs, s'accommodant assez mal de la suzeraineté de l'Aragon. Après bien des contestations, le roi Jayme se décida enfin à l'abandon au roi de France, moyennant une forte indemnité, de son fief de Montpellier, qui fut à partir de ce moment ville française.

De cette jeunesse de Montpellier que reste-t-il dans la grande ville actuelle, bien peu de choses assurément. Montpellier a complètement renouvelé sa toilette depuis le xviiie siècle. Sur les larges percées, boulevards ou avenues qui traversent la grande agglomération serrée sur la colline, ou tournent autour à la place des anciens remparts, on ne sait pas toujours où l'on se trouve et l'on pourrait se croire parfois tout aussi bien dans une grande ville quelconque du centre ou du nord que dans la méridionale Montpellier. Un grand boulevard partant du square de la Gare pénètre au centre de la ville, se dirigeant vers la belle place du Peyrou. Boulevards neufs, promenade de l'Esplanade aux belles avenues de platanes, grandes places et larges rues, cafés resplendissants, hautes maisons ou plutôt superbes immeubles de rapport, voici le décor animé par une forte circulation.

Les monuments qui se rencontrent sur ces grandes voies sont excessivement modernes et de peu d'intérêt, c'est la Préfecture, c'est le Théâtre, c'est le Palais de Justice, tout près du Peyrou.

Au moyen âge le château était là. La place du Peyrou avec ses édifices, l'arc de triomphe qui lui donne entrée, les terrasses aux riches balustrades, ses ombrages, son château d'eau, son aqueduc traversant la plaine, est vraiment belle. C'est une création du xviiie siècle, non pas l'œuvre d'un jour, car il a fallu tout un siècle pour la parachever. Projetée vers 1685 pour servir de cadre à un monument célébrant les triomphes de Louis XIV, — voté par les états de Languedoc juste au moment où la révocation de l'édit de Nantes venait de bouleverser les populations et d'allumer la guerre civile dans la province, quand l'épouvante planait sur une notable partie des habitants de Montpellier, protestants de cœur, mais convertis en bloc par les supplices, — la place du Peyrou ne fut terminée dans son ensemble que cent ans après.

VIEILLE TOUR, A MONTPELLIER

Le Peyrou, dont le nom signifie *terrain pierreux* en langue d'oc, était alors une esplanade en dehors de la ville, un coteau rocailleux sur lequel les protestants de Montpellier pendant le siège qu'ils soutinrent en 1622, avaient établi une batterie dont le tir gêna fort l'armée royale. La ville avait joué son rôle pendant la longue et cruelle anarchie du siècle de la Réforme, et elle était restée, sauf pendant de courtes périodes, aux mains des protestants qui en avaient fermé, ruiné ou détruit totalement les églises. Lors de la levée d'armes du parti protestant que l'armée royale eut grand'peine à réduire en deux années de guerre, Montpellier s'était rangé sous la bannière du duc de Rohan, chef du parti dans le Midi. La campagne de 1622 se termina sous ses murs après cinquante ou soixante jours de siège, non par la prise de la ville, mais par l'entrée de l'armée royale à la suite du traité de paix négocié entre la cour et le duc de Rohan. Suivant les conditions du traité, les remparts de Montpellier furent alors abattus, et peu après le cardinal de Richelieu, ayant pris le pouvoir, fit construire une citadelle qui devait enlever pour jamais aux huguenots de la ville la possibilité de renouveler leurs prises d'armes.

C'est aussi à cette époque, après les derniers troubles suscités par Monsieur et par le maréchal de Montmorency, qu'eut lieu la deuxième et définitive destruction de Maguelonne, longtemps aux mains des protestants. Richelieu n'y laissa rien debout, sauf l'église Saint-Pierre; une seconde fois les ruines jonchèrent le sol marécageux. Ces ruines furent, dit M. Lenthéric dans les *Villes mortes du golfe de Lyon*, une carrière toute trouvée, en 1708, pour les travaux de construction du canal des Étangs, d'Aigues-Mortes à Cette, qui achevèrent la dispersion des débris.

Un arc de triomphe donne accès à la place du Peyrou, il a été élevé en 1712 et célèbre par ses allégories sculptées les grandeurs du règne de roi Soleil, y compris la révocation de l'édit de Nantes. Devant cette porte du Peyrou s'étend une large esplanade entourée de balustrades, plantée de massifs d'arbres au centre desquels s'érige une statue équestre de Louis XIV. Ce n'est plus la statue originale; celle-ci, exécutée sur les dessins de Mansart, ne put, en raison des difficultés du voyage par la voie de terre, et aussi de la guerre maritime qui lui fermait la mer, être amenée en place qu'en 1718, et fut en 1792 jetée à la fonte.

Au bout des terrasses s'élève comme une sorte de temple hexagonal à colonnades corinthiennes émergeant d'un bouquet de verdures, le château d'eau où s'épanchent en un vaste bassin les eaux apportées par un aqueduc franchissant la vallée et venant aboutir par des arches décorées dans le style Louis XV, aux escaliers du monumental château d'eau. Temple et aqueduc sont du xviiie siècle. Les travaux du Peyrou qui duraient depuis le grand roi, interrompus par des guerres, des catastrophes, par le manque d'argent, par la terrible peste de 1720, ne s'achevèrent qu'en 1776. L'ensemble n'a pas tout à fait la grâce des Bains de Diane, à la fontaine de Nîmes; c'est plus pompeux et plus froid, mais cela ne constitue pas moins pour le fond de la promenade du Peyrou, une décoration d'un grand effet, un fastueux balcon au-dessus des jardins à la française alignant des ifs taillés, devant des horizons largement ouverts qui se déroulent après les premières collines, par-dessus des croupes de montagnettes et de mon-

MONTPELLIER, LA DESCENTE DE LA RUE St-PIERRE DE LA CATHÉDRALE.

tagnes jusqu'à des cimes vaporeuses en un arc de cercle immense des Pyrénées à droite, en passant par le pic Saint-Loup et les Cévennes, aux Alpes à gauche.

Sous le Peyrou, le jardin des Plantes fondé par Henri IV, comme annexe d'une chaire de botanique à l'Université, déploie ses allées sinueuses et ses beaux ombrages. Sur le boulevard Henri IV qui borde l'entrée du jardin, on se heurte tout à coup, après tout ce décor classique Louis XV, à un vieux débris du moyen âge oublié là. C'est la tour des Pins, une belle tour grise, garnie de ses mâchicoulis, s'élevant parmi les arbres et tenant encore à quelques pierres du rempart. Épargnée par hasard sans doute dans la grande démolition, elle a été restaurée récemment et affectée au dépôt des archives; derrière à très peu de distance apparaît la cathédrale, vue du côté de l'abside, avec ses hautes verrières, ses contreforts et ses clochers. Une inscription en langue d'oc placée sur la tour des Pins fixe la mémoire de faits importants pour l'histoire de

MONTPELLIER. — LA TOUR DES PINS

Montpellier au XIIIe siècle, la naissance en ses murs d'un fils de Pédro, le chevaleresque roi d'Aragon, tué à Muret en combattant pour les Albigeois en 1213, et de la reine Marie de Montpellier qui porta, comme descendante des Guilhem de Montpellier, la seigneurie de la ville aux rois d'Aragon.

En l'an MCCVIII le premier jorn de febrier
Nasquit en aquesta Ciutat Jaumes Ier lo Conquestaire reis d'Arago
Coms de Barcelona, senhor de Montpeslier
Aquel que près tres réjalmis als Sarrasis
donet justas leis a sos pobles, amparet los mesquis
assostet los lauradors los merchadiers, los suvis els trobadors
Renonciet per amor de Sant-Loys e de la reina Margarita
als dreigs de son linhator sovre gran part de la lengua d'oc
e de la Provensa e mori à Valensa d'Espanha
lo XXVI de Julii MCCLXXVI

Les quartiers en dedans des grandes voies régulières, les très étroites rues avoisinant la cathédrale, pour avoir une apparence plus ancienne et se présenter parfois avec un peu plus de couleur locale, n'abondent pas en curiosités ni en coins d'un intérêt particulier. L'endroit le plus pittoresque est la descente de la rue Saint-Pierre, qui, passant sous la terrasse de la place de la Canourgue où est l'hôtel de ville, tombe devant le très bizarre porche de Saint-Pierre surmonté de deux grosses tours carrées. La déclivité du sol a défendu ce coin contre les remaniements et les attaques de l'impitoyable ligne droite.

La place de la Canourgue en terrasse plantée de grands arbres, abrite sous ses ombrages la fontaine des Licornes, monument élevé en l'honneur du maréchal de Castries, né à Montpellier, vainqueur des Anglo-Hanovriens à Clostercamp, la bataille où mourut glorieusement le chevalier d'Assas, qui était du Vigan, dans la partie montagneuse du Gard, comme le sculpteur Jouaret auteur du monument.

La cathédrale, immense édifice ogival, n'était en raison des désastres du XVIe siècle arrivée jusqu'à nous que fort mutilée et dans un lamentable état ; elle a été complètement restaurée, refaite en partie de nos jours. La partie la plus curieuse d'aspect est incontestablement le porche, plus original que beau. Le portail s'ouvre entre deux tours carrées, nues dans la partie inférieure, percées ensuite de deux étages de fenêtres et terminé par une plate-forme ornée de pinacles pyramidaux ; en avant de la porte un haut porche voûté s'appuie à deux piliers pleins en forme de tourelles rondes à poivrière. Vus de côté, ces deux piliers coniques supportant la haute voûte sont très disgracieux certainement, mais ils donnent à l'église un curieux aspect. C'est, dit-on, un remaniement opéré après les guerres de religion, quand la paix trouva à l'état de ruines toutes les églises de Montpellier, mises à sac à chaque reprise d'armes des calvinistes. Ce pauvre et rude portail fait valoir d'ailleurs les beaux détails de la restauration, la grande abside refaite, et surtout au milieu de la façade latérale donnant sur une étroite ruelle, un autre portail tout neuf et vraiment magnifique, très décoré, d'une délicatesse de détails fort remarquable.

A l'église Saint-Pierre, cathédrale depuis que l'évêché de Maguelonne a été transféré au XVIe siècle à Montpellier, s'appuient, sur la gauche du porche, les bâtiments d'une ancienne abbaye de Bénédictins, occupés depuis la Révolution par l'École de médecine.

En haut de sa façade aux grandes fenêtres régulières, avec une porte flanquée de deux statues de professeurs du siècle dernier, Barthoz et la Peyronnie, assis en robe et en perruque, l'Ecole a cependant conservé une garniture de grands mâchicoulis du XIVe siècle et à l'intérieur des restes de l'ancien cloître des Bénédictins adossé à la cathédrale.

On sait de quel éclat brilla pendant des siècles la célèbre École de médecine de Montpellier, où, grâce au voisinage des royaumes musulmans d'Espagne, étaient arrivées, par l'intermédiaire des Juifs, les traditions médicales de l'antiquité. Fondée aux temps les plus troublés, au cours même des guerres albigeoises, l'École, favorisée successivement par tous les rois de France, peut aligner une longue liste d'illustrations médicales depuis le xiiie siècle, tant en professeurs qu'en étudiants qui portaient son renom au loin, — parmi lesquels étudiants il ne faut point oublier maître François Rabelais venu y prendre ses diplômes en 1530.

De la grande dévastation des églises pendant les guerres religieuses, la plupart ne se relevèrent pas, disparurent totalement ou furent remplacées au xviie siècle par ces édifices sans grand intérêt architectural, que l'on rencontre du côté de l'Esplanade et du musée Fabre, quartier de notables bourgeois ou de gens de robe d'autrefois, où quelques rues ont un air particulièrement calme et quelque peu solennel. Parmi les églises de notre siècle, Sainte-Anne à gauche du Peyrou sur la place Petit-Scel est remarquable par l'élégance de sa nef de style gothique.

PORCHE DE LA CATHÉDRALE DE MONTPELLIER.

Avant Montpellier il y a Lunel, entouré de ses vignobles fameux, petite ville vouée au commerce ; des toits rouges, des arbres, un clocher gothique surmonté d'une petite flèche de pierres à côté de laquelle sur un angle se balancent les cloches dans une cage de fer, voilà tout Lunel.

Après Montpellier, quand on a passé la morne plaine marécageuse où s'ensevelissent les ruines de Maguelonne, on rencontre Frontignan, autre petite ville du même genre et du même renom, mais dans un paysage moins plat, élevant au-dessus de ses toits deux monuments, un hôtel de ville et une grosse tour d'église fortifiée, de ce type de donjon carré que l'on rencontre tout le long du littoral, de ce côté du Rhône.

On se retrouve là au milieu de la file d'étangs qui donne jusqu'au port d'Agde une si singulière physionomie à ce littoral, si bien étudié par M. Ch. Lentheric dans son livre sur les *Villes mortes du golfe de Lyon*, littoral double, bordant la mer d'une étroite ligne de sable, derrière laquelle s'étend un chapelet d'étangs communiquant avec la vague par des ouvertures sujettes à s'ensabler, les différents graus, et recevant les rivières qui peu à peu, par les alluvions charriées, doivent les transformer en lagunes et les combler. Ce deuxième rivage en arrière, c'est l'ancien littoral ; là étaient les anciens ports, disparus ou devenus simples ports de pêche sur les étangs. Toutes ces nappes plus ou moins larges en arrière de la grande nappe méditerranéenne, l'étang de Mauguio, les étangs de Pérols, de Vic, d'Ingril, le vaste lac de Thau, sont reliées par le Canal des étangs qui longe le cordon de sables et fait communiquer les canaux d'Aigues-Mortes avec l'Hérault et le canal du Midi.

FONTAINE DES LICORNES, A MONTPELLIER

Au pied d'une montagne isolée qui fut jadis une petite île comme Agde, Cette, port créé de toutes pièces, ville exclusivement négociante, née il y a deux cents ans à peine, ne présente aucun intérêt artistique. Sa situation seule est curieuse, entre la mer qui lui amène les grands navires de commerce et l'étang de Thau, où courent des petites voiles de pêche ou de plaisance. Le chemin de fer suit maintenant, entre les deux nappes bleues, la mince bande littorale, sur laquelle de temps en temps, du côté méditerranéen, on voit un campement de pêcheurs, des bateaux tirés sur le sable et des gourbis. La montagne d'Agde attire bientôt le regard, la ville est une vieille cité pittoresque, la montagne est un ancien cratère de volcan.

Agde est aussi un port, mais un port en rivière, sur l'Hérault qui coule encore pendant quelques kilomètres avant de rencontrer la mer. La ville entrevue à travers les arbres bordant le débouché d'une petite branche du canal du Midi, dominée par son énorme église-forteresse, forme déjà un joli tableau, mais le tableau se complète quand on aborde le port. En face se développe un vieux quai à grandes maisons grises ou peintes en jaune, serrées en ligne pittoresque, avec des arbres plus loin en massifs le long de l'Hérault, des rives boisées sur la gauche et des tartanes à quai, — avec de grandes voiles blanches sur les maisons, ou de grands paraphes de vergues dans le ciel.

Un pont suspendu traverse l'Hérault et vient aboutir juste au pied de la haute,

AGDE

large et formidable masse crénelée de l'église, noire forteresse qui n'a rien d'une église dans l'apparence. De ce côté du quai, elle présente sa face la plus étroite, carrée, couronnée d'une galerie de crénelage au-dessus de trois énormes mâchicoulis du système de ceux du château d'Avignon, généralement employé dans ces églises fortifiées du Languedoc, c'est-à-dire en forme de grandes arcatures partant du bas des murs; mais les mâchicoulis d'Avignon sont du xiv° siècle, tandis que ceux-ci ont un siècle et demi de plus, l'église étant du xii°. Tout le pourtour de l'église est ainsi défendu. Au-dessus de la grande terrasse crénelée de la nef, s'élève, comme un donjon, une haute tour à petits mâchicoulis flanquée d'échauguettes rondes aux angles. Sur le flanc gauche de l'église s'appuie un bâtiment carré également crénelé, éclairé par une belle galerie d'arcatures cintrées. C'était le cloître de l'église cathédrale Saint-Pierre, car ce haut donjon d'Agde, aussi sombre et aussi rude à l'intérieur qu'à l'extérieur, fut cathédrale d'un évêché supprimé à la Révolution.

FRONTIGNAN

Il en est peu, de ces églises fortifiées du midi, qui arborent aussi franchement et aussi complètement un caractère de citadelle que cette rébarbative cathédrale d'Agde ; il n'en est pas qui évoquent aussi puissamment les temps où tout ce littoral vivait dans les alertes, exposé chaque jour à voir surgir du lointain de la mer les navires sarrasins, les ravageurs musulmans ou chrétiens, — les temps où ces rudes églises protectrices des cités, donjons de suprême défense au point exposé des remparts, donnaient asile aux populations attaquées, tandis que des volées de flèches sortaient des meurtrières et des créneaux, que des gigantesques mâchicoulis pleuvaient masses de pierres ou éclats de rocher, faisant une bouillie sanglante des assaillants au pied des saintes murailles, et qu'au lieu d'angelus pieux traversant les airs, sifflaient les projectiles des engins de guerre hissés sur les terrasses.

Antérieurement au XI° ou XII° siècle, sans doute une autre église s'était élevée au même point, et précédemment encore un temple de Diane, car Agde remonte à une haute antiquité et déjà, lors de la conquête romaine, était une ancienne cité, un port florissant, colonie des Phocéens. Si l'église antérieure reçut les terribles secousses des premiers siècles, souffrit de l'occupation sarrasine et du sac de la ville par Karl Martel, cette église-donjon d'à présent a vu se dérouler les horreurs de la guerre albigeoise ; plus tard pendant la guerre entre la France et l'Aragon, en 1286, les flammes de la ville incendiée léchèrent ses murailles domptées, pendant que mouraient les habitants massacrés sans pitié par les Aragonais, en représailles de l'envahissement du Roussillon et des massacres d'Elne par les Français. Et bien d'autres journées chaudes suivirent, bien d'autres alarmes, particulièrement lorsque s'ouvrit la longue période des guerres de reli-

LUNEL

gion, lorsque Agde, aux mains des protestants et défendue à outrance, résista pendant un siège terrible à toutes les attaques d'une armée catholique.

L'intérieur de la ville est d'un vieil aspect qui s'harmonise très bien avec la sombre cathédrale. Ce sont, au pied des hautes murailles de Saint-Étienne, des petites rues étroites dont la principale et la plus pittoresque mène à l'hôtel de ville, grand bâtiment du XVIe siècle, qui abrite un marché sous les arcades voûtées de son rez-de-chaussée. Les rues d'Agde ont en général une teinte assez sombre, la montagne voisine ayant fourni ses pierres volcaniques pour la construction des édifices et maisons. Cette petite montagne, île autrefois, se compose de plusieurs sommets broussailleux, anciennes cheminées du volcan qui ont projeté différentes coulées de lave, dont une forme le cap d'Agde et reparaît par une dernière pointe à un kilomètre en mer, dans la petite île Brescou fortifiée pendant les guerres de religion et plus tard par Richelieu.

Une esplanade plantée d'arbres borde l'Hérault à gauche du pont suspendu d'Agde, à l'endroit jadis défendu par des fortifications démolies. Sur cette promenade, devant une pointe de la rive droite entre le canal et l'Hérault, d'immenses filets sont tendus en travers de la rivière, des arbres de droite penchés sur le courant aux arbres de l'esplanade à gauche ; ils se baissent, plongent dans les eaux et se relèvent avec leurs prises au moyen de cabestans, pêche amusante en ce coin du tableau pittoresque formé par la vieille ville, son donjon-église et son port.

HÔTEL DE VILLE D'AGDE

MOULINS SUR L'ORB, A BÉZIERS

XIX

BÉZIERS

DU PLATEAU DES POÈTES AUX ALLÉES PAUL-RIQUET. — LE CANAL DU MIDI
SUPERBE EFFET DE BÉZIERS SUR L'ESCARPEMENT. — LA CATHÉDRALE
SAINT-NAZAIRE ET LES ÉGLISES. — DÉDALE DE VIEILLES RUES
LE GRAND MASSACRE DE 1209

Sur l'escarpement abrupt d'une colline que le moyen âge a hérissé de grands monuments et remparé d'énormes murailles, au-dessus d'une rivière au très large lit parsemé de bancs de cailloux, la ville de Béziers étale en un désordre extraordinaire le fouillis pittoresque de ses vieilles maisons, campe ses antiques bâtisses à la crête du plateau autour de ses églises, ou les laisse glisser comme un escalier de vieux toits bruns le long des rampes d'accès, jusque dans les peupliers de la vallée.

Béziers n'est pas, comme Nîmes ou Montpellier, une ville au goût du jour, bourgeoisement arrangée en régulières percées, en longues rues droites et en boulevards d'aspect cossu. Béziers est peuple et non bourgeois. la ville d'aujourd'hui est restée telle ou à peu près que les siècles passés l'avaient faite, une masse irrégulière, désordonnée, parcourue par des rues étroites et tortueuses, entre

LE PORT ET LA CATHÉDRALE D'AGDE

lesquelles serpentent des ruelles corridors coupant les replis des voies plus larges, sautant d'un palier à un autre, dégringolant les pentes comme des sentiers de chèvres. Si Béziers a gardé ainsi sa vieille physionomie, il faut dire que c'est la nature qui l'a voulu, son sol mouvementé se prêtait mal aux remaniements de plan, aux tranchées rectilignes, aux grands abatages, rêve de tout conseil municipal. Si l'on voulait arranger à la mode nouvelle le vieux et désordonné Béziers si pittoresque, il faudrait d'abord le concours d'un tremblement de terre.

C'est donc une ville excessivement compliquée, étagée sur divers plans, sur les pentes et sur la crête de la colline accidentée, élevant du côté de l'ouest, au-dessus de l'Orb, une fière silhouette moyen âge très découpée et se répandant sur les autres faces en faubourgs plus ou moins modernes régulièrement percés et dépourvus d'intérêt. Béziers est ville ouvrière, la vieille ville sur les pentes aux rues poudreuses, aux maisons cahotantes et vermoulues, ne fait pas de luxe, au contraire, bien des coins sont de mine pauvre, bien des vieux logis, importants jadis, sont fortement délabrés ; cependant Béziers, centre d'une région de vignobles appréciés déjà au temps des Romains, est riche, et toute son âme est au commerce. Ici, tout pour et par les vins et alcools, qui enrichissent producteurs et négociants, leur donnent châteaux aux champs et hôtels en ville, — dans les quartiers neufs, — et font vivre ouvriers des villages et de la ville.

On peut, quand on arrive par le chemin de fer, se trouver transporté de la colline au cœur de la ville sans se douter tout de suite des trésors de pittoresque qu'elle renferme. Juste devant la gare s'étend un beau jardin en pente, appelé le *plateau des Poëtes*, ce qui est un joli nom pour un jardin de ville voué au commerce des trois-six. En haut des massifs de ce jardin commencent les allées Paul-Riquet, des avenues charmantes, un large boulevard central ombragé de grands platanes vraiment magnifiques et que les plus confortables cités pourraient envier à Béziers.

C'est le milieu de la ville, entre les quartiers anciens tournés vers la rivière et les quartiers modernes. Le théâtre forme le fond, de chaque côté sont les magasins et les cafés ; le soir, toute la ville, enfermée durant le jour dans ses ruelles, quitte antiques maisons et rues étroites et vient respirer sous les hautes et mouvantes voûtes de feuillage.

Une vaste esplanade coupe en deux parties les allées Paul-Riquet, c'est la place de la Citadelle, où jadis se dressait le Château, démoli par Louis XIII après la révolte du duc de Montmorency. Devant l'esplanade s'élève la statue de Riquet par David d'Angers, contemplant au loin la ligne dentelée des montagnes, et les plaines que son canal a suivies pendant si longtemps pour arriver enfin à cette ouverture sur la Méditerranée, — canal partant de la Garonne à Toulouse et gagnant par le col de Naurouze, à 189 mètres, le versant méditerranéen. Rude entreprise, après quatorze années de travaux et des difficultés sans nombre, Riquet, ruiné et endetté, mourut en 1680, au moment où son œuvre s'achevait, où s'établissait la communication entre les deux mers.

Cependant, avant de fouiller les vieux quartiers serrés autour des églises, sur le plateau en avant des allées Paul-Riquet, il convient, pour aider à s'y reconnaître, de jeter un coup d'œil sur l'ensemble de la ville vue du fond de la vallée de l'Orb, sur ce flanc de la colline biterroise qui forme avec ses énormes restes de remparts, ses superpositions de murailles et d'édifices couronnés par la grande cathédrale fortifiée Saint-Nazaire, un site historique grandiose, émouvant par l'évocation des lointains souvenirs de la guerre albigeoise. Les plus tragiques horreurs d'une guerre horrible se sont déroulées ici, en haut de ces rochers et de ces remparts, au pied des églises baignées dans une mare de sang; on les cherche, ces églises, en haut des escarpements, et l'on croit voir voltiger autour de leurs clochers les âmes des vingt ou trente mille malheureux égorgés par les croisés de Montfort.

La vallée de l'Orb sous ces murailles est gracieuse et pittoresque, la rivière, rapide plus haut en descendant des montagnes de Lodève, s'attarde sous les collines, peu pressée de traverser la dune sablonneuse qui borde la mer à deux ou trois lieues. Elle s'étend sur les bancs de graviers ou coule en filets minces sous les aulnes touffus, dessinant des courbes, avec des anses et des flèches de sables sur lesquelles s'agitent des lignes de laveuses.

Au plus haut, en arrivant dans le vallon verdoyant sous les murs de la ville, l'Orb fait tourner de vieux moulins campés en travers du courant en un fort joli groupe de hauts bâtiments dominés par une tourelle. Plus bas, quand les maisons dégringolant du plateau viennent border le flot, au-dessous d'une église moderne, la rivière est franchie par toute une série de ponts, le Pont-Vieux, le Pont-Neuf, le pont du chemin de fer et enfin le pont Aqueduc portant le canal du Midi, qui, du coteau de Fonserannes, descend dans la vallée, à 25 mètres plus bas, par huit écluses successives.

Le vieux pont de Béziers, vénérable monument du xiiie siècle avec ses arches irrégulières de toute taille, non ogivales mais en plein cintre, avec des arcades supplémentaires au-dessus des piles, dessine une ligne brisée au travers de la rivière et des terres basses de la rive droite; la route de Narbonne est au bout des deux ponts, du Pont-Vieux étroit et fatigué et du Pont-Neuf qui est venu l'aider dans sa tâche.

Quel imposant caractère devait prendre Béziers jadis, pour le voyageur arrivant par ce vieux pont sous la rude colline rocheuse ceinte d'énormes remparts et chargée de monuments. La silhouette de la ville, si étonnante à distance avec ses superpositions de tours et d'édifices, prend, quand on se rapproche, un caractère de force, en se ramassant et en se serrant. Quel ensemble superbe vu des dernières arches du vieux pont !

Des maisons en désordre, compliquées d'appentis et de terrasses, trempent leurs fondations ou le rocher qui leur sert de base dans la rivière même, maisons pittoresques étageant leurs toits le long d'une très raide montée continuée au premier palier par une autre rue non moins cascadante. Par-dessus ces toits le rocher s'élève à pic, couronné de vieux remparts dont l'angle s'arrondit en un gros bastion gris cerclé de plusieurs anneaux de pierres sombres, comme les murailles romaines et visigothes de Carcassonne, énorme massif de remparts chargé de hautes constructions que domine une svelte tourelle. A partir de ce bastion d'angle se déploie sur le rempart une ligne de vastes édifices du vieux temps, grands bâtiments appuyés sur arcs et contreforts, anciennes dépendances de la cathédrale, ancien évêché, puis une longue façade émergeant de la verdure d'un jardin en terrasse. Dominant le tout, la masse sombre de la cathédrale Saint-Nazaire élève son portail crénelé, ses tourelles et sa grosse tour pour compléter le tableau majestueux.

LE PONT DE BÉZIERS

Le rempart tourne ensuite, soutenant une terrasse devant le parvis, tandis qu'à mi-côte des escarpements court une route descendant de la haute ville, le boulevard Tourventouse, fragment le plus pittoresque d'une longue ligne de boulevards qui tournent autour de la ville et donnent de ce côté une série de vues, par-dessus les quartiers dévalant des hauteurs, par-dessus le cours de l'Orb, au Nord sur les pays montagneux, d'où vient la rivière, au Sud sur les plaines où elle court vers la mer brillant au loin.

La rampe du boulevard Tourventouse escaladée, on se trouve bientôt, en passant sous les vieux bâtiments du collège, dans le quartier de la cathédrale, quartier très antique, très calme et planant de ce point culminant du plateau dans les rêves du passé, bien loin du mouvement et de la vie des quartiers populaires ou commerçants.

Saint-Nazaire, cathédrale jusqu'à la Révolution, est un vaste édifice très découpé, admirable et original surtout par son architecture extérieure. Elevé au Xe siècle et fortifié, fortement abîmé sans doute pendant la guerre albigeoise, reconstruit aux XIIIe et XIVe siècles et refortifié, Saint-Nazaire présente un des plus beaux exemples d'églises citadelles, où la décoration n'a pas été sacrifiée, mais se combine en toutes ses parties avec le système défensif, les balustrades arrangées en créneaux, les fenêtres protégées par des grillages élégants mais solides et par des mâchicoulis dissimulés, — le tout relié à d'autres bâtiments crénelés et solides, apparaissant au sommet des remparts comme une cathédrale armée en guerre, comme une forteresse d'aspect étrange et formidable à la fois. Au dedans, c'est un large rectangle à deux travées de nef seulement, sans bas côtés, avec deux chapelles, un chœur garni de boiseries à colonnes et sous les orgues de curieuses cariatides du xvıı° siècle.

BÉZIERS. — RUELLES SOUS LA CATHÉDRALE

Le portail sur le parvis en terrasse dominant de si haut par ses murs et ses talus les rives de l'Orb, se compose de deux tourelles carrées, crénelées, réunies par une galerie de créneaux à fort relief, sur arcade dissimulant des mâchicoulis intérieurs qui protègent la porte un peu en retrait, décorée de sculptures, de niches, au-dessous d'une grande et belle rose aux fines découpures.

On pénètre dans l'église, non par cette porte de fière allure, mais par une entrée latérale et cette plate-forme enfermée de trois côtés par l'église, par de grands murs sombres et par des arrière-façades de petites maisons, est un lieu si retiré et si calme, que des blanchisseuses très simplement ont accroché leur linge à sécher sur des cordes en travers du grand portail, sous ces imposantes architectures.

Les tourelles du portail se relient par d'autres tourelles et d'autres créneaux le long de la nef, au clocher, grosse tour massive qui s'ornemente de fines arcatures plaquées sous l'étage des cloches. Une rue étroite file sous le côté gauche de l'église et aboutit sous l'abside à la place de la Révolution, petite, un grand carrefour plutôt, où aboutissent les derniers tournants de rues zigzaguant de la belle façon et qu'enferment d'un côté d'anciennes maisons de très gothique élévation, entre lesquelles une ruelle ombreuse se glisse en passant sous une haute arcade ogivale.

Au côté gauche de Saint-Nazaire s'appuient les grands bâtiments si pittoresques vus d'en bas, logis épiscopal autrefois devenu sous-préfecture et conte-

LA CATHÉDRALE SAINT-NAZAIRE, A BÉZIERS

nant aussi les tribunaux ; ensuite de vieux pâtés d'édifices contenant les restes d'un cloître du xiv° siècle affectés à un petit musée archéologique, et enfin les constructions formant l'angle si décoratif, si fièrement campé sur le rempart.

Deux autres églises intéressantes, la Madeleine et Saint-Aphrodise, s'élèvent à quelque distance dans la partie nord-ouest de la ville, non pas aussi bien placées que Saint-Nazaire sur une plate-forme culminante, mais perdues en arrière de la crête du plateau, dans le labyrinthe des rues souvent archaïques de lignes comme un décor d'illustration de manuscrits moyen âge.

L'église de la Madeleine, la plus rapprochée, forme un joli fond à une place tranquille, enfermée qu'elle est dans les constructions, qu'elle domine de sa tour s'élevant au-dessus d'une toute petite abside pentagonale, dont les fenêtres à vitraux sont protégées, comme à la cathédrale, par de curieux grillages de fer aux volutes extrêmement serrées.

Les beautés extérieures ou intérieures de la Madeleine ne sont pas de premier ordre, c'est du pittoresque seulement ; mais ici ce qui donne malgré tout quelque émotion au visiteur, c'est la pensée qu'il foule un sol tragique, un champ de carnage, théâtre du plus effroyable épisode de la croisade albigeoise, l'endroit où se fit la plus impitoyable tuerie de toutes les tueries souffertes par les villes emportées d'assaut. Les plus anciennes pierres de la vieille église ont vu l'atroce exécution ordonnée par le légat du pape Arnaud, ont entendu les hurlements d'agonie de la population égorgée.

Quand le pape Innocent III eut résolu de supprimer par le fer et le feu l'hérésie albigeoise qui peu à peu s'infiltrait dans tout le Midi, favorisée par bien des circonstances, gagnait seigneurs, princes et même quelque peu les prêtres et les évêques, la croisade rassemblée dans les provinces du nord se rua sur les États du comte Raymond de Toulouse. Plus de cent mille hommes, conduits par une foule de princes et de barons du plus haut rang, pénétrèrent en Languedoc, exaltés à la fois par le désir du pillage et par le fanatisme que soufflaient dans leurs âmes saint Dominique et des évêques marchant à la tête d'une légion de moines, dirigés par le terrible abbé de Cîteaux Arnaud.

Béziers reçut le premier choc, les trois armées de la croisade firent leur jonction sous ses murs où s'étaient réfugiées les populations fuyant devant elles, hérétiques ou catholiques, au nombre de trente ou quarante mille malheureux. Le vaillant vicomte de Béziers, Roger Trencavel, dont le père jadis avait plié devant les légats, s'était décidé à la résistance et jeté dans Carcassonne en laissant garnison à Béziers. Le 22 juillet 1209, sous les murs de Béziers regorgeant de peuple et bien pourvu de défenseurs, se déploya l'immense armée des croisés. Aussitôt le camp installé, les habitants furent sommés d'ouvrir leurs portes et de livrer les hérétiques, réfugiés ou autres, sous peine d'excommunication et de destruction. Malgré les instances de l'évêque de Béziers, venu en ville pour essayer de détourner au moins de la tête de ses ouailles le terrible orage, les consuls repoussèrent noblement toutes propositions ; ils déclarèrent avec une fière énergie que tous étaient chrétiens dans la ville et qu'ils périraient tous s'il le fallait en la défendant. Tout aussitôt l'armée de la croisade foisonnant sous les murailles commença les travaux d'investissement, et les assiégés, pour essayer de troubler leurs préparatifs, exécutèrent une sortie audacieuse qui tourna mal après un commencement de succès.

Entraînés par leur ardeur à l'escarmouche, sans direction, les assiégés s'avancèrent trop loin dans le camp croisé et donnèrent ainsi à l'ennemi le temps de rassembler ses forces. Alors, rudement poussés par les chevaliers du nord, par leurs innombrables bandes de routiers, les gens de Béziers furent rejetés et acculés aux remparts; alors assiégés et assiégeants pêle-mêle s'écrasèrent sous les portes pendant que partout les murailles étaient assaillies et que partout les croisés grimpaient aux échelles.

Après cet égorgement sous les murailles, toutes les défenses sont forcées, et l'armée de la croisade avec des cris de victoire se précipite dans la ville dont la population éperdue fuit vers les églises. Le massacre commence dans toutes les rues ; les bandes de ribauds et de malandrins qui suivent l'armée se répandent comme une inondation derrière les soldats, commencent le sac pendant que sous l'épée des chevaliers meurent les derniers combattants.

ÉGLISE DE LA MADELEINE, A BÉZIERS

Les croisés, chevaliers, routiers, moines, évêques, marchant dans le sang, arrivent aux églises remplies de malheureux, hérétiques et catholiques, hommes et femmes, vieillards et enfants, s'entassant au fond des nefs, poussant des supplications désespérées, les prêtres et chanoines de la ville en chasubles aux autels, toutes les cloches sonnant le glas des morts pour attendrir les assaillants...

— Tuez-les tous, Dieu saura bien reconnaître les siens ! crie le légat Arnaud de Cîteaux aux croisés hésitant devant la foule en prières. Et l'hésitation cesse, les armes baissées se brandissent et dans un redoublement de sauvages clameurs, longuement, l'atroce besogne s'accomplit. On tue au fond des chapelles, sous les voûtes sombres, sur les marches des autels, tant qu'il reste sur les tas de mourants, sur les monceaux de corps pantelants un être vivant qui se défende ou qui supplie, tant qu'il reste une main pour faire tomber des cloches, sur l'agonie d'en bas, ce terrible et obstiné tintement du glas des morts, — et pour compléter l'horreur de la catastrophe, autour des champs de massacre, flambe la ville dont soldats et ribauds se disputent le pillage. Les récits du temps varient seulement sur le chiffre des victimes, évalué de dix-sept mille à cinquante mille. Tous rapportent les paroles effroyables du légat. L'église de la Madeleine eut la grosse part des cadavres, les chroniques disent que sept mille personnes furent massacrées sur ce point, dans l'église ou sur la place.

Ce n'était pas le premier égorgement que voyaient ces murailles, ce ne fut pas le dernier combat non plus, car des traces de balles pointillent la tour, bien postérieure au temps de la croisade. Une cinquantaine d'années avant le siège des croisés, dans une querelle avec leur seigneur, Raymond Trencavel, les bourgeois de Béziers le poignardèrent dans cette église de la Madeleine. La ville se mit alors en commune et résista pendant deux ans aux efforts de Roger II, fils de l'assassiné, pour rentrer en possession de la seigneurie avec l'aide du roi Alphonse d'Aragon.

Après un long siège soutenu vaillamment, force fut aux Biterrois de se rendre. Malgré les termes de la capitulation qui assuraient l'amnistie du passé, les troupes aragonaises, aussitôt les portes livrées, se répandirent en ville et se mirent à massacrer les vaincus, épargnant seulement les femmes et les juifs. L'exécution souleva l'horreur et alla si loin, disent les chroniques, qu'il fallut pour repeupler la ville partager les femmes et les biens entre les soldats languedociens et aragonais.

Les chroniques, on le sait, ne craignent pas la couleur, et l'imagination populaire enfle les catastrophes; il faut heureusement faire la part de l'exagération. Malgré tous ces massacres, il restait encore des habitants à Béziers et leur énergie n'était pas diminuée, puisqu'on les vit, quatre ans après la prise par les croisés, fermer leurs portes à Simon de Montfort, qui s'était attribué l'héritage du vicomte de Béziers, Roger Trencavel III, pris à Carcassonne peu après la prise de Béziers et probablement empoisonné dans sa prison. Roger III laissait un fils, ce dernier des Trencavel, devenu homme, descendit à son tour dans l'arène sanglante pour disputer à Amaury, fils de Simon de Montfort, la seigneurie de ses pères, il rentra dans Béziers, dans Carcassonne, qu'on lui reprit et après bien des luttes vaines, il dut se résoudre à signer une cession définitive de ses villes, non aux Montfort, mais au roi de France.

Les siècles suivants amenèrent leur contingent de disgrâces pour la ville;

VUE GÉNÉRALE DE BÉZIERS.

après des catastrophes aussi terribles que celles des xi° et xii° siècles on peut bien envisager seulement comme de simples disgrâces les contre-coups de la guerre de Cent ans, les sièges suivis d'exécutions de notables, puis les secousses des guerres religieuses, les luttes en ville ou autour de la ville, les émeutes, les arquebusades entre protestants et catholiques, les dévastations d'églises... Tout cela n'en a pas moins fourni de nombreuses pages sanglantes aux annales de Béziers, et bien des marques en sont restées aux monuments, bien des cicatrices de blessures aujourd'hui oubliées.

A quelques rues en arrière de l'église de la Madeleine aux si terribles souvenirs, s'élève l'église Saint-Aphrodise, très enveloppée par les maisons et très cachée, avec une espèce de petite cour en avant de sa porte. Elle n'a rien de particulièrement remarquable, mais c'est l'église de l'évêque saint Aphrodise qui évangélisa les gens de l'antique cité de Béterris au iii° siècle. La légende veut qu'il soit arrivé à Béterris monté sur un chameau; en souvenir du saint et de sa monture, la ville mit le chameau sur son écusson et jusqu'à la Révolution, une carcasse revêtue de toile peinte et figurant un chameau gigantesque, mû par des hommes cachés à l'intérieur, fut, comme la Tarasque de Tarascon, promenée processionnellement le jour de l'Ascension avec accompagnement de danses,

HÔTEL DE VILLE DE BÉZIERS

de pluies de dragées et de quêtes pour les hospices. Les vieilles coutumes ne sont pas tout à fait oubliées et le chameau de saint Aphrodise a reparu à quelques fêtes ou cérémonies depuis la Révolution.

Dans la rue du Quatre-Septembre se rencontre une autre église encore, moins importante, l'église des Pénitents bleus ou des Récollets, à portail ogival, avec une belle nef carrée.

Sur le plateau derrière Saint-Nazaire, entre les églises et les allées Paul-Riquet, les vieilles et curieuses rues, aux détours invraisemblablement compliqués, dessinent avec les pâtés de maisons les figures les plus irrégulières, se coupent en brusques ressauts, en angles de toutes sortes, se perdent en des ruelles qui se terminent elles-mêmes par des impasses, ou par des cours, d'où quelque passage à travers les maisons, après avoir bien viré et sinué, vous fait cette surprise de vous ramener dans la ruelle que vous avez quittée, à moins que ce ne soit celle de vous jeter dans un quartier tout opposé à celui dans lequel vous pensiez devoir déboucher.

BÉZIERS. — FENÊTRE, RUE GAVEAU.

L'hôtel de ville est au milieu de cet écheveau embrouillé, sur une petite place à la rencontre de trois rues importantes, sans compter les ruelles : la rue du Quatre-Septembre venant du théâtre au bout des allées Paul-Riquet, la rue Française et la rue Viennet, qui porte le nom de l'académicien, enfant de Béziers. Édifice du XVIIIe siècle, très serré par les maisons, il élève une haute façade étroite se terminant d'ailleurs, au-dessus d'une belle grande porte, de balcons de fer forgé et d'une sorte de fronton orné de l'écusson royal parmi des trophées, en tour portant la cloche municipale. Près de l'hôtel de ville se voit appliqué dans un recoin de maison à l'entrée de la rue Française une grande statue rongée, abîmée et mutilée, ayant presque perdu toute forme. Ce vieux débris est un personnage très populaire à Béziers, on l'appelle le capitaine Pepezuc. Qu'était-ce que ce Pepezuc et d'où vient cette statue, on ne le sait plus guère.

Tout autour dans les rues qui s'étagent sur les pentes, parmi ces maisons en tohu-bohu, pittoresques dans leurs grandes lignes, mais en général assez simples, anciennes, mais sans ornements, il se rencontre pourtant en cherchant bien, même dans les ruelles les plus minces, quelques façades plus riches. Rue de Capus, sur un étroit carrefour, c'est un beau logis du XVe siècle, à grandes fenêtres ornées de cordons sculptés ; ce sont d'autres maisons du xv⁰ également rue Tourventouse et rue de l'Argenterie, où, dans une cour parmi des bâtiments quelque peu délabrés, se voit une vieille tour d'escalier comme on en rencontre en Normandie. Ensevelis sous les apports successifs des âges, bien d'autres vestiges du passé se cachent sans doute dans les vieux quartiers, qui recèlent parmi les plus antiques des traces d'un cirque romain sous les maisons de la rue Saint-Jacques. Tout près de là, une maison de la rue Gaveau, très simple, garde au fond d'une cour pittoresque un morceau d'architecture du xvi⁰ siècle. C'est une grande fenêtre Renaissance, à croisillons, dont la partie inférieure s'encadre de colonnes, tandis que le châssis supérieur est décoré d'une figure centrale et de petites cariatides ; deux grandes figures nues, un homme et une femme, en pied, supportant un entablement au-dessus de la fenêtre, rappellent le style des grandes fenêtres à cariatides de Toulouse.

Quelles raides dégringolades de vieilles rues sur le penchant poussiéreux du plateau ! La descente de Canterelles qui plonge tout droit dans la vallée et tombe au Pont-Vieux apparaît des plus pittoresques, quand on s'arrête au milieu de la déclivité et qu'on voit en haut ses vieilles maisons s'accoter et comme se prêter appui, pour se maintenir sur la raide pente, et en bas la cascade de vieux toits rougeâtres roulant vers les arbres de la vallée, vers le vieux pont tortillé aux nombreuses arches. Des terrasses courant à mi-côte dominent le faubourg d'en bas ; ce sont vieux murs, restes de remparts, se rattachant, sauf interruptions, aux remparts de Saint-Nazaire. Une autre église s'assied là-bas sur une terrasse appuyée par d'énormes contreforts, sur un saillant du plateau, au pied duquel le canal du Midi s'en vient passer par-dessus l'Orb. Cette église est Saint-Jacques, très ancienne aussi, mais sans beautés architecturales et tellement modifiée qu'elle ne présente plus grand intérêt.

SAINT-JACQUES, A BÉZIERS.

NARBONNE. — LE PORT DES GALÈRES

XX

NARBONNE

NARBONNE ROMAINE, WISIGOTHE ET ARABE. — LE PORT DES GALÈRES
ET LA DÉSERTION DE L'AUDE. — LE GRAND PALAIS-FORTERESSE
DES ARCHEVÊQUES-DUCS. — LE NOUVEL HOTEL DE VILLE.
CATHÉDRALE ET CLOITRE. — LE PONT DES MARCHANDS

La France gauloise, nue et sans monuments, a reçu quatre toilettes principales : la toilette romaine, la toilette romane, la toilette gothique et la toilette renaissance; les changements ultérieurs n'ont été qu'accommodements à des modes passagères, ou raccommodages de plus ou moins de valeur. Elle a commencé de nos jours à revêtir une cinquième toilette, peut-être arrangée avec une connaissance plus sûre des lois de l'hygiène et qui la met un peu plus au large; mais cette toilette moderne pour laquelle on a jeté bas, dans un accès d'inconcevable aberration, les plus beaux ornements d'autrefois, n'est pas, il nous faut l'avouer, une parure bien précieuse, comme furent à des degrés divers les toilettes précédentes.

Parure magnifique, la toilette romaine, pour un certain nombre de villes superbes comme des petites Romes, mais avec une certaine monotonie, à cause de l'uniformité traditionnelle des monuments romains.

Parure sérieuse, comme il convient après des siècles troublés et malheureux, la toilette romane constituée peu à peu avec les lambeaux du somptueux vêtement romain déchiré par les invasions barbares.

Parure vraiment splendide, la toilette gothique, la plus merveilleuse, la plus diverse et la plus originale des parures, épanouissement suprême d'un Art supérieur véritablement national, l'Art français par excellence, qui avait couvert de joyaux toute la France, des grandes villes aux plus humbles villages, et parmi tant de merveilles, élevé ces magnifiques cathédrales devant lesquelles doivent baisser pavillon toutes les créations de toutes les architectures.

Enfin, parure aussi, et de la plus ravissante élégance, la toilette Renaissance née d'un soudain caprice de la mode au temps de Charles VIII et de François I*er*, après les expéditions d'Italie.

Mais tout cela n'est plus, le vandalisme tranquille et bourgeois a complété l'œuvre des dévastations violentes et fait table rase d'une grande partie des merveilles accumulées de siècle en siècle. Il nous faut nous résigner à nous souvenir et à regretter. Non, vraiment, la toilette moderne de nos vieilles cités n'est pas une parure et la monotonie semblera le moindre défaut des pauvres villes quand on aura fini de sacrifier tout ce qui reste des ornements d'autrefois et dissimulé sous un manteau sans couleur toutes les traces de leur passé historique

Ces réflexions me venaient à Narbonne, cité de la plus antique noblesse, vénérable par ses vingt-cinq siècles d'existence, chef-lieu d'une province romaine, de la Gaule « portant la toge », ville importante du royaume wisigoth, capitale pendant un siècle de l'État musulman en formation dans le midi de la France, cité encore importante au moyen âge, aujourd'hui cité déchue, mais glorieuse entre toutes. Non pas que Narbonne n'ait point conservé de notables débris de sa fortune ancienne; il lui reste heureusement d'importants édifices du moyen âge, un centre monumental admirable, mais on peut lui reprocher de chercher à recouvrir tout le reste, autour du groupe superbe formé par la cathédrale et les tours du grandiose palais archiépiscopal, sous la banalité sèche et rectiligne de la toilette moderne.

Il semble vraiment, à regarder un plan de la ville, qu'elle cherche à enfouir son histoire de parti pris, à effacer tous ses vieux souvenirs. Il est extraordinaire ce plan! Laissons de côté les nouveaux quartiers en damier tracés entre les boulevards qui tournent autour de la vieille ville à la place des anciens remparts, et une deuxième ligne de boulevards extérieurs, et considérons seulement la ville intérieure. Il serait impossible au seul examen de ce plan de deviner, s'il ne s'y trouvait pas inscrit, le nom de la ville représentée topographiquement, et sa situation au nord ou au sud de la France. Quels renseignements pourraient nous fournir des noms de rues comme ceux-ci : rue du Télégraphe, rue Rouget-de-l'Isle, boulevard Gambetta, rue Louis-Blanc, place de la Révolution, boulevard de la Liberté, rue de l'Égalité, place de la Convention, avenue du Progrès, cour de la Promenade, etc... Autant tout de suite le numérotage ! Et ces noms certainement ont remplacé pour la plupart des noms se rapportant à des souvenirs locaux, à l'histoire particulière de Narbonne. Les remparts ont disparu, qu'est-ce qui indique l'emplacement des portes, des vieilles entrées de la ville ?

Il y a cependant une rue du *Capitole* pour rappeler la grandeur de Narbonne aux temps romains, mais son passé maritime, les souvenirs du port, fréquenté jusque pendant le moyen âge, comment peut-on les retrouver maintenant que l'Aude coule à quelques lieues, et que les étangs maritimes de Narbonne sont devenus marécages ou terres cultivées ? Où était situé le port de Narbonne, l'antique *port des Galères?* qui le devinerait maintenant sous les noms de cours de la Liberté et de cours de la République?

Ainsi se perdent toute physionomie, toute originalité, et les traditions précieuses qu'on devrait s'efforcer de fixer au contraire, ou tout au moins respecter; ainsi s'évapore l'histoire ambiante qui devrait se respirer dans toutes les rues de ces nobles cités.

Ville et port de la Celtique méridionale, importants cinq ou six siècles avant notre ère, Narbonne reçut les premiers colons romains envoyés par la métropole, colonie romaine florissante que César renforça en y envoyant les vétérans de sa dixième légion. Narbo-Martius, ornée en peu de temps des grands monuments que Rome faisait surgir du sol partout où elle s'implantait, — temple, Capitole, amphithéâtre, sans compter les aqueducs, chaussées et ponts des alentours, devint le chef-lieu de la Narbonnaise première et l'une des plus florissantes cités commerçantes des Gaules. Sa prospérité même ne fut pas abattue par le grand incendie qui au IIIe siècle dévora maisons et monuments, on la reconstruisit plus magnifique et elle continua à voir affluer dans son port les vaisseaux marchands. Alors, si elle compta pour son commerce et sa richesse, elle eut aussi des poëtes et des grammairiens, des lettrés et des écoles.

Mais c'en était fini de la paix romaine, arrivèrent les grands chocs de peuples. Les barrières forcées, les armées barbares tourbillonnèrent dans les provinces, créant des royaumes éphémères, et la capitale de la Narbonnaise tomba au pouvoir des Wisigoths. Après avoir vu passer les empereurs, Narbonne reçut dans ses murs les rois Ataülfe, Théodorik, Amalric, Wamba, qui régnaient sur une partie du midi de la France et sur l'Espagne.

En 412, Ataülfe, successeur d'Alaric, le vainqueur de Rome, épousa dans Narbonne, avec un déploiement de pompe nuptiale extraordinaire, la princesse Placidie, sœur de l'empereur Honorius, faite prisonnière dans le sac de Rome et entraînée

ABSIDE DE SAINT-JUST, A NARBONNE.

dans leurs courses par les armées barbares. Deux ans plus tard, les légions d'Honorius reparaissaient sous les murs de Narbonne, poussaient vigoureusement le siège par terre et par mer, affamaient la ville, forçaient les Wisigoths à se retirer.

Peu d'années après, c'était au tour des Romains de s'y trouver assiégés et affamés par Théodorik, puis sauvés par l'arrivée du patrice Aétius, dernier soutien de de la gloire romaine qui devait bientôt, en réunissant tous les anciens envahisseurs détenteurs d'un fragment de l'empire déchiré, marcher à côté de Théodorik, des Wisigoths, des Burgondes et des Francs, contre les nouveaux envahisseurs Attila et les Huns.

A son tour, après trois siècles de déchirements, le royaume des Goths s'écroula; les Arabes de triomphe en triomphe, dans l'essor prodigieux de l'Islam, entamaient l'Europe, passaient les Pyrénées et se lançaient en un galop furieux à la conquête de la Gaule. Narbonne succombe, enlevée dans une rapide attaque et ruinée de fond en comble. Sur les débris de la ville romaine, les Arabes s'installent, ils réparent l'enceinte, élèvent de nouvelles fortifications, et de cette porte de la Gaule ouverte sur la mer, ils font la base de leurs opérations.

Pendant tout un siècle, Narbonne est musulmane, c'est de là que partent les hordes sans nombre lancées jusqu'à la Loire. Karl Martel, après Poitiers, refoula le croissant jusque-là, reconquit toutes les villes de Provence et d'Aquitaine, mais il ne put prendre Narbonne. Ce fut son fils, Pépin le Bref, qui après sept années de luttes autour des remparts musulmans, réussit enfin à ressaisir Narbonne.

NARBONNE
ENTRÉE DU CLOITRE DE LA CATHÉDRALE

On comprend qu'après avoir été ainsi proie disputée et tiraillée pendant quatre siècles, Narbonne n'ait conservé, des monuments de la période romaine, rien autre chose que les tas de pierres réunies aujourd'hui dans son musée et dans les allées du jardin de l'Archevêché. Mais ce ne sont pas seulement ces guerres farouches et interminables qui ont causé la décadence de Narbonne restée commerçante au moyen âge, la nature y a contribué pour la plus forte part, car elle a supprimé en partie ce qui faisait sa raison d'être. La ville romaine comptait de soixante à quatre-vingt mille habitants, la Narbonne du moyen âge faillit un jour être désertée tout à fait, lorsque par une catastrophe soudaine, en 1320, l'Aude, emportant le barrage romain de Sallèles qui bouchait un de ses bras et forçait le fleuve à passer tout entier par Narbonne, changea brusquement de cours, se détourna du vieux port des Galères pour s'en aller, par ce lit repris et recreusé passant à trois lieues au nord de la ville, se jeter à la mer aux étangs de Vendres, à l'autre pointe des montagnes de la Clape.

Le golfe de Narbonne, formé d'étangs marins derrière les îles des montagnes de la Clape, se combla peu à peu sous les alluvions apportées par l'Aude, les étangs se rétrécirent, s'asséchèrent et quand tout à coup l'Aude cessa d'y

ANCIEN PALAIS ÉPISCOPAL DE NARBONNE

apporter son flot, la ville resta à sec dans la boue, prête à expirer sous les pestilences.

Narbonne est divisée en deux parties par le canal de la Roubine, creusé dans l'ancien lit de l'Aude pour remédier à la perte de la rivière et rétablir les communications avec la mer par l'étang de Sijean, dernier reste des étangs d'autrefois, au bout duquel en des marécages peu séduisants s'ouvre le grau de la *Nouvelle*, petit port formé en débouché de la Roubine. Le quartier de la rive gauche, c'est la *Cité* où se trouvent les principaux monuments de la ville archiépiscopale ; le quartier de la rive droite, c'est le *Bourg*, soudé à l'autre par un pont chargé de maisons. Il n'y a plus d'enceinte à franchir pour entrer en ville. Quand on arrive, on longe une promenade pratiquée sur d'anciens glacis devant une face toute neuve de la ville, on se trouve sur un très beau quai, puis subitement, par-dessus les bâtisses froides et rectilignes, apparaissent d'altières constructions féodales, des murailles énergiques, des tours énormes, une réunion d'édifices du plus admirable et du plus imposant effet.

Ceci, la Narbonne romaine étant couchée dans la tombe, c'est la Narbonne du moyen âge qui se lève, une masse fière et colossale de monuments groupés, qui donnent une rude idée de ce que pouvait être encore malgré sa décadence la cité du xiiie siècle.

Cet ensemble d'édifices, superbe de tous les côtés, est formé par l'ancien archevêché, palais féodal à grosses tours rondes, flanqué d'un énorme donjon carré, la cathédrale fortifiée et crénelée, très haute et très vaste mais non terminée, le cloître et enfin l'hôtel de ville moderne, construit par Viollet le Duc, dans le style du xiiie siècle, entre deux des tours de l'archevêché. Certes le puissant palais des Archevêques est une fière évocation du temps où ces archevêques, seigneurs de la ville, ajoutaient à leurs titres apostoliques celui de ducs de Narbonne. C'est un palais et une forteresse, quelque chose comme le château fort de la ville, élevé certainement sur l'emplacement des principales défenses de la ville romaine, et commandant directement le port des Galères, dont le flot baignait la base du gros donjon d'angle.

Ce palais développe sur la place de l'Hôtel-de-Ville une façade aux lignes grandioses, bien qu'en partie masquée sur la droite par des maisons basses. A l'angle gauche s'élève le haut donjon construit au commencement du xive siècle, une tour carrée de dix mètres de largeur, s'élevant nue et sans décoration, presque sans autres ouvertures que de hautes meurtrières jusqu'à une quarantaine de mètres. Elle contient quatre étages voûtés et une plate-forme crénelée, profondément abritée, en contre-bas de la haute et belle galerie de crénelage flanquée de tourelles d'angles.

Les autres tours qui suivent, plus basses, sont moins rébarbatives, éclairées de belles fenêtres diverses de forme, hautes ou basses; elles ont aussi leurs plates-formes crénelées et leurs échauguettes à peu de choses près comme jadis, ainsi que Viollet le Duc les donne dans sa restitution du palais, en son *Dictionnaire d'architecture*. Cela fait trois tours carrées sur cette face, le donjon, la tour Saint-Martial et la tour de la Madeleine. Entre le donjon et la tour Saint-Martial à la place d'une courtine disparue, Viollet le Duc a construit un bel hôtel de ville, en rapport de style avec le reste de l'édifice, où de hautes arcatures au rez-de-chaussée rappellent de grands mâchicoulis préexistants jetés sur des arcs de contrefort à contrefort, et qui se termine par une galerie d'arcatures trilobées avec un joli beffroi au milieu.

Entre la tour Saint-Martial et la tour de la Madeleine, plus ancienne et datant du milieu du xiii° siècle, s'ouvre par une grande arcade le sombre passage de l'Ancre, ainsi nommé d'une ancre suspendue à la voûte en signe de la juridiction des archevêques sur le port, passage conduisant entre de hauts bâtiments au cloître de la cathédrale. Le long de ce passage dans la demi-teinte, sous ces gothiques murailles, se tient la poissonnerie, pittoresquement installée jusque sous la voûte précédant l'escalier qui monte au cloître.

Avant d'entrer dans ce cloître, reprenons la place de l'Hôtel-de-Ville d'une si noble allure et tournons autour du palais. Il y a une autre façade biaisant sur le côté, du donjon au cloître, et donnant sur une terrasse en jardin au-dessus de la rue du Tribunal. C'est un magnifique et bien pittoresque jardin, élevant de grands beaux arbres dont les ramures et les bouquets de feuillage se détachent sur le fond sombre de grosses tours romanes à comble bas, aux murs gris piqués de pierres noires, réunies par un bâtiment crénelé d'un aspect tout particulier, appuyé, comme par un énorme contrefort continu, par un gros mur finissant en talus aux deux tiers de la hauteur et percé dans cette partie inférieure de trois grandes fenêtres profondément encaissées. Ce bâtiment, c'était la Grand'salle du palais archiépiscopal; au-dessus du crénelage s'élèvent encore les pignons des combles disparus.

Dans le fond de ce jardin, contre le mur de la cathédrale, au pied des bâtiments, sont empilées des quantités de fragments romains de toute nature, morceaux sculptés, inscriptions, débris quelconques, en nombre considérable ici, sans compter tout ce qui a été porté au musée lapidaire établi dans l'ancienne église Lamourguier.

Au xvi° siècle, époque de profonde décadence pour la ville languissant dans les vases du port abandonné par la rivière, les rois voulurent faire de Narbonne une place de guerre établie selon les données nouvelles. Ils abattirent donc les vieux remparts wisigoths ou autres et renversèrent les ruines subsistantes des monuments romains. Par une fantaisie qui est bien de l'époque, on fit de ces débris romains un ornement continu le long de ces nouveaux remparts, en utilisant pour les merlons des créneaux des pierres sculptées, en plaquant des fragments de bas-reliefs ou d'inscriptions au-dessus des portes, le tout disposé au hasard, un débris d'arc de triomphe juxtaposé à un fragment d'une inscription ou une figure mutilée

JARDIN DE L'ARCHEVÊCHÉ, A NARBONNE

à des trophées d'armes, à des cavaliers, à des feuilles d'acanthe, à de simples rinceaux.

Tout récemment l'enceinte de François Ier fut démolie et l'on rapporta ici cette immense quantité de débris, restés pendant trois siècles enchâssés tout le long de la ligne des remparts.

A l'intérieur, le fier palais des archevêques de Narbonne est fort intéressant à visiter. Les bâtiments, en partie remaniés au XVIIe siècle, qui encadrent profondément la cour de l'hôtel de ville, le bâtiment aux murs énormes sur les jardins contenant la Grand'salle, les bâtiments de la Madeleine avec toutes leurs salles et galeries, renferment les collections diverses du musée, avec des aménagements curieux et des décorations parfois remarquables, comme la grande salle à manger blanche des Archevêques.

Le cloître de la cathédrale touche aux tours sur le jardin, on y entre par l'église ou par le passage de l'Ancre ; c'est un cloître ogival du xiv° siècle, simple et sévère, aux arcades étroites et hautes, sans autres ornements qu'une balustrade bordant le toit en terrasse dallée, et une série de bêtes hérissées en gargouilles accrochées aux contreforts et qui paraissent d'autant plus fantastiques qu'on les voit de plus près.

La cathédrale de Narbonne, Saint-Just, commencée sur un vaste plan à la fin du xiii° siècle, en 1270, n'a jamais été achevée; elle se compose uniquement d'un chœur de proportions immenses, poussé jusqu'aux premières piles du transept. La disparition de l'Aude amenant la suppression du port et la décadence de Narbonne empêcha de poursuivre plus loin l'œuvre colossale. C'est donc une abside seulement, superbe il est vrai, dominée par deux hautes tours qui furent ajoutées plus tard, avec un transept en avant de l'entrée et quelques travées de nef commencées au siècle dernier, abandonnées bientôt et demeurant comme une grande ruine devant ce chœur sans façade.

ÉGLISE SAINT-SÉBASTIEN, A NARBONNE.

Saint-Just fortifié présente extérieurement un aspect original, les murs des chapelles absidales au-dessus des hautes fenêtres à meneaux élégants et variés, se terminent par un parapet percé de meurtrières protégeant les terrasses; les larges contreforts des arcs-boutants de la haute nef prennent la forme de tourelles crénelées, qui projettent au-dessus de chaque chapelle, de contrefort en contrefort, une haute arcade portant un chemin de ronde crénelé, invention absolument curieuse qui produit un grand effet.

L'intérieur de Saint-Just n'est pas moins remarquable par la majesté de ses hautes voûtes, par la beauté des dispositions du collatéral des chapelles. La clôture du chœur a conservé quelques tombeaux sous de ravissantes arcatures gothiques à jour entre les piliers ou sous des encadrements Renaissance; il y a aussi dans une chapelle une belle statue tombale, agenouillée, d'un seigneur à sévère figure militaire à la Henri IV, se détachant sur un fond noir dans un cadre d'ornements gras et riches.

Cette imposante réunion de tours, de rudes bâtiments formant le cœur de la

NARBONNE. — ÉGLISE DES JACOBINS

vieille cité, reliés à la cathédrale fortifiée par d'autres bâtiments et d'autres défenses, incomplètes sur certains points aujourd'hui, fait honneur à la Narbonne du moyen âge et aux archevêques qui s'étaient construits une pareille demeure. Ces archevêques prenaient le titre de ducs de Narbonne. L'un d'eux fut le légat Arnaud, le féroce boucher de Béziers, qui eut pour sa part dans le butin de la croisade ce siège archiépiscopal avec ses avantages temporels.

Les archevêques-ducs ne possédaient pourtant pas complètement la seigneurie de la ville, il y avait à côté d'eux des vicomtes, seigneurs pour une moitié, et ensuite des consuls imbus des vieilles traditions du municipe romain, vaillants défenseurs des droits de la cité contre les vicomtes et les archevêques. La vicomté revint à la couronne au moyen d'un échange sous Louis XII, l'archevêché fut supprimé à la Révolution et son titre réuni à celui de Toulouse, et la municipalité, victorieuse avec le temps, a hérité de la forteresse épiscopale où elle est venue se loger.

Le vieux port des Galères, sur ce point si intéressant par ses monuments et ses souvenirs, s'encadre de larges quais plantés d'arbres, — les cours de la République et de la Liberté — et aussi de grandes maisons neuves. L'espace est vaste avec les deux cours, mais le canal n'y tient pas grand'place; on ne se douterait pas qu'ici naguère s'amarrèrent les navires des Romains et des Goths, les felouques des Arabes, les balancelles et les nefs du moyen âge, jetant sur les quais des hommes de toute race, les légionnaires des Empereurs, les soldats des rois wisigoths de l'Espagne, les guerriers de l'Islam débordant sur l'Europe, et aussi, pendant une longue suite de siècles, des marchands et des marchandises de toute contrée.

La porte Sainte-Catherine fermait le port il y a peu d'années au bout du cours de la République, faisant pendant à la porte des Carmes de l'autre côté du pont, à l'entrée du canal de la Roubine dans la ville.

Par la rue aux grandes maisons qui de la place de l'Hôtel-de-Ville mène dans le bourg à la place de l'Ancienne mairie, on peut traverser le canal sans s'en douter, sur un pont chargé de logis à quatre ou cinq étages. Ce pont des Marchands est un legs des Romains. On n'en voit plus que cette arche aux reins puissants qui porte une rue de hautes maisons serrées; il avait sept ou huit autres arches aujourd'hui enfoncées sous les remblais et cachées sous les bâtisses. Le passage de la Roubine à travers la ville est encore pittoresque, enfermé dans ses grands bâtiments avec son arche romaine énorme et noire, avec ce port des Galères, devenu le port des blanchisseuses qui lavent en files sur les deux rives; cela devait être mieux encore avant la démolition des portes Sainte-Catherine et des Carmes aux extrémités.

La partie droite de la ville, le bourg, moins vivante et moins commerçante, est d'aspect plus vieillot dans ses petites rues silencieuses; on y voit deux vieilles, très vieilles églises, Saint-Paul-Serge et les Jacobins. La première, dédiée à saint Paul Serge, proconsul romain converti par saint Paul et devenu le premier évêque de Narbonne, est un édifice romano-ogival qui a fortement souffert de remaniements et de mutilations, surtout du côté de l'extérieur, mais qui est resté curieux comme dispositions intérieures, et d'aspect particulier avec les énormes piliers trapus de sa nef.

La seconde église, débris d'un ancien couvent de Jacobins ou église Lamourguier, abandonnée par le culte, s'adosse à une caserne, sur le boulevard de la

Liberté où passait autrefois le rempart. L'abside tournée vers ce rempart est un morceau des plus pittoresques, crénelé comme une tour, épaulé par de gros contreforts. Ogives bouchées, murs crevassés, créneaux édentés, paquets d'herbes et plaques de mousse dans tous les trous et sur toutes les saillies de ces vieux murs noircis, tout cela fait de l'église Lamourguier une ruine, mais une belle ruine, utilisée encore comme dépôt des vieilles pierres et des débris de sculptures romaines enchâssés autrefois dans les murailles de la ville.

La cité forme autour du palais des archevêques un noyau compact de rues anciennes ayant assez bien conservé dans les lignes générales le caractère de la vieille Narbonne; c'est autour de ce noyau que se sont produits les changements importants, que des démolitions, rognant et mordant à travers les vieux pâtés de maisons, ont amené une transformation et un rajeunissement des faces extérieures de la ville. Les immenses bâtiments du collège, le palais de Justice sont les monuments de cette partie moderne.

Au centre de la partie ancienne court la rue Droite, qui passe sous l'hôtel de ville et se continuant par le pont des Marchands et la rue de Luxembourg, coupe transversalement le bourg et la cité. Elle aboutit à la place Bistan et à la place de la Révolution, où était l'ancienne porte de Béziers, près de laquelle, sur une petite rue étroite, se rencontre une troisième église, Saint-Sébastien, édifice gothique du XVe siècle élevant un petit pignon très simple mais joli, avec une rose et aussi de belles balustrades, parmi de très vieilles maisons.

Narbonne, atteinte mortellement par l'envasement de son port et la disparition de sa rivière, déchue de son antique prospérité commerciale et somnolente dans ses marais, eut du moins l'heureuse chance de traverser sans trop de secousses le siècle des guerres religieuses, si cruelles pourtant pour la plupart des villes du Languedoc. Il ne faut point de bruit dans les chambres de malades. A la faveur de cette tranquillité, Narbonne se rétablissait lentement, cherchait le moyen de remédier à l'assèchement de son port, qui avait tué son commerce, et de rouvrir la communication avec la mer.

Cependant Narbonne peut se rappeler un des événements importants du règne de Louis XIII, c'est dans ses murs que se trama, et aussi que s'éventa, la conspiration de Cinq-Mars. C'était en 1642, au moment de la conquête du Roussillon : le cardinal de Richelieu malade établit son quartier à Narbonne, d'où le roi s'en fut bientôt activer le siège de Perpignan. Pendant ce temps Cinq-Mars, le favori du roi, de Thou et Gaston d'Orléans traitaient avec l'Espagne pour obtenir son appui dans une guerre civile destinée à abattre le puissant ministre. Mais si malade qu'il fût, le duc rouge veillait; bientôt tous les fils de la conspiration furent entre ses mains, y compris le traité avec l'Espagne et comme, le 11 juin, le roi rentrait à Narbonne presque brouillé avec le cardinal, celui-ci lui fit mettre sous les yeux toute la trame, en ayant bien soin de tourner surtout en conspiration contre le monarque lui-même les projets des conspirateurs. Louis XIII, retourné, laissa retomber la hache levée sur les coupables. Cinq-Mars fut arrêté dans Narbonne. Averti, il ne se sauva pas assez vite ; il fit courir un de ses serviteurs aux portes de la ville pour voir si elles étaient ouvertes ; l'homme s'informa en route, on les lui dit fermées, il revint en hâte et Cinq-Mars crut n'avoir plus d'autre ressource que de s'en aller se cacher sous le foin d'un grenier, chez la dame de ses pensées où il fut bien vite découvert et arrêté.

NARBONNE. — TOMBEAU DANS LA CATHÉDRALE

LA CITÉ DE CARCASSONNE — VUE GÉNÉRALE

CARCASSONNE.
PORTE DE L'AUDE.

XXI

CARCASSONNE

LA CITÉ DE CARCASSONNE. — ÉTONNANTE SILHOUETTE SUR LA
COLLINE CERCLÉE PAR DEUX ENCEINTES ET CINQUANTE-SIX TOURS
LE TRÉSOR D'ALARIC. — PORTE NARBONNAISE. — LA TOUR DU TRÉSAU
LES SIÈGES. — TRENCAVEL ET MONTFORT

Quand on quitte Narbonne, par la ligne de Carcassonne et Toulouse, abandonnant le littoral que continue à suivre à travers étangs et sables la ligne de Perpignan, les paysages de la vallée de l'Aude se déroulent assez gris sur les premiers plans, dans la plaine étroite et mamelonnée où le canal du Midi ondule parallèlement à la rivière. Mais à droite et à gauche, au delà des mamelons rapprochés, des coteaux nus ou piqués d'oliviers, se soulèvent des horizons montagneux, des croupes sombres s'alignent les unes par-dessus les autres, laissant parfois paraître, par des échancrures, des chaînons de cimes lointaines assombries par des nuages, ou claires et vaporeuses, estompées d'un bleu vague dans l'atmosphère fluide.

A droite, c'est la chaîne des Cévennes, puis la montagne Noire, le rude pays des Causses; à gauche, ce sont les Corbières, premiers chaînons des Pyrénées, par-dessus lesquelles au loin le mont Canigou passe sa tête. Après Lézignan le terrain se mouvemente, les Corbières se rapprochent et la longue masse rocheuse d'une montagne qui porte le nom d'un roi des Wisigoths en souvenir de quelque forteresse bâtie à son sommet il y a quinze siècles, le mont d'Alaric se dresse au-dessus du bourg de Capendu.

Tout à coup, après quelques ondulations de collines un peu sèches, laissant entre elles dans les vallons courir quelques verdures et s'allonger des lignes d'arbres, voici une autre colline qui se découpe sur le ciel de façon étrange, ceinte de plusieurs étages de murailles, dentelée partout de créneaux, bardée de gros remparts, hérissée de tours en nombre infini qui semblent remuer et marcher comme des soldats pour se ranger en files; c'est une longue silhouette de forteresse moyen âge qui défile tour après tour, apparition subite d'une ville du xiiie siècle, intacte sur son coteau rocheux, n'ayant subi aucune atteinte ou modification aux âges suivants, demeurée dans un farouche isolement, fière et comme merveilleusement préservée par quelque talisman de tout contact dangereux avec le siècle présent, essentiellement modificateur, pétrisseur de paysages et niveleur d'aspérités originales.

C'est la cité de Carcassonne, l'étonnante ville forte qu'après les guerres albigeoises saint Louis, réunissant à la couronne les terres conquises par le terrible Montfort, fit évacuer par ses habitants obligés de reconstruire plus bas, sur l'autre rive de l'Aude, une nouvelle Carcassonne.

L'Aude, qui dans son cours supérieur descend torrentueusement des Corbières, par des gorges ou des fissures de montagnes, rencontre à Carcassonne une large vallée mouvementée et verdoyante, où elle va décrire des courbes côte à côte avec le canal du Midi. En plaine sur la rive gauche de l'Aude, entre la rivière et le canal, est assise la ville basse de Carcassonne, en hexagone régulier figurant comme un bonnet d'évêque, entourée non plus de remparts mais d'une longue promenade ombreuse où il est bon de se mettre à l'abri, quand tourbillonne avec des nuages de poussière le vent d'ouest, le mistral du pays.

C'est la ville relativement jeune, bâtie en damier comme les villes franches qui naissaient tout d'une pièce à cette époque, avec toutes les rues se coupant régulièrement en angle droit.

Deux ponts réunissent la rive droite et la rive gauche, le pont Vieux et un peu plus loin le pont Neuf, lequel a ceci d'excellent qu'il permet d'embrasser d'un seul coup d'œil toute la longueur de son aîné de beaucoup de siècles, à l'échine fatiguée, le vieux pont irrégulier et un peu déjeté, avec les îlots herbeux et les bouquets d'arbres dans la rivière, et la grande forteresse couronnant les escarpements de l'autre côté.

Sur la rive droite le sol se relève, des pentes partant du pont monte un long faubourg dont les toits plats s'entrevoient à travers le feuillage des arbres. Là-haut sur la colline rocheuse la *Cité*, suprême expression d'un état social si différent du nôtre, armure vide et délaissée, mais faite si solide que nulle bataille n'a pu l'entamer et qu'elle défie impassiblement les outrages du temps, con-

LE VIEUX PONT DE CARCASSONNE

temple les plaines par tous les créneaux de ses courtines et toutes les meurtrières de ses cinquante-six tours.

Oui, la cité de Carcassonne est une merveille ; on a beau en avoir vu et revu dessins et photographies, on a beau être tout préparé, quand on l'aperçoit profilant ses hautes murailles à la crête d'un long mamelon assez aride, on a tout de même le coup d'émotion, le battement de l'esprit devant l'évocation magnifique d'un siècle enseveli déjà sous bien d'autres, mais se dressant tout à coup hors du tombeau, devant l'apparition soudaine d'une grande et fière époque historique qui surgit sous nos yeux tout d'une pièce, non de la poussière des livres ou brossée sur la toile d'un tableau, mais de la verdure d'une campagne, bien vivante, dans une réalité bien palpable.

Rien ne gêne le regard, aucune poussée de quartiers modernes ne vient étouffer ou gâter la merveille, aucun groupe de bâtisses vulgaires ou d'usines en ses entours pour rompre le charme. La Cité s'aperçoit dans tout son développement au sommet de sa colline et sur toutes ses faces. Une première enceinte basse flanquée de petites tours suit toutes les irrégularités du coteau, à pic du côté tourné vers l'Aude et la ville basse, et pourvue de fossés profonds sur les autres faces où les pentes sont plus douces. Par-dessus cette première muraille crénelée, s'élèvent d'autres remparts plus forts, une seconde ligne de murailles très élevées, de pierres sombres à bossages rugueux soulignés avec énergie par de fortes ombres, deuxième enceinte faisant saillir vigoureusement, de distance en distance, de grosses tours différentes de forme et de force, d'âges divers, parmi lesquelles pointent des tourelles et des échauguettes. Quelques-unes sont

CARCASSONNE. — DANS LE FAUBOURG SOUS LA CITÉ

des tours wisigothes subsistant d'une enceinte antérieure, très jolies et encore romaines d'apparence et de détails.

Deux portes donnent entrée à la Cité, la porte Narbonnaise à l'est, formidable d'aspect, avec ses grosses tours et encore pourvue de ses défenses extérieures, et la porte de l'Aude à l'ouest, précédée de poternes avancées, de défenses accessoires et d'embûches préparées contre l'assaillant, au-dessus du petit chemin qui dégringole vers le vieux pont réunissant la ville à la Cité.

Aux deux pointes de la Cité, il y a un supplément de remparts, le château d'un côté, et la cathédrale Saint-Nazaire de l'autre. Le château est une forteresse dans la forteresse, un solide massif de tours, défendu aussi fortement vers la ville par des fossés et une barbacane devant sa porte, que vers la campagne. Saint-Nazaire avec son portail crénelé fait bonne figure aussi en arrière des grosses tours du saillant sud.

A l'intérieur de cette formidable enceinte, entre le château et l'église, l'espace est rempli par un quartier tranquille, silencieux, très peu habité, en jardins et en maisons antiques, très moyen âge, complètement en rapport avec l'enveloppe guerrière qui l'isole du monde en mouvement.

On monte à la Cité après le pont Vieux, par le long faubourg de la Trivalle, qui serpente sous le flanc nord du coteau et tourne pour gagner la porte Narbonnaise. Elle est pittoresque, cette longue rue poudreuse, aux vieilles façades, aux ruelles filant sur le côté, par-dessus lesquelles se dressent les courtines de la Cité.

Des hauteurs qui se mamelonnent sur la gauche des derniers groupes de maisons, parmi les champs et les vignes, on peut retrouver cette silhouette hérissée qui fait un si fantastique effet quand elle vient s'encadrer dans la portière du wagon, c'est-à-dire découvrir dans son ensemble toute la cité vue par ses flancs Nord-Ouest, depuis la pointe de la Tour du Trésau jusqu'aux grosses tours du saillant Sud sous l'église Saint-Nazaire, c'est-à-dire la face sur laquelle ce vaste ensemble d'enceintes superposées et de tours alignées s'arrange et se hérisse de la façon la plus extraordinaire, montrant à la crête du coteau cette première enceinte aux petites tours rondes, qui renferme entre les deux murailles les lices du château — enceinte mutilée sur deux points, sous le château et sous la porte Narbonnaise, — puis au-dessus, juste en face, une demi-douzaine de tours wisigothes, à gauche le fier profil de la tour du Trésau et sur la droite, s'élevant par-dessus les tours de la deuxième enceinte, une troisième ligne crénelée, la sommet des remparts du château avec leurs tours particulières, que domine la haute tour carrée dite *Tour peinte*, la Guette du château.

C'est là sous le château que la Cité a reçu sa blessure la plus sérieuse ; un dévalement de pans de murs ruinés, le long de la pente très raide qui descend du château à la rivière, indique la communication du château à la grande barba-

LA CITÉ DE CARCASSONNE, FRONT OUEST

cane, grosse tour ronde construite par saint Louis en bas de la côte et démolie au commencement de ce siècle.

Cette belle situation au-dessus de l'Aude, au point où cette rivière, quittant les montagnes du Razès, rencontre la large vallée du Fresquel et tourne vers la Méditerranée, devait avoir été occupée dès le lointain des âges. C'était un oppidum aux temps celtiques, une ville forte que les Romains occupèrent et refortifièrent, puisque sous quelques tours de l'enceinte on retrouve des bases romaines ayant supporté successivement des murailles wisigothes, arabes et françaises. On prétend que le nom de Carcasso, ville des Volces Tectosages, veut dire *Bouclier* ; c'est fort possible et c'est un joli nom pour une cité guerrière, bouclier d'un vaste territoire.

Romains et Barbares se disputèrent et s'arrachèrent ce bouclier ; il resta, après bien des luttes, aux mains des Wisigoths. Théodoric releva les fortifications de Carcasso, en fit une citadelle redoutable. Les vieilles tours que nous voyons là-haut, d'une figure si caractéristique, carrées du côté de la ville et cylindriques seulement sur l'extérieur, annelées par de régulières lignes sombres composées de plusieurs assises de briques, et percées de deux étages de grandes fenêtres cintrées sous un étage de créneaux surmontée d'un comble bas, datent, sauf quelques légères modifications au temps de saint Louis, de cette reconstruction de l'enceinte par les Wisigoths du ve siècle.

Bien leur prit d'avoir augmenté la force de la position, car tout à coup le grand chef de la monarchie franque qui s'élevait redoutable dans le nord, Clovis, catholique depuis Tolbiac, tomba avec ses Francs sur les Wisigoths ariens, enleva leurs villes, prit Toulouse et se jeta sur l'inexpugnable Carcassonne où les rois wisigoths, confiants dans ses bonnes murailles, avaient mis à l'abri le trésor d'Alaric et d'Ataülfe, les fabuleuses merveilles enlevées de cette Rome qui, pendant des siècles, avait drainé les richesses de l'univers, de la grande métropole mise deux fois au pillage.

Les tours de Carcassonne firent leur devoir de gardiennes ; l'armée franque pendant un long et rude siège en vain essaya de les entamer. Clovis ne comptait plus que sur la famine, pour en venir à bout, mais comme une armée des goths d'Italie s'avançait à travers la Provence au secours des fils d'Alaric, il se vit obligé d'abandonner cette belle proie.

La légende de Carcassonne veut que le trésor d'Alaric y soit caché encore, soit en quelque mystérieuse fosse sous une tour quelconque, soit au fond d'un puits qui se voit sur une place de la Cité, puits très profond, à margelle et piliers du moyen âge, — où vainement à différentes époques des chercheurs éblouis par le fantasmagorique miroitement de tant de richesses perdues, ont tenté de le retrouver.

Les alertes furent nombreuses encore pendant la durée de la domination wisigothe, nombreux furent les chocs sanglants sous ces vieilles murailles et les batailles dans les plaines environnantes, puis un jour le soleil éclaira les étendards du prophète Mahomet plantés sur la forteresse par les Arabes. Les Francs de Pépin le Bref vinrent les arracher, la Septimanie resta franque ; alors le Carcassez forma un comté, qui passa, quand le système féodal fut bien établi, entre les mains d'un certain nombre de seigneurs plus ou moins puissants, et qui appartint au XIIe siècle, à la malheureuse famille des Trencavel, branche d'une race en possession de grands territoires, des vicomtés d'Albi, Nîmes, Agde et Béziers.

Quand, pour éteindre l'hérésie albigeoise dans le sang, l'immense croisade descendit sur le Midi, le jeune Raymond Roger Trencavel, vicomte de Carcassonne et de Béziers, après avoir, par une inutile démarche auprès du légat Arnaud,

CARCASSONNE. — UNE TOUR WISIGOTHE DE LA CITÉ.

essayé de détourner le terrible orage, se mit énergiquement en défense. Il laissa quelques troupes à Béziers et s'enferma dans Carcassonne.

Les catastrophes ne tardent pas à fondre sur les deux malheureuses villes. Bientôt, comme le vin jaillit d'une cuve foulée, le sang des victimes coule sur les pentes du rocher de Béziers; puis les cent mille Croisés, le sac de Béziers achevé, se précipitent sur la seconde ville des Trencavel.

La Cité de Carcassonne n'était pas alors ce que nous la voyons, elle n'avait pas sa double ligne de remparts, elle était entourée seulement de la forte enceinte de murailles wisigothes dont un certain nombre de tours, romaines souvent par la base, sont restées parmi celles qu'élevèrent les rois de France. Le château existait déjà en l'état actuel, à quelques défenses près ajoutées plus tard; il formait une seconde forteresse, contre laquelle, la ville prise, l'assaillant devait entreprendre un deuxième siège.

La Cité avait, alors comme aujourd'hui, des faubourgs sur les pentes du coteau vers l'Est, et descendant sur la rive de l'Aude. Ces faubourgs étaient pourvus de défenses légères, murs et palissades. Les croisés immédiatement commencèrent le siège par l'attaque des faubourgs vigoureusement défendus, marchandés pied à pied par le vaillant vicomte. La conquête des approches prit huit jours aux croisés; au bout d'une semaine de combats dans les faubourgs incendiés, ils touchaient au roc de la forteresse.

Alors les travaux du vrai siège commencèrent, il fallait renverser ou escalader ces fières murailles. Avec leurs engins et machines, avec la sape et la mine, les assiégeants essayèrent de mordre à l'enceinte et tentèrent des assauts rudement repoussés; puis des négociations furent entamées sur l'intervention du roi d'Aragon, suzerain des Trencavel. On proposait à Roger Trencavel libre sortie pour lui s'il voulait laisser les gens de la ville à la discrétion des croisés, mais le vicomte répondit qu'il préférerait être écorché vif plutôt que d'abandonner le moindre de ses vassaux...

Mais si les assiégeants se heurtaient à de terribles difficultés et voyaient tous les efforts de leurs engins et toutes leurs attaques échouer devant la vigueur de la défense, les assiégés de leur côté se trouvaient en proie à la soif par suite d'une sécheresse violente, et la faim aussi les menaçait. C'est alors que les chefs de la croisade tendirent au vicomte Roger Trencavel le piège où il fut pris. Sur la foi du légat, le vicomte consentit à descendre au camp des croisés pour traiter des articles d'une capitulation proposée avec la vie sauve pour tous. A peine sous la tente du légat, au mépris de la foi donnée, Roger Trencavel fut saisi et enchaîné. Alors, dit-on, les habitants de Carcassonne terrifiés, désespérant de la défense et trop certains du sort qui les attendait, s'échappèrent de la ville, à la faveur de la nuit, au moyen d'un souterrain qui les conduisit assez loin du camp des croisés pour leur permettre de chercher leur sûreté sur les terres non envahies encore, et les croisés au matin, étonnés du profond silence qui remplaçait les rumeurs du siège, trouvèrent les murailles abandonnées et la ville déserte. Toujours est-il que leur fanatisme dut se contenter de la satisfaction bien maigre après Béziers, de brûler comme hérétiques quatre ou cinq cents prisonniers saisis dans les combats des faubourgs ou par les champs.

La malheureuse victime de la félonie du légat, Roger Trencavel, avait été jetée dans la prison de son château; on s'arrangea pour qu'il y mourût bientôt de misère, ou d'une maladie rapide aidée par le poison. Le vaillant vicomte était un prisonnier d'autant plus gênant que le légat du pape et les princes chefs de la croisade, au refus des autres chefs, ducs et comtes, couverts du sang de Béziers mais éprouvant, par esprit de droit féodal, scrupule de recevoir des terres acquises de cette façon, venaient d'investir Simon de Montfort de tous les domaines des Trencavel avec le titre de comte de Carcassonne.

A Simon de Montfort, comte de Béziers, du Carcassez et du Razès, resté le seul chef de la croisade, échut le soin de refortifier sa conquête, d'asseoir sa domina-

LA PORTE NARBONNAISE — LA CITÉ DE CARCASSONNE

tion sur sa proie sanglante et de continuer la lutte avec le comte de Toulouse, pendant que le légat Arnaud s'installait comme archevêque-duc de Narbonne, et que le farouche moine espagnol saint Dominique fondait l'ordre des Frères Prêcheurs, dits Dominicains, et organisait dans ces villes de la pauvre Occitanie, rougissant aux flammes des bûchers, le tribunal de l'Inquisition.

Bien que Roger Trencavel eût péri, Simon de Montfort ne devait pas avoir la tranquille possession des domaines conquis. Pour bien convaincre le pays de cette mort, le cadavre fut exposé dans l'église Saint-Nazaire, mais après tant d'atrocités, la haine silencieuse couva dans le cœur des vassaux terrorisés et chez les survivants de la conquête, chez les bourgeois de Carcassonne rentrés peu à peu dans leurs foyers, la fidélité se conserva au fils de Trencavel qui grandissait au loin.

Simon de Montfort poursuivait son œuvre. Pendant vingt années encore, la guerre devait ravager le malheureux Midi. Sous les murs de la Cité se réunit en 1211, pour se jeter sur les terres des comtes de Toulouse, une nouvelle armée de croisés. Huit années de luttes, de succès et de revers pour Montfort dévoré par sa proie, tantôt entrant victorieux dans Toulouse, tantôt chassé, et assiégé lui-même dans les villes prises !

Et le cadavre de Simon de Montfort, tué par une pierrière manœuvrée par des femmes au siège de Toulouse, tombé en « *recommandant son âme à la Vierge bénie* », dit l'historien de la croisade, — cette âme chargée d'un tel poids d'atrocités, — revint à Carcassonne en 1218, reposer dans la terre conquise au prix de tant d'efforts, au fond d'un caveau de cette église de Saint-Nazaire, — domaine bien restreint qu'il lui fallut cependant évacuer plus tard, quand son successeur Amaury, vaincu, regagna ses terres natales de l'Ile de France.

En 1225, il ne restait à Amaury de Montfort de tous les pays conquis, que la Cité de Carcassonne. Découragé, il céda ses droits au roi de France, Louis VIII, fils de Philippe-Auguste, qui parut à son tour sur ce sol ensanglanté à la tête d'une nouvelle croisade. Carcassonne resta au roi. En 1240, pendant que saint Louis combattait en Terre-Sainte, tout à coup surgit le dernier rejeton des Trencavel, sauvé jadis à la prise de Carcassonne quand il n'avait que deux ans. Trencavel avec une petite armée se jette audacieusement sur la ville, emporte les faubourgs et assiège les gens du roi dans la Cité. Mais après avoir livré bien des assauts, avec une vaillance digne d'un meilleur sort, après avoir essayé par la mine de forcer l'enceinte, à la porte Narbonnaise, au saillant sud et ailleurs, Trencavel repoussé dans un dernier assaut, fut par l'arrivée d'un corps de secours obligé de lever vivement le siège et quelque temps après dut se résigner à signer la cession définitive de sa vicomté au roi de France.

Louis IX dès son retour de Terre-Sainte entreprit la réfection totale de sa forteresse de Carcassonne, qu'il agrandit et renforça considérablement pour en faire l'appui vraiment invincible de la domination de la couronne aux terres de Languedoc.

Le bourg, composé de faubourgs importants avec églises et couvents sous la cité où la place manquait pour les maisons, fut entièrement rasé pour dégager les abords de la place, et le roi fit attendre longtemps aux habitants dispersés la permission de se reconstruire une ville sur la rive gauche de l'Aude. En avant de l'enceinte de la cité modifiée, allongée sur les saillants, pourvue de tours plus nombreuses et plus grosses, s'éleva une deuxième enceinte défendant les portes par des ouvrages accessoires et précédée, sous le château, d'une énorme tour

CARCASSONNE
TOUR DU TRÉSAU ET PORTE NARBONNAISE, CÔTÉ INTÉRIEUR

ronde, la fameuse barbacane construite sur les bords de l'Aude, très solide ouvrage avancé plutôt que barbacane, vaste, dit Viollet-le-Duc, à contenir de quatorze à dix-huit cents hommes, entourée d'un fossé et de boulevards accessoires ouverts par des poternes sur les rives de l'Aude, gardant la rivière et les moulins fortifiés y établis, et reliée aux courtines du château par des rampes crénelées, barricadées de distance en distance par des murs également crénelés.

Cette barbacane, la seule pièce qui manque à l'armure carcassonnaise, fut détruite en 1821, Saint-Gimer, l'église moderne du faubourg, indique à peu près sa situation.

L'œuvre était considérable. Philippe le Hardi, qui faisait travailler aussi à son port d'Aigues-Mortes, l'acheva, c'est à ce roi qu'est due la porte Narbonnaise, élevée, dit Viollet-le-Duc, vers 1285. Ici et là-bas, la ville naissante d'Aigues-Mortes et la nouvelle Cité de Carcassonne, ce sont deux œuvres de ce merveilleux xiiiᵉ siècle, qui dressait dans le Midi ravagé par les guerres ces deux belles forteresses et tant d'autres détruites, et qui élevait dans le nord ces grandes cathédrales que des milliers d'artistes s'occupaient à ciseler si merveilleusement.

La porte Narbonnaise est l'entrée principale de la Cité. La première enceinte, le rempart extérieur, qui compte deux barbacanes et seize ou dix-sept tours de toute taille, dont quelques-unes fort importantes aux saillants et aux points les plus exposés, est de ce côté de l'Est un peu entamée par les maisons du faubourg

CARCASSONNE. — CARREFOUR DEVANT LE PORCHE DE SAINT-NAZAIRE

qui s'étaient insinuées dans les lices entre les deux murailles, sur cet angle de la Cité où comme des chevaliers armés et casqués dépassant de toute leur taille les rangs des piétons, les énormes tours de la seconde ligne de défense se campent avec un imposant caractère de force.

La porte est intacte et possède encore à peu près tout son système de défense extérieur. Un profond fossé se creuse devant la seconde enceinte que précédait sans doute un boulevard palissadé, fossé franchi, dans l'angle rentrant d'une grosse barbacane ronde, par un pont, en partie mobile autrefois. Cette première porte passée, on pénètre de biais dans les lices en longeant la base de hautes murailles, sous la menace des mâchicoulis, guetté par des créneaux, des échauguettes, des angles de rempart, devant la longue file de tours de la deuxième enceinte, et l'on arrive à la porte elle-même, étroite, sombre, qui s'entre-bâille entre deux grosses et hautes tours cylindriques sur l'extérieur, mais renforcées au milieu de la circonférence par un bec saillant destiné, entre autres avantages, à augmenter leur force de résistance contre la sape. Ces becs ajoutés à des maçonneries déjà si rudes et si puissantes comme un boutoir faisant tête à l'assaillant, donnent aux deux tours Narbonnaises un air féroce et l'apparence de gigantesques heaumes de pierres.

Cette merveilleuse cité de Carcassonne, admirable morceau d'histoire transmis intact par les âges, Viollet-le-Duc a dit qu'on pouvait la considérer comme un cours complet de l'architecture militaire de l'ère romaine à la grande époque du moyen âge. La porte Narbonnaise est un rude spécimen d'une porte de ville du xiiie siècle, armée de tout ce qui pouvait être un obstacle ou une embuche sous les pas de l'assaillant, sauf un pont-levis, car ouvrant sur les lices, elle n'était point précédée d'un fossé, mais l'ensemble des défenses accumulées après ses ouvrages avancés était bien suffisant : passage étroit sous des mâchicoulis, chaînes, herses doubles, etc...

Du côté de la ville, la porte Narbonnaise présente une grande façade carrée à trois combles aigus, dans laquelle façade s'ouvrent, sous les grands créneaux d'en haut, cinq larges fenêtres à meneaux éclairant les salles supérieures des tours où se tenait la **garnison**.

A côté de cette porte s'élève une autre belle tour, la tour du Trésau d'une taille et d'une force considérables également, pour commander l'angle de l'enceinte, et très remarquable aussi du côté de la ville par son haut pignon flanqué de deux tourelles de guette carrées, et par sa disposition intérieure en belles salles voûtées, éclairées par des meurtrières ou des fenêtres aux profondes embrasures.

La Cité à l'intérieur compte seulement quelques petites rues à maisons anciennes serrées au milieu de ces tours dont on aperçoit toujours, de n'importe quel côté, les hauts combles ou les créneaux ; rues tortueuses se dessinant très pittoresquement, petites places solitaires, car la Cité est très peu habitée, carrefours silencieux au fond desquels s'élancent les fines tourelles de l'église ou se carrent les brunes murailles du château, dorées par un coup de soleil. Il semble que ce soit l'air même du moyen âge qui se respire encore ici et pourtant on a donné en cette Cité si purement gothique, à ces rues désertes si complètement étrangères à notre temps et à ses idées, des noms modernes qui jurent comme des anachronismes absurdes. Allez donc ne pas sourire devant la rue Diderot ici, ou la place Hoche tout près de la porte Narbonnaise, laïcisant la rue Saint-Bernard et la place Saint-Sernin.

Quel calme et quelle solitude à l'intérieur de cette colossale armure de pierres, dans cette Cité isolée du reste du monde par sa double ceinture de murailles. Il semble que toutes ces petites maisons blanches aux rares ouvertures soient aussi peu habitées, aussi vides que ces tours abandonnées par les garnisons d'antan, que ces amas de pierres formidables qui ont usé tant de pauvres générations humaines et demeurent solides et inébranlables sur leurs bases.

Et si l'impression dans la fraîcheur du matin ou sous le plein soleil de la journée est aussi forte, qu'on juge de ce qu'elle peut être vers la tombée du jour, quand les rayons du soleil déclinent peu à peu, que l'ombre lentement monte de la plaine à la première enceinte, puis à la seconde, gagne le sommet des tours et s'empare de la cité. Qu'on juge de ce que ce peut être à la clarté de la lune dans les petites rues endormies, où brillent à peine çà et là quelque timide lumière, devant les gigantesques et spectrales silhouettes aux combles effilés, et aussi le long des rampes filant sous les sombres remparts, dans les rues des faubourgs dominées et comme écrasées par une monstrueuse, chimérique et noire accumulation de tours et de murailles confondues.

CARCASSONNE. — MAISONS DE LA CITÉ

LE CHATEAU DE CARCASSONNE

XXII

CARCASSONNE (SUITE)

LE CHATEAU DE CARCASSONNE. — DU HAUT DE LA TOUR PEINTE
L'INQUISITION. — LA TOUR DE L'ÉVÊQUE. — SAINT-NAZAIRE
LE VIEUX PONT. — LA VILLE BASSE

Au bout d'une petite rue, tombant sur une espèce d'esplanade herbeuse qui était une barbacane défendant l'entrée, voici maintenant le château regardant la vallée de l'Aude au point le plus escarpé du coteau.

Ce sombre et rude château des Trencavel est un quadrilatère de hautes murailles flanquées de tours rondes, constructions du XIIe siècle ayant par conséquent vu se dérouler les épisodes des sièges de la guerre albigeoise. Un large fossé isole le château de la ville et en fait une forteresse complètement indépendante, se défendant de partout. La porte au bout d'un pont dormant de quelques arches, s'ouvre entre deux hautes tours rondes par un guichet très étroit, en avant duquel une passerelle mobile se jetait autrefois sur une fosse coupant le pont, après laquelle fosse l'étroit couloir se trouvait défendu par deux herses dont on voit les rainures dans les murailles intactes.

Une compagnie d'infanterie occupe aujourd'hui le château, habitant les chambrées des soldats des Trencavel ; mais on peut parcourir du haut en bas les bâtiments et les tours et rien n'est plus intéressant que de suivre le chemin de crénelage des courtines, d'explorer tous les recoins de tour en tour, intéressant, non au point de vue des aménagements intérieurs qui sont de la plus grande simplicité, ou qui ont disparu dans les utilisations successives, mais pour les vues qu'on a du haut de ces tours aux larges fenêtres béantes qui ouvraient jadis, en temps de guerre, sur une garniture de hourds en bois portés sur des poutres. Des plates-formes balayées par le vent qui s'engouffre dans les créneaux on plane sur la ville, sur d'étonnantes perspectives de remparts se déroulant tout le long du plateau.

De la Tour Major, formant l'angle à droite de la porte, c'est tout le côté nord de la place, jusqu'aux tours Narbonnaises et du Trésau ; de la Tour Peinte, la plus haute guette de toute la Cité, au-dessus de la prison où mourut Roger Trencavel, on surplombe la rampe défendue par des murailles aujourd'hui

CITÉ DE CARCASSONNE. — TOUR DE L'ÉVÊQUE

ruinées, qui descendait à la grande barbacane ajoutée par saint Louis et disparue aujourd'hui sous l'église Saint-Gimer du faubourg, et l'on domine sur la gauche le long chemin semé d'obstacles qui monte à la porte de l'Aude en zigzaguant sous les meurtrières et les mâchicoulis.

Ce côté des doubles remparts de la Cité, vu du haut de la Tour Peinte, est du plus étrange effet pittoresque. Sur cette face du plateau, l'espace entre les deux enceintes est si étroit que les lices ne contiennent plus qu'un simple chemin entre le crénelage de l'enceinte extérieure et la base des tours de l'enceinte intérieure. Au premier plan, on a la tour de l'Inquisition où se réunit le redoutable tribunal pendant la période albigeoise ; elle ressemble aux autres, cette tour qui dépend des constructions de saint Louis, mais son nom seul lui donne un aspect sinistre et ses pierres en paraissent plus sombres, quand on songe à sa terrible destination, à ses lugubres souvenirs, aux cachots où tant de victimes du tribunal exécré passèrent pour aller de là trop souvent aux bûchers, jusqu'au jour où les habi-

CITÉ DE CARCASSONNE. — TOUR SAINT-NAZAIRE

tants de Carcassonne se soulevèrent contre les inquisiteurs et obtinrent l'intervention du roi Philippe le Bel.

Sous la tour de l'Inquisition s'ouvre la porte de l'Aude d'un accès très difficile à cause des rampes à monter en défilant sous tours et remparts. C'est la deuxième porte de la Cité ; Viollet-le-Duc a retrouvé en outre dans la deuxième enceinte six poternes plus ou moins dissimulées, le plus souvent consistant en une ouverture accessible seulement par une échelle et destinées à favoriser en cas de siège les communications par émissaires avec le dehors.

Au-dessus de l'une des poternes de la grande rampe de l'Aude, les lices sont

CARCASSONNE : les remparts de la Cité vus du haut de la Tour pinte

franchies par le *Promenoir du Sénéchal*, une sorte de balcon étroit et crénelé, jeté entre la première et la seconde enceinte pour la surveillance des deux remparts aux abords de la porte. Après le promenoir du Sénéchal vient une belle tour wisigothe remarquable par ses assises de briques, ses fenêtres cintrées et ses grands créneaux qui se fermaient par de lourds mantelets de bois se rabattant sur un axe. Ensuite, après une portion de remparts de la même époque, c'est une tour ronde du xiii° siècle, puis la tour carrée de l'Evêque, une des plus curieuses de toute la Cité et qui constitue avec la poterne Saint-Nazaire et la tour du Trésau, un admirable trio de grosses tours.

La tour de l'Evêque, ouvrage de Philippe le Hardi, a une disposition toute particulière; elle est à cheval sur les deux enceintes, ouverte dans le bas par une voûte pour laisser passer le chemin des lices. La forte saillie de cette tour carrée, ses pierres grises à bossages, ses contre-forts d'angle portant des tourelles à pans lui donnent un aspect formidable, du dehors surtout où elle se voit dans toute sa hauteur, réunissant la muraille basse aux murailles de la deuxième enceinte.

Cet angle de la Cité qu'on embrasse ainsi en vue plongeante est superbe pour son caractère de carapace compliquée. Qu'on essaie de se figurer en outre toutes ces murailles doublées et enchevêtrées, avec leurs redans et leurs obstacles accumulés, ces deux lignes de remparts, ces poternes en travers des lices, ces crénelages d'en bas et ces tours d'en haut garnies de leurs hourds de bois, de toutes les défenses volantes qui s'établissaient en temps de siège, et l'on voit quelle fantastique figure cela devait prendre, quel extraordinaire décor de guerre et quel tableau formidable quand tout cela se couvrait d'hommes et d'engins, et quand dans le tumulte, le vacarme et la poussière, toute la gigantesque forteresse haletante et vibrante entrait en action !

La guerre est toujours une terrible chose, mais la guerre de ces temps des villes aux armures de pierre et des hommes en armures de fer, si favorables au complet développement des vaillances personnelles, avec le choc direct, fer contre fer, s'entourait en outre d'un cadre superbe, tandis que la nôtre, notre guerre de plus en plus scientifique, opérant à longue distance d'effroyables hachis d'hommes aux bravoures annihilées, a trouvé la hideur suprême.

On peut parcourir ce coin si remarquable des remparts de la Cité, suivre avec un gardien le chemin de ronde bordant le crénelage, et monter aux tours, dans l'une desquelles on trouve le cabinet de travail du *maître de l'œuvre* de la restauration de la Cité, entreprise en 1850 après une longue période d'abandon, de Viollet-le-Duc qui répara les brèches, rétablit les combles disparus de la plupart des tours et sauva ainsi de la ruine imminente la colossale forteresse.

Cette belle chambre ronde éclairée par des fenêtres aux profondes embrasures garnies de bancs de pierre, ainsi planant en haut de la colline carcassonnaise, devait convenir au grand architecte, vaillant champion de notre art national méconnu et méprisé.

Dans l'intérieur de cet angle saillant des remparts se trouvait le palais épiscopal disparu ; il y reste au moins, avec quelques traces du cloître, la magnifique cathédrale Saint-Nazaire, également réparée par Viollet-le-Duc, bel édifice roman du xie siècle pour sa nef, à laquelle au xve on a ajouté des transepts et un chœur gothiques.

La très curieuse façade qui a l'air d'être composée de trois tours carrées accolées ayant créneaux et meurtrières, avait son rôle défensif lorsque le rempart de la cité touchait directement à l'église, avant saint Louis. Un portail roman s'ouvre sur le flanc nord, faisant face à un carrefour aux pittoresques petites maisons. A l'intérieur, une petite nef romane se termine par un très vaste chœur en largeur débordant les transepts. C'est une vraie merveille, au bout de la nef romane sobre, sans décoration, sévère et solide, peu éclairée aussi, que ce chœur gothique, s'élargissant soudain, contrastant avec la sévérité de ces murs romans par la délicatesse des lignes, par la grâce de toute la décoration, par la finesse et l'élancé de toutes ses colonnes et colonnettes, par l'éclat des vitraux de ses grandes fenêtres, par ses riches sculptures.

Ce chœur splendide, si original comme disposition en largeur avec la petite absidiole au fond de la travée du milieu contenant l'autel, abonde en superbes détails sous la pleine lumière de l'immense fenestrage : beaux chapiteaux, jolies statues à mi-hauteur des colonnes du chœur, magnifiques vitraux, dalles tumulaires, sculptures diverses, — parmi lesquelles un bas-relief d'un travail grossier qui représente des scènes d'attaque et de défense d'une ville, et où l'on croit voir la mort de Simon de Montfort au siège de Toulouse, puis le tombeau de l'évêque Pierre de Roquefort qui éleva ce chœur au xive siècle, avec sa figure placée entre deux diacres, en bas-relief sous de beaux galbes très fouillés...

A droite du chœur s'ouvre une chapelle basse plus ancienne, restant d'un chœur élevé au xiiie siècle. Il s'y trouve un autre tombeau, celui de l'évêque Radulphe, mort en 1266, composé de la figure de l'évêque au-dessus d'un sarcophage d'une décoration très fouillée, à nombreux et curieux personnages, — sarcophage qui s'est admirablement conservé parce que la chapelle ayant été comblée jadis jusqu'à la hauteur du pavé de l'église, il est resté enterré et ignoré jusqu'en 1839.

Derrière ce magnifique Saint-Nazaire, au bout du terrain vague où jadis s'élevait l'évêché, l'enceinte tournant brusquement au sud présente en avant d'une nouvelle ligne de tours, à côté de la tour du Moulin du Midi — au sommet de laquelle tournait jadis un des moulins à vent établis sur le périmètre de la cité,

— la grosse tour carrée Saint-Nazaire à plate-forme non couverte, qui commande par sa position au point culminant du plateau toute cette face des remparts. C'est presque un fort particulier que cette masse imposante, de construction admirable, en pierres à bossages, flanquée d'échauguettes en tourelles, d'une disposition curieuse et compliquée au point de vue de la défense et très pittoresque aussi avec le grand escalier qui monte d'en bas à la courtine de gauche et avec le crénelage en escalier de la courtine de droite.

Une poterne dite porte du Razès ouvre sur les lices dans un angle rentrant au bas de la tour Saint-Nazaire, au-dessous de laquelle la seconde enceinte est défendue par une grosse barbacane, au tournant où bientôt commence le fossé creusé sous tout le front Est du plateau, côté de la porte Narbonnaise, moins défendu par la nature.

Telle qu'elle est, dans la forme donnée par saint Louis et Philippe le Hardi, la Cité n'a jamais été prise. « *Dame Carcas* » en pourrait témoigner, le vieux buste informe de la porte Narbonnaise, personnification symbolique de la ville, que l'imagination populaire dit être l'effigie authentique d'une vieille sarrasine restée la dernière survivante dans la ville assiégée par le puissant Empereur Charlemagne à son retour d'Espagne. Le grand Empereur,

CITÉ DE CARCASSONNE
LE PORTAIL DE SAINT-NAZAIRE
FORTIFIÉ, CÔTÉ INTÉRIEUR

après sept ans passés sous la Cité, ne put entrer que lorsque *dame Carcas* se décida à lui apporter les clefs, ou lorsque, d'elle-même, une tour s'inclina pour lui permettre d'escalader facilement l'escarpement, — simple légende brodée sur les obscurités de l'histoire carcassonnaise pour marquer l'inexpugnabilité de la forteresse.

Quelques attaques sont moins fabuleuses, les armées anglaises du Prince Noir, qui ravageaient Gascogne et Languedoc, vinrent en 1355 tenter l'assaut de ces murailles, mais elles furent repoussées et durent se contenter de piller et brûler la ville basse. La Cité avait eu primitivement pour garnison ordinaire des nobles spécialement chargés de sa garde et défense, moyennant certains privilèges, office et avantages qui passèrent peu à peu à des bourgeois dits *morte-payes*.

Pendant les guerres de religion, après que les protestants eurent été chassés ou massacrés, la Cité tomba aux mains des ligueurs qui finirent par s'emparer aussi de la ville basse. Heureusement, à quelques séditions ou escarmouches près, pendant ces longues années il ne se passa rien de bien grave sous les antiques remparts et la Cité, pendant les troubles du règne de Louis XIII, ne donna point d'inquiétude à Richelieu, ce qui la sauva de la terrible pioche du grand éventreur de forteresses féodales.

Et la Cité n'a plus d'histoire dans les siècles qui suivent. C'est l'abandon, l'oubli sous la poussière des ans. Tout doucement les tours vieillissent, se délabrent, l'herbe pousse dans la Cité à peu près vide, pendant que vit, travaille et prospère la ville basse de l'autre côté de l'Aude.

Les bourgeois de Carcassonne chassés de leur bourg sous la Cité, brûlé pendant la lutte ou rasé ensuite, eurent grand'peine en 1247, sept ans après le siège, à obtenir de saint Louis qui pour la sûreté de sa forteresse ne voulait pas les voir trop près de ses murs, la permission de construire un nouveau bourg en plaine sur la rive gauche. La ville basse naquit ainsi sur un plan d'ensemble régulier, avec ses deux églises et ses couvents. Les bourgeois ayant eu encore en 1305 des velléités de rébellion, il ne leur fut pas permis de se clore, leur bourg resta ville ouverte et sans défense jusqu'au milieu du xive siècle. Alors, en crainte des Anglais de Guyenne, on l'entoura d'une muraille qui subit quelques modifications au xvie siècle. Cette enceinte a été abattue, mais il est resté du xvie siècle trois gros bastions transformés en maisons bourgeoises avec jardins, à trois des angles

CITÉ DE CARCASSONNE. — CATHÉDRALE SAINT-NAZAIRE

de la promenade à grands platanes qui cache la ville basse en un tour de ville ombreux, dans un véritable et mouvant bouquet de feuillages.

Toutes les rues de cette jeune Carcassonne du xiiie siècle se coupent à angles droits. Au centre du damier s'ouvre une grande place carrée, la *place aux Herbes*, sur laquelle s'élève une gracieuse fontaine à figures du siècle dernier. Les rues qui se croisent à la place centrale sont naturellement les rues marchandes, animées, allant soit de la porte de Toulouse, où restent quelques débris de muraille, au square Gambetta sur le bord de l'Aude, près du Pont-Neuf, — soit dans l'autre direction, du Jardin des Plantes, promenade établie entre le bassin du canal du Midi et le vieux bastion de la Miséricorde, à la porte Barbès où, sous les platanes, un Barbès de bronze brandit un fusil.

CITÉ DE CARCASSONNE. — TOUR DU MOULIN DU MIDI

Carcassonne ville basse pâlit beaucoup comme intérêt auprès de Carcassonne ville haute ; il y a peu de choses à voir dans ses rues régulières où les maisons depuis longtemps ont modernisé au moins leurs façades, sauf cependant rue de la Préfecture, près de la Grande-Rue, où le plus vieux morceau de la ville, un logis jadis important, qui date probablement de la fondation, montre les débris de sa splendeur, c'est-à-dire au-dessus d'arcades basses murées un ancien fenestrage continu en arcatures trilobées aujourd'hui bouchées, à côté desquelles des fenêtres carrées à croisillons ont été percées plus tard.

Quand le siège de l'évêché fut transporté de la ville haute à la ville basse, l'église Saint-Michel succéda comme cathédrale à l'admirable Saint-Nazaire de là-haut, c'est un édifice du xɪɪɪ[e] siècle, intéressant mais bien loin de valoir l'autre. Une seconde église, Saint-Vincent, fait pendant à Saint-Michel à l'autre extrémité de la même rue. Construites en même temps, les deux églises se composent chacune d'une seule nef à hautes voûtes présentant quelques beaux détails de grandes fenêtres et de roses, avec chapelles entre les contre-forts pris intérieurement jusqu'à une certaine hauteur, et elles possèdent aussi chacune une grosse tour carrée inachevée.

La ville basse au plan régulier de bastide avait depuis longtemps débordé de son enceinte par des faubourgs. En face du Musée municipal, près des beaux ombrages du square Gambetta, une vieille rue se relie par le Pont-Vieux au faubourg de la ville haute, formant ainsi entre les deux villes un long chemin accidenté semé de constructions anciennes et pittoresques.

Le Pont-Vieux, jeté au xII° siècle sur la rivière, appuie sur des îles boisées ou des îlots herbeux ses dix arches irrégulières cintrées, aux piles défendues par un

CARCASSONNE. — UNE MAISON DE LA VILLE BASSE

bec triangulaire. Il a vu le siège de la Cité ; les croisés de Simon de Montfort, princes, chevaliers, routiers et truands, évêques et moines souillés du sang de Béziers ont défilé sur ses arches se ruant à d'autres tueries ; il a vu, juste retour des choses, Amaury de Montfort battre en retraite en emportant le cercueil de son père enlevé de sa sépulture de Saint-Nazaire ; il a vu aussi, plus tard, le vicomte Trencavel assaillir la ville pour essayer de reconquérir son héritage.....

En tête, sur la rive gauche une vieille chapelle gothique, s'élevant à pic sur la rivière, complète son caractère pittoresque et fait une belle entrée au faubourg de la ville basse.

Mais le vrai tableau est en amont, de ce côté l'Aude, tournant sous les col lines, dernières ondulations des montagnes où elle a fait de si jolis sauts, arrive sous les arbres des îles ; sous les arches s'aperçoivent les bâtiments du moulin du Roi, que des remparts protégeaient et qui formait comme un petit fort avancé sous

CARCASSONNE. — LA POINTE SUD DE LA CITÉ

la grosse barbacane de la cité. Et plantées sur la crête de la longue colline escarpée, toutes les tours de la Cité fièrement se profilent dans le ciel, depuis la grosse tour Charlemagne à l'angle sud jusqu'aux tours wisigothes au tournant du château, avec les rampes de la porte d'Aude escaladant les talus pour s'insinuer à travers la double ceinture de murailles...

Et le soleil, comme tous les jours depuis tant de siècles, met des reflets brillants sur les grands combles, dore les belles pierres rousses, illumine tous les créneaux des deux enceintes superposées de cette forteresse énorme et merveilleuse, décor de roman de chevalerie d'où l'on s'attendrait à voir jaillir de fantastiques chevauchées d'hommes d'armes.

Gothique vision, cette longue enfilade de tours dentelant l'horizon, et pourtant bien réelle... L'énorme armure est vide et les minuscules points noirs grimpant vers la porte ne sont point des soldats de Trencavel, mais simplement de braves gens de notre temps regagnant leur logis dans l'intérieur de la solitaire cité.

CARCASSONNE, VILLE BASSE. — CHAPELLE DU PONT-VIEUX

L'ABBAYE DE MONTMAJOUR

TABLE DES CHAPITRES

I. — AVIGNON

Le grand paysage du Rhône sous Avignon. — L'enceinte de la ville et le château des papes. — Les sept grosses tours. — Splendeurs et disgrâces au temps des papes et des antipapes. — Sièges et transformations 1

II. — AVIGNON (SUITE)

Le pont d'Avignon, sa légende et son histoire. — Saint-Bénézet et les hospitaliers pontifes. — Notre-Dame des Doms. — A travers rues et places. — La commanderie de la place Pie. — Vieilles églises. — Laure et Pétrarque 21

III. — VILLENEUVE-LÈS-AVIGNON. — BARBENTANE

Amas de ruines. — Le châtelet de Philippe le Bel. — Les palais et la chartreuse du val de bénédiction. — Le fort Saint-André. — La tour de Barbentane 40

V. F. — T. IV

IV. — ORANGE. — CARPENTRAS. — VAISON

Les grandes ruines romaines d'Orange. — Le théâtre et l'arc de triomphe. — Saint-Siffrein de Carpentras. — Autre arc romain. — Le mont Ventoux. — Sur le rocher de Vaison. — L'évêché et le château. — Ville haute et ville basse. 51

IV. — PERNES. — VAUCLUSE

Bourgs et villettes. — La porte de Pernes. — L'Isle sur Sorgues. — Sorgues et Sorguettes. — Les sentiers de la *vallée close*. — Fontaines et cascatelles de Vaucluse. — Les dames des cours d'amour. 67

V. — CAVAILLON. — ORGON. — APT

La cathédrale Saint-Véran et son cloître. — Un débris d'arc de triomphe. — Sur les premiers rochers des Alpilles. — Le château d'Orgon. — Le pont Julien et la vallée du Coulon. 74

VI. — MANOSQUE. — SISTERON

La vallée de la Durance. — Paysages de montagne, Mirabeau, Volx, Les Mées, Volonnes. — Aspect fantastique de Sisteron. — Les quatre tours. — La gorge de la Durance. — Le piton de la Baume et le piton de la citadelle. 83

VII. — TARASCON. — BEAUCAIRE

La ville de la Tarasque. — Rues à arcades. — Sainte-Marthe et son église. — Deux sentinelles du Rhône. — Château de Tarascon et château de Beaucaire. — Sur le rocher de Beaucaire. — Le champ de foire. 95

VIII. — ARLES

Vingt siècles de souvenirs. — La Rome des Gaules. — Le forum d'Arles. — Les arènes, citadelle sarrasine et ville gothique. — Ruines du théâtre. — Légendes des Alyscamps. — Saint-Trophime, le cloître et le portail 107

IX. — ARLES (suite)

La République Arlésienne. — Vieux remparts et vieilles églises. — Le musée, les rives du Rhône et Trinquetaille. — L'abbaye de Montmajour, églises, cloître et donjon 127

X. — LES BAUX. — SAINT-RÉMY

Une ville fantôme. — Le cratère d'un volcan féodal. — La montagne taillée en forteresse Les princes à l'Etoile de Balthazar. — Les Antiques de Saint-Rémy 138

XI. — SAINT-GILLES. — AIGUES-MORTES

En Camargue. — Le portail de Saint-Gilles. — Canaux et marais. — Un souvenir des croisades. — L'enceinte d'Aigues-Mortes. — La tour de Constance 150

XII. — MARSEILLE

Le château de Salon. — Nostradamus. — Le vieux port. — Les forts d'entrée Saint-Jean et Saint-Nicolas. — L'abbaye de Saint-Victor. — Vieux quartiers et somptuosités modernes de la Major à Longchamps. — Notre-Dame de la Garde 173

XIII. — TOULON. — HYÈRES

Rocs, forts et batteries. — Façade sur la mer. — Le quai de la vieille Darse. — Les cariatides de Puget. — Le siège de 93. — La terrasse de l'église Saint-Paul. — La presqu'île de Giens et les îles d'or 192

XIV. — FRÉJUS. — CANNES

Au pied de la chaîne des Maures et sous l'Esterel. — Saint-Tropez. — Saint-Raphaël. — Les ruines de Forum Julii. — Draguignan. — Le vieux château de Cannes. — Les îles Lérins. — Antibes. — Grasse 207

XV. — NICE. — MONACO. — MENTON

Modernités triomphantes et vieux quartiers sous le château. — Le Paillon. — Villefranche-sur-Mer. — De roc en roc. — Le palais des Grimaldi. — Eza. — La Turbie. — Au pays des Citronniers. — Les rues de Menton 221

XVI. — SAINT-MAXIMIN. — AIX

L'église de Saint-Maximin. — La Sainte-Baume. — Roquefavour. — Les eaux de Sextius. — Avenues et fontaines. — Saint-Sauveur et Saint-Jean de Malte. — Le cloître. — Une épitaphe originale et un monument bizarre 239

XVII. — NIMES. — UZÈS

Grandes ruines romaines : Deux portes de ville. — La maison carrée, les arènes. — La nymphée de Diane et la tour Magne. — La cathédrale de Saint-Castor. — Le pont du Gard. Sur la grande place d'Uzès. — Le duché. — La tour Fenestrelle 249

XVIII. — MONTPELLIER

Les malheurs de Maguelonne. — Le grand décor du Peyrou. — Modernités. — La tour des Pins. — Le porche de Saint-Pierre. — Frontignan et Lunel. — Cette. — Le port d'Agde et la cathédrale-donjon 261

XIX. — BÉZIERS

Du jardin des Poètes aux allées Paul-Riquet. — Le canal du Midi. — Superbe effet de Béziers sur l'escarpement. — La cathédrale Saint-Nazaire et les églises. — Dédale de vieilles rues. — Le grand massacre de 1209 272

XX. — NARBONNE

Narbonne romaine, wisigothe et arabe. — Le port des galères et la désertion de l'Aude. — Le grand palais-forteresse des archevêques-ducs. — Le nouvel hôtel de ville. — Cathédrale et cloître. — Le pont des Marchands 284

XXI. — CARCASSONNE

La cité de Carcassonne. — Étonnante silhouette sur la colline cerclée par deux enceintes et cinquante-six tours. — Le trésor d'Alaric. — Porte narbonnaise. — La tour du Trésau. — Les sièges. — Trencavel et Montfort. 297

XXII. — CARCASSONNE (suite)

Le château de Carcassonne. — Du haut de la tour pointe. — L'inquisition. — La tour de l'Évêque. — Saint-Nazaire. — Le vieux pont. — La ville basse. 310

MENTON. — UNE RUE DANS LA VILLE HAUTE

FENÊTRES DU CLOÎTRE D'AGDE

TABLE DES GRAVURES

La place Pie, a Avignon (*hors texte*)	1
Le port de Cannes.	1
Une porte, à Salon	1
Vue générale d'Avignon	4
Avignon. — Église Notre-Dame des Doms	5
Avignon. — La porte Pétrarque.	7
Avignon. — Angle nord-est de l'enceinte	8
Avignon, le château des Papes (*hors texte*)	9
Avignon. — Intérieur de l'enceinte. — Une tour	9
Avignon — Les remparts, côté intérieur	11
Avignon. — Rue du Vice-Légat	12
Avignon. — Le palais des papes, façade orientale	13
Avignon. — Cour d'honneur du château	13
Avignon. — Rue de la Peyrolerie	15

TABLE DES GRAVURES

Le pont Saint-Bénézet. Avignon (*hors texte*)	17
Avignon. — Le beffroi de l'Hôtel de Ville	17
L'ancien trône des papes	20
Avignon. — L'ancien hôtel des Monnaies	21
La chapelle du pont Saint-Bénézet	23
La tour de Philippe le Bel à Villeneuve	24
Villeneuve-lès-Avignon, place de l'Église (*hors texte*)	25
Porte de l'hôtel de Baroncelli-Javon	27
Portail de l'église Saint-Pierre	28
Avignon. — Église Saint-Pierre	29
Avignon. — Clocher de Saint-Didier	31
Avignon. — Ancienne église des Cordeliers, rue des Teinturiers	32
La tour de Barbentane (*hors texte*)	33
Avignon. — Clocher des Augustins	35
Avignon. — Ancien couvent des Carmes	37
Villeneuve-lès-Avignon. — Entrée du fort Saint-André	38
Hôtel de Ville de Barbentane	39
Route de Villeneuve-lès-Avignon	40
Une rue de Villeneuve	41
Orange, ruines du théâtre romain (*hors texte*)	41
Ancien hôtel de Gaudi, à Villeneuve	42
Villeneuve. — Fontaine de la Chartreuse	43
Villeneuve. — Les meurtrières du fort Saint-André	44
Villeneuve. — Anciens bâtiments de la Chartreuse	45
Porte de Barbentane	47
Une rue de Barbentane	48
La ville haute, à Vaison (*hors texte*)	49
Vieilles maisons de Barbentane	49
Église de Barbentane	50
Le théâtre romain, à Orange	51
Beffroi d'Orange	51
Arc de triomphe d'Orange	53
Une vieille tour, à Orange	55
Porte d'Orange, à Carpentras	56
La fontaine de Vaucluse (*hors texte*)	57
Fontaine de l'Ange, à Carpentras	57
Vieille porte, à Carpentras	59
Vaison. — La ville basse	60
Vaison. — Entrée de la ville haute	61
Sous le beffroi, à Vaison	63
Ruelle de la ville haute, à Vaison	64

TABLE DES GRAVURES

Porte de Pernes (Vaucluse) (*hors texte*)	65
Vaison. — Montée de la ville haute	65
Le Barroux	67
Château de Vaucluse	67
La tour de Pernes	69
La halle de Pernes	71
Une rue de Vaucluse	72
Porte d'Orgon (*hors texte*)	73
Les Alpilles au-dessus d'Orgon	73
Arc de Cavaillon	74
Abside de la cathédrale de Cavaillon	76
Cavaillon. — Cloître de la cathédrale	77
Orgon	79
Orgon. — Entrée du quartier du château	80
Entrée de Sisteron (*hors texte*)	81
Apt. — Tour de l'horloge	81
Cavaillon. — Cadran solaire de la cathédrale	82
Sisteron	83
Tour de l'horloge à Sisteron	83
Les Mées	84
Volonnes	85
Le boulevard, à Manosque	87
Le piton de la citadelle, a Sisteron (*hors texte*)	89
Porte de Sisteron	91
Sisteron. — Maisons au-dessus de la Durance	92
Le faubourg de la Baume	93
Volx	94
Une rue de Tarascon	95
La Tarasque	95
Tarascon. — Carrefour du Refuge	96
Porte de la Saulnerie, à Manosque (*hors texte*)	97
Église Sainte-Marthe, à Tarascon	99
Tour du château de Beaucaire	100
Château de Tarascon	101
Place de la République, à Beaucaire	103
Chapelle du château de Beaucaire	104
Le château de Beaucaire (*hors texte*)	105
Vieilles maisons, à Beaucaire	105
Arles. — Une tour des arènes	106
Arles, vue générale	107
Un pilier du cloître de Saint-Trophime	107

Les colonnes de la place aux Hommes.	110
Arles. — Porte du palais du Podestat	112
ARLES, INTÉRIEUR DES ARÈNES (*hors texte*)	113
Arles. — Ruines du théâtre.	115
Arles. — Ancienne église des Cordeliers	117
Arles. — Tour de la Trouille.	119
ARLES, CLOÎTRE DE SAINT-TROPHIME (*hors texte*)	121
La tour de Saint-Trophime.	122
Chapelle Saint-Accurse, aux Alyscamps.	123
Saint-Honorat des Alyscamps.	124
Tombeau des Porcellets, aux Alyscamps.	125
La campagne d'Arles	127
Chapelle Sainte-Croix de Montmajour	127
CLOÎTRE DE MONTMAJOUR, PRÈS ARLES (*hors texte*)	129
Arles. — Église de la Major sur le rempart.	130
Au musée d'Arles.	132
L'autel de la bonne déesse	132
Arles. — Place de l'Hôtel-de-Ville.	133
Arles. — Rue des Arènes.	134
Oratoire de Saint-Trophime, à Montmajour	135
RUINES DU CHATEAU DES BAUX (*hors texte*).	137
Les Antiques de Saint-Rémy	138
Les Portelets, entrée de la ville des Baux	140
La ville des Baux.	141
Une rue des Baux.	143
ARLES, PORTAIL DE SAINT-TROPHIME (*hors texte*)	145
Un coin du château des Baux.	146
Le sommet du rocher, aux Baux	147
Le puits, aux Baux	148
Les Baux. — Terrasse de la ville	149
Le quartier de l'Église, aux Baux	151
AIGUES-MORTES, VUE PRISE DU PHARE DE CONSTANCE (*hors texte*).	153
Le couvent sous l'église des Baux	153
Maison de Nostradamus, à Saint-Rémy	154
La tour des Bourguignons, à Aigues-Mortes.	156
La maison romane de Saint-Gilles	157
Porte de Saint-Gilles	159
LA TOUR DE CONSTANCE, A AIGUES-MORTES (*hors texte*).	161
La vis de Saint-Gilles	161
La tour Carbonnière près Aigues-Mortes	163

TABLE DES GRAVURES

L'église d'Aigues-Mortes	164
Aigues-Mortes. — Face sud de l'enceinte	165
Porte de Montpellier, à Aigues-Mortes	167
Entrée du port de Marseille (*hors texte*)	169
Porte Plaisantine, à Aigues-Mortes	169
Défense de la Herse à la tour de Constance	170
Intérieur de la tour de Constance	171
L'église des Saintes-Maries	172
Église Saint-Laurent, à Salon	173
Salon. — Beffroi de la ville	175
Le quai, a Toulon (*hors texte*)	177
Portail de l'église Saint-Michel, à Salon	177
Cathédrale de Marseille	180
Marseille. — L'abbaye de Saint-Victor	181
Marseille. — Église de la Major	183
La porte Saint-Paul, a Hyères (*hors texte*)	185
Marseille. — Montée des Accoules	187
Marseille. — Le château d'If	188
Notre-Dame de la Garde, à Marseille	189
La Ciotat	191
La colline d'Hyères	192
Vue générale de Cannes (*hors texte*)	193
Toulon. — Le génie de la navigation	195
Toulon. — Maison de Puget	196
Toulon. — Les cariatides de Puget, à l'hôtel de ville	197
Hyères. — Tour de l'hôtel de ville	199
Draguignan (*hors texte*)	201
Vieilles maisons, à Hyères	202
Hyères. — Sur la terrasse de Saint-Paul	203
Maisons romanes, à Hyères	205
La tour fendue et l'île de Porquerolles	206
Le donjon de Saint-Honorat	207
Nice, vue du Montboron (*hors texte*)	209
Rue aux Arbres, à Fréjus	210
Bâtiment de l'évêché, place Riculfe, à Fréjus	211
La Porte Dorée, à Fréjus	212
Les arènes de Fréjus	213
Château de Cannes et ancienne église Sainte-Anne	215
La rade d'Agay	216
Villefranche-sur-Mer (*hors texte*)	217
Antibes	217

Église de Grasse	218
Vieilles maisons, à Grasse	219
L'église de Cannes	220
Grasse	221
Le lit du Paillon, à Nice	223
Rue de la Préfecture, à Nice	224
Le château de Monaco (*hors texte*)	225
Rue sous arcades, à Villefranche	225
Une rue, à Villefranche	226
Une rue, à Villefranche	227
L'église de Villefranche	228
La rade de Villefranche	229
Le village d'Eza	230
Monaco	231
Vue générale de Menton (*hors texte*)	233
Entrée de Monaco	233
Petite rue, à Menton	235
Menton. — Une traverse	236
Menton. — Un carrefour	237
Menton. — Une rue devant l'église	238
Château de Valbelles	239
Un coin de rue, à Saint-Maximin	239
Saint-Maximin	240
Le cloître de la cathédrale, a Aix (*hors texte*)	241
Aix. — La cathédrale	243
Aix. — Tour de l'horloge	244
Un retable de la cathédrale d'Aix	245
Aix. — Église Saint-Jean de Malte	246
Aix. — La place des Prêcheurs	247
Nîmes — La Maison Carrée	248
Place aux Herbes, a Uzès (*hors texte*)	249
Le pont du Gard	249
Les arènes de Nîmes	250
Nîmes. — Le temple de Diane	251
Nîmes. — La tour Magne	252
Nîmes. — La cathédrale Saint-Castor	253
Les arcades, à Uzès	254
Vieil hôtel, à Uzès	255
Le Jardin de la Fontaine, a Nîmes (*hors texte*)	257
Tour Fénestrelle, à Uzès	257
Le Duché, à Uzès	259
Vieil hôtel, à Uzès	260

Sur le Peyrou, à Montpellier. 261
Vieille tour, à Montpellier. 263

- MONTPELLIER, DESCENTE DE LA RUE SAINT-PIERRE (hors texte) 265

Montpellier. — La tour des Pins 265
Porche de la cathédrale de Montpellier. 267
Fontaine des Licornes, à Montpellier 268
Agde 269
Frontignan. 270
Lunel 270
Hôtel de Ville d'Agde 271

- LE PORT ET LA CATHÉDRALE D'AGDE (hors texte). 273

Moulins sur l'Orb à Béziers. 274
Le pont de Béziers 275
Béziers. — Ruelles sous la cathédrale 276
La cathédrale Saint-Nazaire, à Béziers. 277
Église de la Madeleine, à Béziers. 279

- VUE GÉNÉRALE DE BÉZIERS (hors texte) 281

Hôtel de Ville de Béziers. 281
Béziers. — Fenêtre rue Gaveau. 282
Saint-Jacques, à Béziers 283
Narbonne. — Le port des Galères. 284
Abside de Saint-Just, à Narbonne. 287
Narbonne. — Entrée du cloître de la cathédrale 288

- ANCIEN PALAIS ÉPISCOPAL DE NARBONNE (hors texte). 289

Jardin de l'archevêché, à Narbonne. 291
Église Saint-Sébastien, à Narbonne 292
Narbonne. — Église des Jacobins. 293
Narbonne. — Tombeau dans la cathédrale. 296

- LA CITÉ DE CARCASSONNE, VUE GÉNÉRALE 297

Carcassonne. — Porte de l'Aude 297
Le vieux pont de Carcassonne 299
Carcassonne. — Dans le faubourg sous la cité 300
La cité de Carcassonne, front ouest 301
Carcassonne. — Une tour wisigothe de la Cité 303

- LA PORTE NARBONNAISE, CITÉ DE CARCASSONNE (hors texte) 305

Carcassonne. — Tour du Tresau et porte Narbonnaise, côté intérieur . 306
Carcassonne. — Carrefour devant le porche de Saint-Nazaire . . . 307
Carcassonne. — Maisons de la Cité 309
Le château de Carcassonne. 310
Cité de Carcassonne. — Tour de l'Évêque 311
Cité de Carcassonne. — Tour Saint-Nazaire 312

www.ingramcontent.com/pod-product-compliance
Lightning Source LLC
Chambersburg PA
CBHW050546170426
43201CB00011B/1587